U0482093

深圳经济特区建立40周年改革创新研究特辑

粤港澳大湾区核心引擎的深圳探索

谭刚　主编
申勇　彭芳梅　副主编

How to Be the Core Engine of the Guangdong-Hong Kong-Macao Greater Bay Area: An Exploration of Shenzhen

中国社会科学出版社

图书在版编目（CIP）数据

粤港澳大湾区核心引擎的深圳探索／谭刚主编．—北京：
中国社会科学出版社，2020.10（2021.1重印）
（深圳经济特区建立40周年改革创新研究特辑）
ISBN 978－7－5203－7224－4

Ⅰ．①粤…　Ⅱ．①谭…　Ⅲ．①区域经济发展—研究—深圳
Ⅳ．①F127.653

中国版本图书馆CIP数据核字（2020）第175334号

出 版 人　赵剑英
项目统筹　王　茵
责任编辑　马　明　孙砚文
责任校对　王福仓
责任印制　王　超

出　　版　中国社会科学出版社
社　　址　北京鼓楼西大街甲158号
邮　　编　100720
网　　址　http://www.csspw.cn
发 行 部　010－84083685
门 市 部　010－84029450
经　　销　新华书店及其他书店

印刷装订　北京君升印刷有限公司
版　　次　2020年10月第1版
印　　次　2021年1月第2次印刷

开　　本　710×1000　1/16
印　　张　21
字　　数　302千字
定　　价　138.00元

谭刚

经济学博士，研究员。现任深圳市委党校（深圳社会主义学院）副院长、二级巡视员，深圳市建设中国特色社会主义先行示范区研究中心副主任。近年主要研究粤港澳大湾区与深圳先行示范区。主持完成“开启经济特区改革开放和现代化建设新篇章”等课题；发表《深港携手引领粤港澳大湾区高质量建设》《深圳建设中国特色社会主义先行示范区发展目标研究》等论文，出版《港深都会：从理念到行动》等著述，多篇调研报告及学术论文获奖。

申勇

湖南祁阳县人，中共深圳市委党校决策咨询部主任、教授，兼任中国战略学会理事、广东消费经济学会副会长。长期从事马克思主义政治经济学、区域经济学和生态经济学研究。先后在《光明日报》《中国科学报》《经济纵横》等刊物发表论文五十多篇，撰写专著三部。曾获 2017 年国家行政学院科研评比二等奖。主持完成国家社科基金课题项目一项，承担了十多项深圳市、区课题研究。

彭芳梅

湖南邵阳人，深圳市委党校决策咨询部副主任、教授，中国人民大学区域经济学博士，兼任全国经济地理研究会常务理事。主要研究领域有区域经济。先后在《环球时报》《南京社会科学》《贵州社会科学》《经济地理》《统计与决策》《经济经纬》等刊物发表文章二十多篇，撰写专著一部，参与编写多部著作。围绕粤港澳大湾区建设、区域合作等，主持完成十多项国家部委、广东省社科规划办、深圳市社科规划办等课题研究。曾获2019年度深圳市社会科学成果三等奖，获评2020年度深圳市优秀教师。

深圳经济特区建立40周年
改革创新研究特辑
编　委　会

总　序

先进的文化，来自对先进的生产方式和生活方式的能动反映；先进的生产力，来自对生产前沿审时度势的探索。40多年来，深圳一直站在生产力和生产关系新模式探索的最前沿，从生产实践，到制度建立，再到观念更新，取得了系统的、多层次的成果，为改革开放全面成功推广，提供一整套系统的观念与经验。当然，深圳的改革历程，是一个步步为营的过程。如果说，改革开放之初所取得的成功，主要在于以一系列惊心动魄的实践，按照市场经济发展规律，循序渐进地突破制度的坚冰，在摸索中逐步确立社会主义市场经济的新制度、新机制、新关系，形成新的发展模式；那么，在完成试验田式的探索之后，深圳取得的新突破，则是在国内经济转型和国际新经济背景之下，结合自身优势而完成的产业升级和观念升级。在升级换代过程中，深圳已经取得开阔的国际视野，在国际上也形成自身的影响力，在国内则拥有党中央强有力的支持和更成熟的制度后盾。

在这个过程中，深圳作为探索者、排头兵所探索出来的一系列成功经验，已经成为社会主义市场经济体制的基本构成部分；在这个过程中，深圳人为社会主义市场经济模式的建立与繁荣，做出系列有利于国、有益于民的大胆探索，其间所形成的开拓进取精神，已经凝聚成为一种可以叫作“深圳精神”的东西。正如习近平总书记在深圳考察时说的：“如果说，深圳是中国改革开放的一本样板书，那这本书上，给人留下印象最深刻的两个字，就是‘敢闯’!”同时，深圳的系列探索实践，也是对党的老一辈革命家改革开放、发展生产力理想的具体实践。从全国来看，改革开放40余年，在我国沿海、沿江、沿线甚至内陆地区建立起国家级或省市级高新区、开发区、自贸区、保税区等，形成了类型众多、层次多样的多元化改革发展新格局。

党的十八大以来，中央对深圳提出的新要求，正体现着这种一贯思路的延续和战略高度的提升。深圳的拓荒意义不但没有过时，而且产生了新的内涵。深圳被赋予了中国特色社会主义先行示范区的新角色，从改革开放试验田，到社会主义先行示范区，这种身份的转变，是新时代进一步深化改革开放的新成果，也是深圳作为中国这个世界第二大经济体经济发展的重要驱动力在国际经济新格局中扮演的新角色。在习近平新时代中国特色社会主义思想指导下继续解放思想、真抓实干，改革开放再出发，在新时代走在前列，在新征程勇当尖兵，是新时代赋予深圳的新任务。在深化改革的过程中，不论是国家，还是以北京、上海、广州、深圳为代表的大城市所面对的国际政治形势和经济形势，比以往都要复杂很多，需要我们做出更睿智和更高瞻远瞩的决策，以应对更复杂的产业形势和政治形势。从这个角度看，新时代深圳改革开放、开拓进取的任务不是轻了，而是更重了；需要的勇气和毅力不是少了，而是更多了。

习近平新时代中国特色社会主义思想，是我们继续深化改革的指导思想和行动指南。在以习近平同志为核心的党中央的坚强领导下，因世界大势，应国内态势，以满足人民不断增长的物质文化生活需求为动力，在经济特区已有的经验基础上，围绕新时代经济特区发展进行深入理论思考和实践探索，完成城市发展与国家发展的统一，完成继承与创新的统一，为习近平新时代中国特色社会主义思想增添新的生动范例，为践行中国特色社会主义理论提供新的经验，推进新时代经济特区在经济、政治、文化、社会和城市生态等方面实现更高层次的发展，是新时代赋予深圳的新使命。

新时代推动新实践，新实践催生新思想，新思想呼唤新理论。讲好深圳故事既是时代所需，也是中国学者的责任。为了总结深圳经济特区建立40年来改革探索的经验，为深圳改革探索提供学者的观察和视角，深圳市社科院组织市内外的专家学者对深圳经济特区40年经济社会发展的路径进行了深入研究，形成了十部著作，作为《深圳改革创新丛书》的特辑出版。《深圳改革创新丛书》作为深圳推进哲学社会科学发展的重要成果，此前已经出版了六个专辑，在国内引起了一定的关注。这套《深圳经济特区建立40周年改革创新研究特辑》，既有对改革开放40多年来深圳发展历程的回顾，也有结合新使命而做的新探索。希望这些成果，为未来更深入和更高层面的研究，提供新的理论资源。这套丛书也是学界和中国社会科学出版社对深圳经济特区建立40周年的一份献礼。

编写组

2020年6月

目　　录

引　论

2018年10月和12月，习近平总书记视察深圳并对深圳工作做出重要指示批示，明确要求深圳“抓住粤港澳大湾区建设重大机遇，增强核心引擎功能，朝着建设中国特色社会主义先行示范区的方向前行，努力创建社会主义现代化强国的城市范例”。2019年2月和8月，中共中央国务院颁布《粤港澳大湾区发展规划纲要》和《关于支持深圳建设中国特色社会主义先行示范区的意见》，赋予深圳在粤港澳大湾区建设、中国特色社会主义先行示范区建设两大国家战略中的历史重任和目标方向。在粤港澳大湾区和深圳先行示范区“双区建设”和“双区驱动”下，增强深圳在粤港澳大湾区的核心引擎功能、发挥深圳在粤港澳大湾区的核心引擎作用，已经成为深圳的国家战略重任和长期奋进方向。

一　粤港澳大湾区的深圳核心引擎功能与作用的提出

梳理粤港澳大湾区文献及发展历程可以发现，大体经历了理念形成与战略升级两大阶段。其中理念形成阶段（20世纪90年代末—2015年初）走过了学术界研讨、地方政府形成城市群规划及城市发展战略、社会广泛讨论并形成共识三个阶段，体现出共商共识共建特点。在战略升级阶段（2015年3月以来），则经历了从地方层面规划上升为中央重大决策和国家发展战略，进而转化为国家发展规划、最后进入国家行动与战略实施的三大历程。[1]

建设粤港澳大湾区，是习近平总书记亲自谋划、亲自部署、

① 谭刚：《争当粤港澳大湾区建设的引领者》，《深圳特区报》2018年6月5日理论版。

亲自推动的重大国家战略。[①] 2017 年 7 月 1 日，习近平主席在出席香港回归祖国 20 周年大会上指出：中央政府将一如既往支持行政长官和特别行政区政府依法施政，支持香港发展经济、改善民生，支持香港在推进“一带一路”建设、粤港澳大湾区建设、人民币国际化等重大发展战略中发挥优势和作用。随后习近平总书记还参加了《深化粤港澳合作推进大湾区建设框架协议》签署仪式。10 月 18 日习近平总书记在党的十九大报告中提出：“要支持香港、澳门融入国家发展大局，以粤港澳大湾区建设、粤港澳合作、泛珠三角区域合作等为重点，全面推进内地同香港、澳门互利合作，制定完善便利香港、澳门居民在内地发展的政策措施。”12 月 18 日在中央经济工作会议上习近平总书记指出，粤港澳大湾区建设要科学规划，加快建立协调机制。

2018 年 1 月，习近平总书记在党的十九大后第一次中央政治局集体学习讲话中，首次把粤港澳大湾区与“一带一路”、京津冀协同发展和长江经济带并列成为国家发展战略。3 月 7 日，在参加十三届全国人大一次会议广东代表团审议时，习近平总书记要求广东“抓住建设粤港澳大湾区重大机遇，携手港澳加快推进相关工作，打造国际一流湾区和世界级城市群”[②]。5 月中下旬，习近平总书记先后主持召开中央政治局常委会会议和中央政治局会议，审议《粤港澳大湾区发展规划纲要》，对大湾区建设的重大意义、原则要求、目标任务、工作重点进行了深刻阐述。10 月 22—25 日在广东视察时，习近平总书记亲自宣布港珠澳大桥正式通车，并在听取广东省委工作汇报后发表重要讲话，强调建设粤港澳大湾区是党中央部署的重大战略，是全面深化改革的重大举措，是丰富“一国两制”实践的全新探索；要把粤港澳大湾区建设作为广东改革开放的大机遇、大文章抓紧做实，把大湾区建设摆在重

---

① 参见《着眼发展大局，共享时代荣光——以习近平同志为核心的党中央关心粤港澳大湾区建设纪实》，2019 年 2 月 21 日，新华网（http：//www. xinhuanet. com/politics/leaders/2019 - 02/21/c_1124146648. htm）。

② http：//www. xinhuanet. com/2018 - 03/07/c_1122503168. htm.

中之重的位置，以珠三角为主阵地，举全省之力办好这件大事。[①] 11月12日，习近平主席在会见香港澳门各界庆祝国家改革开放40周年访问团时指出，“实施粤港澳大湾区建设，是我们立足全局和长远作出的重大谋划，也是保持香港、澳门长期繁荣稳定的重大决策。建设好大湾区，关键在创新。要在‘一国两制’方针和基本法框架内，发挥粤港澳综合优势，创新体制机制，促进要素流通。大湾区是在一个国家、两种制度、三个关税区、三种货币的条件下建设的，国际上没有先例。要大胆闯、大胆试，开出一条新路来。香港、澳门也要注意练好内功，着力培育经济增长新动力”[②]。

在谋划、部署和推动粤港澳大湾区建设这一重大国家战略时，习近平总书记对深圳在大湾区中的定位和作用做出明确指示，要求深圳抓住粤港澳大湾区建设重大机遇，增强核心引擎功能，在推进粤港澳大湾区建设方面发挥更大作用。2018年10月24日在深圳视察时习近平总书记指出，“深圳要扎实推进前海建设，拿出更多务实创新的改革举措，探索更多可复制可推广的经验，深化深港合作，相互借助、相得益彰，在共建‘一带一路’、推进粤港澳大湾区建设、高水平参与国际合作方面发挥更大作用”[③]，要求深圳朝着建设中国特色社会主义先行示范区的方向前行，努力创建社会主义现代化强国的城市范例。12月26日，习近平总书记对深圳做出重要指示批示：“今年是改革开放40周年，深圳经济特区作为我国改革开放的重要窗口，各项事业发展取得显著成绩。深圳市委、市政府要始终牢记党中央创办经济特区的战略意图，认真总结改革开放40年成功经验，坚持和加强党的全面领导，坚持全面深化改革，坚持全面扩大开放，坚持以人民为中心，践行高质量发展要求，深入实施创新驱动发展战略，抓住粤港澳大湾区建设重大机遇，增强核心引擎功能，朝着建设中国特色社会主义先行示范区的方向前行，努力创建社会主义

---

① http：//cpc. people. com. cn/n1/2018/1029/c64094 - 30368545. html.

② 《习近平会见香港澳门各界庆祝国家改革开放40周年访问团时的讲话》，http：//cpc. people. com. cn/n1/2018/1113/c64094 - 30396591. html? from = timeline&isappinstalled = 0。

③ 《习近平在广东考察》，http：//www. gov. cn/xinwen/2018 - 10/25/content_5334458. htm。

现代化强国的城市范例。希望深圳市广大干部群众继续解放思想、真抓实干，改革开放再出发，不断推动深圳工作开创新局面、再创新优势、铸就新辉煌，在新时代走在前列、新征程勇当尖兵。”

2019 年 2 月 18 日，党中央国务院正式印发的《粤港澳大湾区发展规划纲要》（以下简称《纲要》），对深圳的定位和作用做出了明确部署。概括起来看，主要可以划分为三大类型：一是把深圳列为粤港澳大湾区的重要极点，要求发挥好极点带动作用。《纲要》指出，“发挥香港—深圳、广州—佛山、澳门—珠海强强联合的引领带动作用，深化港深、澳珠合作，加快广佛同城化建设，提升整体实力和全球影响力，引领粤港澳大湾区深度参与国际合作”。二是把深圳列为粤港澳大湾区的四大经济中心城市和核心引擎。《纲要》指出，“以香港、澳门、广州、深圳四大中心城市作为区域发展的核心引擎，继续发挥比较优势做优做强，增强对周边区域发展的辐射带动作用”。《纲要》还进一步从粤港澳大湾区角度确立深圳的发展定位，即“发挥作为经济特区、全国性经济中心城市和国家创新型城市的引领作用，加快建成现代化国际化城市，努力成为具有世界影响力的创新创意之都”。三是在粤港澳大湾区建设所涉及的国际科技创新中心建设、基础设施互联互通、现代产业体系、生态文明建设、优质生活圈、参与“一带一路”建设、合作发展平台等七大具体领域，对深圳提出专项性要求以及参与性事项安排。

支持深圳建设中国特色社会主义先行示范区、努力创建社会主义现代化强国的城市范例，同样是习近平总书记亲自谋划、亲自部署、亲自推动的重大国家战略。2019 年 8 月 18 日，党中央国务院正式颁布《中共中央国务院关于支持深圳建设中国特色社会主义先行示范区的意见》（以下简称《意见》），从“三个有利于”的高度阐明了支持深圳建设中国特色社会主义先行示范区的重要意义，确立了深圳先行示范区的“五大战略定位”和三个阶段发展目标，提出了建设先行示范区的“五个率先”重要任务和实现路径，以及确保先行示范区建设的“三个保障措施”，由此构成深圳建设中国特色社会主义先行示范区和社会主义现代化强国城市范例的总体部署、基本任务和实施路径。习近平总书记在2019年10月党的十九届四中全会所做的报告中，明确把支持深圳建设中国特色社会主义先行示范区作为全面深化改革的重大部署进行阐述。

党中央国务院支持深圳建设中国特色社会主义先行示范区的《意见》，对深圳在粤港澳大湾区的定位和任务同样进行了具体部署，大致可以划分成三种情况：一是站在百年未有之大变局和中华民族伟大复兴国家战略高度，明确提出支持深圳中国特色社会主义先行示范区具有“三个有利于”的重要意义，其中第二个有利于强调深圳先行示范区建设对更好实施粤港澳大湾区战略、丰富“一国两制”事业发展新实践具有重要作用，明确把粤港澳大湾区战略与深圳先行示范区建设放到国家战略高度进行谋划部署。二是在指导思想中明确要求深圳“抓住粤港澳大湾区建设重要机遇，增强核心引擎功能，朝着建设中国特色社会主义先行示范区的方向前行，努力创建社会主义现代化强国的城市范例”。显然，在这里明确把增强深圳在粤港澳大湾区的核心引擎功能、发挥在大湾区的核心引擎作用，与深圳建设中国特色社会主义先行示范区和社会主义现代化强国城市范例一体谋划部署，既要求深圳建设先行示范区必须增强在粤港澳大湾区的核心引擎功能，又规定深圳先行示范区应当在粤港澳大湾区内率先发挥好作用。三是对深圳建设先行示范区时做好涉及粤港澳大湾区的相关事务提出了明确要求，主要集中在“五个率先”之中。特别是在“率先建设体现高质量发展要求的现代化经济体系”部分，不但在“加快实施创新驱动发展战略”等节要求以深圳为主阵地建设综合性国家科学中心、在粤港澳大湾区国际科技创新中心建设中发挥关键作用；而且还形成“助推粤港澳大湾区建设”专节，提出前海深港现代服务业合作区深化改革开放、加快深港科技创新合作区建设、深莞惠联动发展、珠江口东西两岸融合互动等具体项目。

总之，通过以上梳理可以得到如下基本结论：第一，增强深圳在粤港澳大湾区的核心引擎功能、发挥核心引擎作用，是习近平总书记从国家战略高度对深圳提出的殷切期望，既体现了总书记对深圳的高度信任和关怀厚望，又为深圳长期发展指明了前进方向和根本遵循。第二，增强深圳在粤港澳大湾区的核心引擎功能、发挥核心引擎作用是与粤港澳大湾区这一重大国家战略同步谋划部署的，已经明确写进粤港澳大湾区发展规划纲要之中，不但构成粤港澳大湾区的重要组成内容，而且也是深圳参与粤港澳大湾区建设的目标指引和使命担当。第三，增强深圳在粤港澳大湾区的核心引擎功能、发挥核心引擎作用，已经明确写进深圳建设中国特色社会主义先行示范区这一重大国家战略之中，不但构成深圳先行示范区建设的重要组成部分，而且也为深圳先行示范区建设提供了重点推进方向和考核检验标准。

二　深圳湾区核心引擎功能与作用的三个视角

从上述分析可以看到，深圳在粤港澳大湾区的核心引擎功能与作用，是习近平总书记亲自提出并在党中央国务院颁布的粤港澳大湾区《纲要》和支持深圳建设中国特色社会主义先行示范区《意见》两个重大国家战略中加以确定的重要组成内容。在粤港澳大湾区与深圳先行示范区“双区建设”“双区驱动”背景下，进一步探讨深圳在大湾区的核心引擎功能与作用，有必要回答如下三个问题：其一，深圳在大湾区中的核心引擎功能作用与深圳承担的国家战略功能和定位是何关系？其二，深圳在大湾区中的核心引擎功能作用与粤港澳大湾区的其他城市是何关系？其三，深圳应当从哪些方面来增强湾区核心引擎功能、发挥湾区核心引擎作用？回答这三个逻辑紧密关联的问题，实际上为我们提供了深入分析研究深圳湾区核心引擎功能和作用的三个切入视角。

（一）关于深圳的湾区核心引擎功能作用与深圳的国家战略定位的关系问题

站在深圳建市和建立经济特区40周年的重大时间节点来看，深圳先后主要承担了两个重大国家战略定位：一是1980年8月深圳成为改革开放后中国第一个经济特区，二是2019年8月中央要求深圳建设中国特色社会主义先行示范区。对于深圳承担的前一个国家战略任务，深圳以"杀出一条血路"的大无畏英雄气概，用40余年体制改革、对外开放和现代化建设的成功探索实践，发挥对全国改革开放和社会主义现代化建设的重要窗口和示范作用，创造出让世界刮目相看的伟大奇迹，实现从0到1的历史性飞跃，在完成党中央关于建立经济特区的战略意图方面交出了一份优异答卷。正如习近平总书记2018年4月出席海南建省和成立经济特区30周年纪念大会时所强调的那样："兴办经济特区，是我们党和国家为推进改革开放和社会主义现代化建设作出的重大决策。40年来，深圳、珠海、汕头、厦门、海南5个经济特区不辱使命，在建设中国特色社会主义伟大历史进程中谱写了勇立潮头、开拓进取的壮丽篇章，在体制改革中发挥了'试验田'作用，在对外开放中发挥了重要'窗口'作用，为全国改革开放和社会主义现代化建设作出了重大贡献。"①

对于深圳承担的后一个国家战略任务即建设中国特色社会主义先行示范区，这是习近平总书记和党中央赋予深圳的更高要求、更加重大、更为艰巨的历史使命，对于深圳而言是具有划时代和里程碑意义的重大国家战略定位，同时也意味着深圳在国家战略体系中的地位进一步提升。为此，在广东省委作出举全省之力、特事特办、大力支持深圳建设中国特色社会主义先行示范区的部署基础上，深圳市委通过六届十二次全会和十三次全会，制订2019—2025年行动方案和2020—2022年、2023—2025年重点工作计划，体现出先行示范区建设主体责任者的使命担当。②可以预期，深圳从现在起到21世纪中叶经过30年的不懈奋斗，完全能够顺利翻越先行示范区建设进程中2025年、2035年和21世纪中叶的三个阶段性目标，完成从1到N的历史性飞跃，继续创造出让世界刮目相看的新的更大奇迹，以中国特色、中国气派、中国风格昂扬屹立于世界先进城市之林，跃升成为竞争力、

① 《习近平在庆祝海南建省办经济特区30周年大会上发表重要讲话》，http://www.chinanews.com/gn/2018/04-13/8490640.shtml。

② 相关内容可参见深圳市委六届十二次全会决议（2019年9月）和六届十三次全会决议（2019年12月）。

创新力、影响力卓著的全球标杆城市。①

在中央赋予、深圳承担的建设中国特色社会主义先行示范区这一新的国家战略中，包含了有关深圳在粤港澳大湾区中的核心引擎功能与作用内容。《意见》除在“三个有利于”指出先行示范区建设对于实施粤港澳大湾区战略的重大意义外，一方面在指导思想中，把深圳的粤港澳大湾区核心引擎纳入到深圳先行示范区和强国城市范例这个总体目标下一体谋划部署。另一方面《意见》在具体安排“五个率先”特别是率先建设现代化经济体系时，提出深圳在综合性国家科学中心和大湾区国际科技创新中心建设上是“主阵地”并发挥着“关键作用”，还在“助推粤港澳大湾区建设”专节中详细安排了前海、深港科技创新合作区等具体项目。由此可见，深圳在建设先行示范区时必须抓住粤港澳大湾区这个重要国家战略，不断增强深圳在粤港澳大湾区的核心引擎功能；而发挥好深圳在粤港澳大湾区的核心引擎作用，必然反过来促进和推动深圳先行示范区建设。

（二）关于深圳的湾区核心引擎功能作用与粤港澳大湾区建设的关系问题

与《意见》对深圳湾区核心引擎功能与作用的部署有所不同，《纲要》主要是立足于粤港澳大湾区的三大带动极点、四个核心引擎的整体空间布局高度，来确立深圳作为粤港澳大湾区的核心引擎功能与核心引擎作用的。一方面，深圳与香港、澳门、广州一道，共同构成粤港澳大湾区的四个经济中心城市和四大核心引擎，发挥对周边区域发展的辐射带动作用；另一方面，在由六个城市两两组合形成的粤港澳大湾区三大极点中，深圳与香港共同构成一个重要极点，同由广州与佛山、澳门与珠海分别构成的另外两个重要极点一道，发挥着引领带动大湾区深度合作、积极参与国际合作的重要作用。从这个角度来说，分析深圳的湾区核心引擎功能与作用，必须与粤港澳大湾区内的其他核心引擎及其发展极点结合起来，既要看到湾区各个核心引擎及发展极的共

① 有关深圳先行示范区建设的三个阶段发展目标的详细分析，参见谭刚《深圳建设中国特色社会主义先行示范区发展目标研究》，《特区实践与理论》2019 年第 5 期。

同点，也要分析核心引擎之间、不同发展极之间的差异、特色和各自优势，从而通过发挥特色、弥补短板，在叠加各大核心引擎及发展极的功能基础上，增强湾区核心引擎的整体优势与功能，从而引领粤港澳大湾区成长为国际一流湾区和世界级城市群，并辐射带动粤港澳大湾区周边区域特别是泛珠三角地区整体发展。

在粤港澳大湾区的四大经济中心城市和核心引擎、三个发展极点中，深圳具有十分独特的优势和作用。

（1）在粤港澳大湾区及其四个经济中心城市和核心引擎中，深圳获得湾区核心引擎之名时间最早，同时深圳经济总量排名居首，高新技术产业发展以及科技成果转化能力优势明显，城市综合经济竞争力领先，以集装箱吞吐量为代表的国际航运枢纽功能靠前，拥有率先增强核心引擎功能、发挥核心引擎作用的综合实力和领先优势。

（2）在香港—深圳、广州—佛山、澳门—珠海三个粤港澳大湾区发展极中，作为同一极点的香港与深圳的综合实力与竞争优势最为突出。例如，2018 年香港经济总量达到 24001 亿元、占大湾区比重为 22.2%，同期深圳经济规模为 24222 亿元、占大湾区比重达 22.4%，两市合计经济总量达到 48223 亿元、占粤港澳大湾区的经济比重超过 2/5（44.6%），远远高于大湾区的另外两个极点（其中广佛极点为 32795 亿元、澳珠极点为 6524 亿元）。又如，在中国社科院与联合国人居署共同发布的 2019 年全球城市竞争力报告中，深圳与香港的综合经济竞争力排名全球第 4 位、第 10 位，在中国城市中排名前两位。再如，在世界知识产权组织发布的 2019 年全球创新指数报告中，深圳 + 香港连续第二年获全球五大创新集群第二名，表明深港两地各自所具备的创新优势以及两地在创新上的互补性合作优势，即使从全球角度来看仍具有领先水平。[①] 此外，英国 GaWC 小组最新发布的全球城市排名中，香港位居 Alpha +（全球第 3），深圳进入 Alpha -（全球第

① 以美国《时代》杂志 2019 年 11 月发布 100 项年度最佳发明为例，来自粤港澳大湾区的最佳发明有 2 项，大体呈现出香港科研团队 + 深圳科创企业 + 东莞制造基地的城市型组合特点，表明以香港—深圳极点为主要支撑的粤港澳大湾区已经初步形成全链条科创生态体系。

55）。上述几项指标和结论均表明，深港两地在大湾区具有成为核心引擎的显著实力和优势。不仅如此，在六个城市组成的三大发展极点中，深圳既位于若干重要指标领先的港深极点之内，同时又处于与另外两个发展极点联系的中心位置，同时还位于粤港澳大湾区“一国两制”“三关税区”“三货币区”的中心临界点上，这种极点枢纽优势有利于更好地发挥深圳的极点辐射带动作用。

（3）在粤港澳大湾区《纲要》和深圳先行示范区《意见》正式印发后，广东省迎来双区建设重大国家战略框架下全面深化改革开放的崭新格局。为此，广东省委不但提出举全省之力强力支持深圳建设中国特色社会主义先行示范区，形成粤港澳大湾区和深圳先行示范区“双区驱动效应”；而且也明确要求以支持深圳的同等力度支持广州“出新出彩”，由此形成广深“双核联动，比翼齐飞”，进而带动、引领广东“一核一带一区”建设。[①]与此同时，广州与深圳主动谋划双核联动，双方签署深化战略合作框架协议，着重围绕共建国际科技创新中心、打造国际综合交通枢纽、共建现代产业体系等领域开展深度合作。[②]显然，不论是发挥“双区驱动效应”，推动粤港澳联手打造国际一流湾区和世界级城市群、辐射带动广东“一核一带一区”发展；还是通过广深“双核联动、双轮驱动”打造粤港澳大湾区“硬核”、辐射带动“一核一带一区”发展进而推动广东全省发展，深圳都处于十分重要的位置，具备发挥核心引擎作用的综合实力和有利条件。

（三）关于深圳如何增强湾区核心引擎功能、发挥湾区核心引擎作用的问题

大体而言，深圳增强在粤港澳大湾区中的核心引擎功能、发挥核心引擎作用，主要涉及目标任务及实现路径，因而可以从目标导向、任务导向、过程导向和问题导向几个层面进行分析。从

---

① 参见《中国共产党广东省第十二届委员会第八次全体会议决议》，《南方日报》2019年11月27日。

② 2019年9月5日广州深圳签署合作协议，首次提出广深双核联动、双轮驱动，http：//gd. ifeng. com/a/20190906/7719133_0. shtml。

目标导向来看，就是从构建粤港澳大湾区的核心引擎目标出发，按照核心引擎在辐射带动区域发展中的总体目标，提出深圳在粤港澳大湾区之内应当具备的核心引擎优势、必须增强的核心引擎功能、可以发挥的核心引擎作用等内容。从任务导向来看，就是按照粤港澳大湾区《纲要》以及深圳先行示范区建设《意见》对深圳提出的各项任务要求，细化为具体的实施方案和行动举措，进而形成具有较强操作性的滚动式年度行动计划。从过程导向来看，强调目标、任务的实施操作性问题，通过靶向定位、精准施策、因时应变，确保目标任务能够精细完成。从问题导向来看，主要是深入分析深圳在增强湾区核心引擎功能、发挥湾区核心引擎作用上存在的短板、不足乃至障碍，进而有针对性地提出解决对策，筑牢核心引擎的底板、弥补核心引擎的短板、增强核心引擎的长板，从而更好地发挥深圳在粤港澳大湾区中的核心引擎作用。

前面提到深圳作为湾区核心引擎的优势与有利条件，这里以问题导向角度简要概括深圳在核心引擎功能和发挥核心引擎作用两个方面存在的不足。在核心引擎功能方面，与先行示范区对深圳提出的五大战略定位来看，深圳离高质量发展高地还有较大差距，如综合经济实力与国际先进水平相比还不够强、集聚高端要素能力还有较大差距，高级别科研机构和高水平大学较少、关键核心技术自主能力较弱，国际机构和组织欠缺、国际影响力不强；此外，与法治城市示范、城市文明典范、民生幸福标杆、生态文明先锋同样也存在不少差距。在核心引擎作用发挥方面，深圳作为湾区经济中心城市和核心引擎，对粤港澳大湾区、广东“一核一带一区”的辐射带动作用还存在差距，特别是在深港极点作用发挥上还存在障碍与困难，有待进一步深化体制机制创新，突破各种制度性制约，从而更好地发挥出深圳在粤港澳大湾区的核心引擎作用。

根据目标导向、任务导向、过程导向和问题导向，本书认为，深圳要增强湾区核心引擎功能、发挥湾区核心引擎作用，应当在明确深圳湾区核心引擎功能与作用的基础上，重点从科技创新驱动、改革开放引领、优势产业牵引、生态文明涵养、人文理念聚力、营商环境支撑、发展平台助推、空间格局优化、海洋经济共育等方面着力。上述九个方面，便构成本书的研究思路与主要内容。

三　研究思路与主要内容

本书按照粤港澳大湾区发展规划《纲要》和深圳先行示范区《意见》精神，在梳理、分析和总结《纲要》和《意见》对深圳在粤港澳大湾区的核心引擎功能和作用部署要求的基础上，通过借鉴国际一流湾区核心引擎的主要经验与做法，分析深圳当好粤港澳大湾区核心引擎的基本条件及其主要路径，然后进一步从科技创新驱动、改革开放引领、优势产业牵引、生态文明涵养、人文理念聚力、营商环境支撑、发展平台助推、空间格局优化、海洋经济共育九个方面展开具体分析论述。这一研究思路，可以概括为如下逻辑框架（见图0－1）。

按照上述研究思路，本书各章基本内容如下：

引论：梳理深圳在粤港澳大湾区中的核心引擎提出的政策依据，根据《粤港澳大湾区发展规划纲要》《关于支持深圳建设中国特色社会主义先行示范区的意见》两个重要文件，归纳国家重大战略对深圳湾区核心引擎提出的任务要求，进而从政策层面分析深圳核心引擎的三个观察视角，最后总结全书研究思路与主要内容。

第一章：从理论层面研究核心引擎的基本内含，借鉴国际一流湾区经验与做法，提出深圳作为粤港澳大湾区核心引擎的主要功能，分析深圳增强湾区核心引擎的优势条件与不足，进而提出深圳发挥湾区核心引擎的主要方向和路径。

第二章：围绕作为湾区核心引擎重要方式的科技创新展开。在分析科技创新对于湾区核心引擎重要意义的基础上，总结深圳科技创新的发展现状与未来趋势，进而从深圳发挥在粤港澳大湾区国际科技创新中心建设中的主阵地与关键性作用角度，提出深圳科技创新发展的主要举措。

第三章：着重研究改革开放对于深圳湾区核心引擎功能与作用的重要意义。改革层面着重关注要素配置市场化问题，总结党的十八大以来深圳经济体制改革推进情况；开放层面从发挥深港

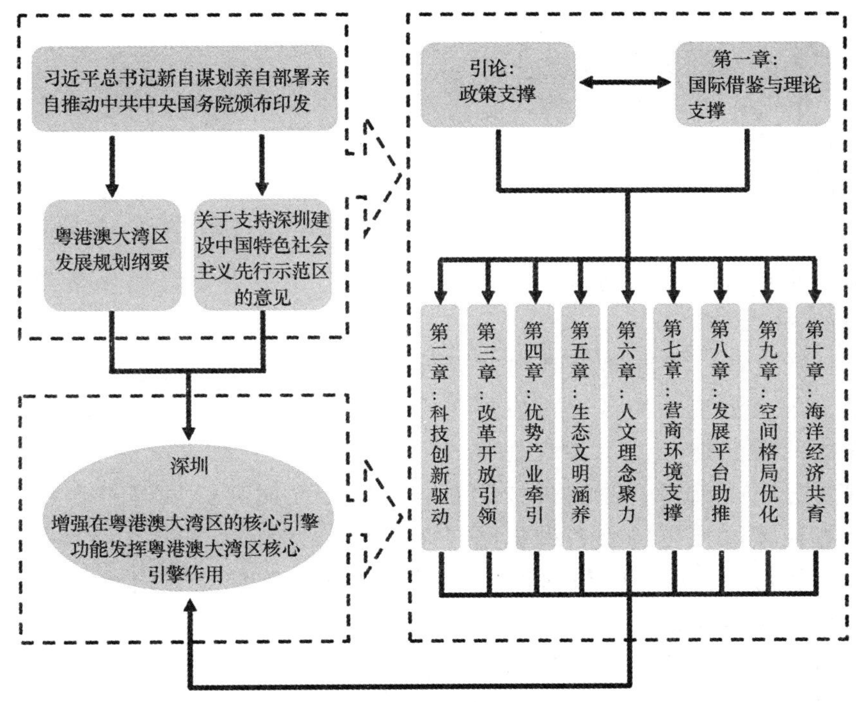

0－1　全书研究框架

极点作用、推动深圳与湾区城市区域合作两个视角提出相关政策思路。

第四章：着力从优势产业牵引角度分析深圳发挥在粤港澳大湾区中的核心引擎功能与作用。在总结粤港澳大湾区产业现状的基础上，分析深圳主要产业发展的现状与趋势，进而提出深圳整合湾区城市产业链的推进路径。

第五章：从生态文明涵养角度研究深圳在粤港澳大湾区的核心引擎。在总结大湾区生态基本情况之后，归纳优质生活圈建设问题，最后提出深圳生态文明建设和共建大湾区优质生活圈的实施推进路径。

第六章：人文湾区是粤港澳大湾区发展规划纲要提出的重要理念，研究深圳的湾区核心引擎功能与作用离不开人文理念内容。本章在详细提炼粤港澳大湾区人文理念的基本内含之后，着力从创新文化和移民文化两个视角，提出深圳助力湾区人文建设的丰富内涵及实施方略。

第七章：粤港澳大湾区建设离不开营商环境，深圳要增强湾区核心引擎功能并发挥出相应作用，必须支撑粤港澳大湾区建设国际一流营商环境。本章在梳理粤港澳大湾区营商环境现状及存在问题的基础上，借鉴国际一流湾区营商环境的主要做法与经验，提出深圳助力粤港澳大湾区构建市场化法治化国际化营商环境的主要策略。

第八章：粤港澳大湾区发展涉及重点平台与特色平台建设问题，为粤港澳大湾区提供发展平台便成为深圳发挥湾区核心引擎作用的重要途径。本章在总结湾区重点发展平台建设进展之后，着重分析了前海、深港科技创新合作区、光明科学城等平台建设对粤港澳大湾区的平台助推路径。

第九章：从空间格局优化角度分析研究深圳在粤港澳大湾区的核心引擎功能与作用。首先分析粤港澳大湾区空间结构现状、发展特征及优化路径，进而总结优化湾区城市群网络共生格局若干设想，在此基础上提出深圳发挥湾区核心引擎通道的构思及实施策略。

第十章：从海洋经济共育角度研究深圳在粤港澳大湾区的核心引擎功能与作用。在分析海洋经济共育发展成为国际一流湾区重要标志的基础上，详细梳理粤港澳大湾区规划纲要对海洋经济共育发展的具体要求，进而提出深圳应依托全球海洋中心城市建设这一国家使命，与湾区内城市群共同推进海洋经济发展。

第一章　粤港澳大湾区核心引擎的基本内涵和主要功能

从世界经济地理分布状况看全球经济演变和发展格局，可以发现，河口和湾区往往会依托其优越的自然条件和经济地理优势成为高端要素的集聚地。湾区一般是海陆地理兼具、海陆空交通齐备、包容性较强的国家边缘地带，但其城市的张力不可估量。一方面，"湾区经济"是天生的都市圈集群，从里到外形成由城市核心引领的不同都市圈层结构，产生了对外开放的最大张力；另一方面，它们对内实行辐射带动，形成以湾区为中心的强大外围经济圈，促进资源在更大范围内配置，产生了城市经济的强大引力。"一张一引"，推动着湾区经济的一些中心城市演变成为湾区经济发展的核心引擎，起着特别重要的引领与带动作用。特别是世界级"大湾区"的核心城市，不仅是全球资源配置中的高端要素的聚集地，更是对全球经济发展具有影响力和控制力的主阵地；不仅是一个国家和地区经济发展的发动机，更是国家建设现代化强国的关键。

按照习近平总书记的指示，广东省正在大做粤港澳大湾区国家重大战略这篇大文章。深圳作为中国特色社会主义先行示范区，完全具备湾区核心引擎功能的基本条件，拥有其他核心城市不可比拟的优势，理应在新时代改革开放中继续走在全国前面，不仅要发挥核心引擎作用，而且要不断增强核心引擎功能，为国家建设粤港澳大湾区，到21世纪中叶建设成为社会主义现代化强国探索路径，为中华民族伟大复兴的中国梦提供有力支撑。

第一节 湾区核心引擎的理论内涵与实证分析

一 核心引擎的基本内涵

引擎源于机械制造，一般称为将动能转化为机械能的发动机。核心引擎是指在机械运动整体过程中，即在能量转化过程中提供核心动力并发挥核心作用的发动机部分。目前，核心引擎的概念被普遍应用于城市规划和区域经济学研究中，就这一范畴，核心引擎一般具有如下特点。

（一）核心引擎能够较好地发挥禀赋优势

区域内的资源禀赋问题一直是区域经济学研究的重要内容。利用好禀赋优势是发挥比较优势的前提基础，只有充分利用资源禀赋并发挥比较优势，才能导致产业布局和集聚进一步优化，从而形成经济社会发展的新动力。资源主要包括自然资源和社会资源，自然资源主要有土地、森林、矿山、海洋等，而社会资源主要包括劳动、资本、知识、数据、技术、管理等。如果某个地区能够充分地将自己所拥有的资源形成比较优势，并且在区域内较好地利用和发挥出来，那么，区域内完全有可能形成合适的产业选择，将资源禀赋转化为动力源泉。事实证明，这种动力也会随着经济的转型而发生变化，当加工产业成为城市产业选择时，资本毫无争议地就成了城市的核心资源，推动产业集聚形成产业中心；当科技产业成为城市产业选择时，知识和数据显然会毫不礼让地充当核心资源，构建相适应的区域发展核心引擎。

（二）核心引擎能够提供超强经济增长动能

核心引擎一定是区域的经济增长极和中心城市。增长极理论告诉我们，区域经济发展的空间选择一般会带来巨大的区域经济增长动力。所谓的区域经济核心引擎，就是要在空间上形成区域经济增长的极点，产生强大的磁场和引力，带动周边城市增长，并裂变出整个区域经济发展的次级动力源。例如，在高科技高速发展的今天，如果不能够提供诸如高级人才集聚、大数据中心之类的超强的空间形态，那么，这个城市就很难成为中心城市进而成长为区域的核心引擎。

（三）核心引擎具有全面开放的辐射带动能力

开放不仅包括对外开放，在区域合作中还包括对内辐射带动。一旦成为某一区域的核心引擎，该城市将与区域内其他城市发生化学反应，驱动区域内城市共同融合发展。但是，其对区域的引领带动绝不仅仅局限于周边城市群，有可能辐射和外溢到更远的地区和城市，与更大范围、更多城市形成分工协同发展。这种辐射带动随着交通的不断改善而进一步延伸，早期的时候是通过河道相连形成交通连接，现在随着高铁技术的进步，城市之间的通勤时间进一步缩短，辐射带动的范围更加广泛。

二　湾区核心引擎的独特功能

相对于一般城市群的核心引擎，湾区核心引擎一般位于湾区的重要区域，占据湾区的重要资源，对湾区经济的资源配置和发展起着举足轻重的作用。目前对于湾区核心引擎城市的研究文献很少，可以查到的只有为数不多的几篇。魏达志认为，湾区核心引擎城市是全球性市场配置资源典型的经济组合，是全球性开放的经济结构和空间载体，是全球性新兴经济体及产业的聚集高地，是汇集并培育全球性核心竞争力的重要极核，拥有完备的全球性物流组织与贸易网络。[①] 根据湾区经济所具有的“拥海、抱湾、合群、通陆”[②] 的基本特征，笔者认为，湾区核心引擎有着自己的独特功能。

（一）开放功能

湾区核心引擎城市是面向全球开放的门户。湾区大都在沿海地带，拥有世界一流的港口群。这些港口将成为区域开放的重要枢纽，通过这些港口，区域内城市的产品可以畅销到世界各地，世界各地的物资也可以通过海路运到湾区，推动对外贸易成为城市的最

① 魏达志：《粤港澳大湾区增强核心引擎功能的深圳路径》，《深圳社会科学》2019 年第 4 期。

② 申勇、马忠新：《构筑湾区引领的对外开放新格局》，《上海市委党校学报》2017 年第 1 期。

大特点。也就是说，湾区核心引擎城市由于拥有湾区内最为重要的港口资源，推动城市成为区域内最为开放的城市，其资源配置不再局限于城市内部或者湾区内部，而是面向全球配置资源，从而成为全球资源配置的集散地。由于核心引擎城市的人、财、物的交换实现了全球配置，因此带动区域内的制度设计、市场规则、法律条例、办事程度等全方位地与国外不同的国家对接，使核心引擎城市不仅成为全球资源配置的节点城市，更成为全球要素聚集以及制度创新的制高点。

（二）集聚功能

湾区核心引擎城市是全球高端产业的集聚高地。湾区的地理特点十分鲜明，它们一般拥有较长的海岸线，但占据的区域面积比较小[①]，很容易形成港口集聚，各种港口在此形成分工合作的港口群。正是湾区城市的这个独特特点，导致临港工业在此聚集发展，产业不断向外延伸，就有可能形成产业链齐备、配套齐全的制造业中心。制造业的发展一般会带来大量技术人才和高科技企业，形成为之配套服务的高端服务业，推动城市向信息中心、贸易中心、金融中心和科技中心转变。在这一过程中，湾区核心引擎城市有可能掌握金融、科技等高端资源，成为湾区最有影响力和控制力的金融、数据和科技中心，占据全球资源配置的制高点。

（三）叠加功能

湾区核心引擎城市是区域要素聚合的叠加经济体。湾区经济发展一般经过四个阶段：港口经济发展阶段、工业经济发展阶段、服务经济发展阶段和创新经济发展阶段。[②] 这四个发展阶段不是相互替代关系，而是逐步沉淀形成叠加关系。通过四个阶段的演变，湾区将会形成“港口群 + 产业群 + 城市群 + 创新群”的叠加效应，[③] 而核心引擎城市是叠加效应最明显的地方。在四个发展

① 申勇：《湾区经济的形成机理与粤港澳大湾区定位探究》，《特区理论与实践》2017 年第 5 期。

② 吴思康：《深圳发展湾区经济的几点思考》，《人民论坛》2015 年第 5 期。

③ 申勇：《湾区经济形成机理与粤港澳大湾区定位探究》，《特区实践与理论》2017 年第 5 期。

阶段中，它们都不同程度地发挥着引擎作用，从港口经济到创新经济，不断带动湾区从低级向高级阶段过渡，成为全球最具竞争力、影响力和控制力的经济体，成为拥有战略引擎能力的世界级中心城市。

（四）极核功能

湾区核心引擎城市是海陆联动发展的重要极核。共享湾区是湾区经济发展的重要特征。但是，共享湾区也有不同的层次性和结构性，靠近湾区的区域形成共享湾区的第一层级，也是湾区经济形成的重要核心，但是这并不排除其他远离湾区的内陆城市参与共享湾区的港口运输、产业合作、城市交通等方面的分工与协作。按照区域经济圈层理论，如果临湾城市主要承担港口运输和核心生产任务，湾区外围城市有可能承担制造加工和配套功能，更远一些的城市交通能够通达的地区有可能承担诸如旅游、教育、养老等方面的功能，在物流运输和互联网经济都十分发达的今天，信息交流和物流成本都更加低廉，形成区域市场的集聚效应、规模效应、外部效应和区域竞争力，在一定条件下，还有可能产生资本、产业和人才的外溢，形成外溢效应。最终形成核心引擎城市带动、辐射内陆城市的海陆联动的湾区经济发展新态势。

三　全球三大一流湾区核心引擎城市的实证分析

（一）纽约

纽约湾区的成功最得益于纽约市对于周边的辐射，从而成为美国整个东部的经济发展引擎。众所周知，美国最早的湾区经济发源地是波士顿，波士顿由于地理位置更靠近欧洲，比纽约更容易接受来自欧洲的工业化的影响，利用自己的湾区大力推进工业化和城市化，带动湾区经济发展。相较于波士顿，纽约有着天然的湾区条件和区位优势，但由于缺乏腹地而一直没有得到较好的发展。为此，美国于1825年通过8年时间修建了伊利运河，使纽约地区与五大湖地区形成了有机联系，五大湖地区的面粉、棉花等农产品源源不断地运往纽约然后销往世界各地。纽约通过哈德逊河连接伊利运河，再通过伊利运河连接五大湖地区，纽约的港口发挥了重要的核心枢纽作用，纽约因此成为大纽约都市和湾区的金融和贸易中心，也成为五大湖地区通往世界的商贸中心。随着经济和贸易的扩大和发展，世界各地的高端要素不断往纽约中心集聚，城市化不断升级并高级化，纽约成为世界最具影响力的国际金融中心、航运中心和贸易中心，纽约以及纽约的金融业也因此成为纽约湾区推动世界经济的最核心引擎。具体表现为：一是纽约成为湾区乃至全世界的经济发动机。纽约经济实力强大，一度成为世界经济发展的晴雨表。2017 年，纽约湾区的 GDP 达到了 1.72 万美元，地均 GDP 达到了 0.8 亿美元/平方公里，是所有湾区城市最高的，说明其城市经济密度是最高的，综合经济实力最强（见表 1－1）。二是纽约金融业具有控制世界经济发展的重大影响力。纽约核心地带的曼哈顿华尔街作为世界金融的心脏，集聚了美国 7 大银行的 6 家和 2900 多家世界证券、期货及保险等金融和外贸机构，金融保险产业占 GDP 的比重达 16%，云集了世界 500 强的大部分总部，拥有纽交所和纳斯达克交易所。① 三是纽约对周边的辐射带动能力十分巨大。不仅形成了以 50 公里为半径的纽约都市圈，而且推动了方圆 500 公里区域实现资源优化配置和联动发展。

表 1－1　　三大湾区经济实力和科技创新对比

名称	纽约湾区	旧金山湾区	东京湾区
GDP（万亿美元）	1.72	0.83	1.78
人均（万美元/人）	8.46	10.68	4.07
地均 GDP（亿美元/平方公里）	0.8	0.46	0.49
高校数量（个）	227	73	120
研发投入强度（%）	3.12	6.1	3.68
PCT 专利申请量（万件）	0.8	0.72	2.86
核心功能特点	金融	科技	产业

资料来源：日本统计年鉴、美国人口调查局、广东省统计年鉴、香港政府统计处、澳门统计暨普查局、《粤港澳大湾区协同创新发展报告》。

① 王珺、袁俊：《粤港澳大湾区建设报告》，社会科学文献出版社 2018 年版。

（二）东京

东京市是典型的核心引擎城市。众所周知，东京作为日本的首都，具有六大港口与东京湾的核心功能，充当了日本的政治、文化、经济和消费中心。东京位于日本本州岛的东部，由23个特别行政区、26个市、5个町、8个村组成，人口大约为3500万，是目前全球规模最大的都市区。东京的核心引擎功能的发挥主要依赖其金融、产业以及都市圈层发展进行引领。在金融方面，日本是仅次于纽约和伦敦的金融中心，拥有世界第二大的证券交易所，对于经济的影响力和控制力起到了巨大的促进作用；在产业方面，东京是世界最著名的制造业中心和引擎，形成了“一核两带”产业发展引擎，即以东京为核心，京滨和京叶两大经济带共同发展，主要产业集中在钢铁、造船、机器制造、化工、石油、电子信息、精密制造等方面，对于日本经济腾飞成为世界制造业强国发挥了很好的引擎作用；在都市圈层发展方面，东京从20世纪50年代起就借鉴英国大伦敦都市圈规划的经验，制定了东京都市圈发展构想，即以东京为中心的50公里范围内设立市区、近郊和周边三个地区，通过核心区带动周边发展，不同地区采取错位发展和联动发展的方法，如银座地区主要发展金融业和高端服务业，汇聚了日本东京最多的总部。在东京核心引擎作用发挥的过程中，其交通发挥了巨大的作用，东京的地铁四通八达，新干线延伸到周边所有的地方，立体综合型交通网形成了核心与周边的最佳连接方式。2017年，东京GDP达到了1.78万亿美元，成为世界湾区的最大经济体。

（三）旧金山

确切地说，旧金山湾区有旧金山市、圣何赛和奥克兰市三大核心引擎。其中，旧金山是金融文化中心，奥克兰是港口工业中心，圣何赛是高新技术中心，它们在不同的时期从不同的角度均发挥了不同的核心引擎作用。

旧金山是名副其实的湾区城市，它们最早发展起来得益于黄金的发现和挖掘，淘金业的兴起促进了世界移民人群的到来，并带动本地的金融业和国际贸易的快速发展。仅蒙特利尔街就成为次于美国曼哈顿的金融街，美国最大的银行美国银行就创立于此。从20世纪80年代起，旧金山市开始集中精力发展金融业，港口业只保留了散装货物的运输业务。金融业成为服务湾区科技发展的重要手段，旧金山市因此成为风险资本投资的聚集地，2000年旧金山市风险资本公司为湾区新兴网络和科技公司提供了超过500亿美元的风险资本投资。同时，旧金山的多媒体、互联网等新兴服务业也出现爆发式增长，成为美国和湾区的金融文化中心。[①]

奥克兰位于旧金山湾区的北部，是北湾的重要核心城市。与旧金山不同的是，它们通过修建全美最长的铁路线，成为第一条横跨全美铁路的本部起点站，为奥克兰城市的港口注入了新的活力。奥克兰充分利用其港口资源优势和铁路优势，加之集装箱技术的快速发展，大力发展工业产业，成为湾区的工业经济中心。目前，奥克兰是美国仅次于纽约的第二大集装箱港口，是新兴产业的集聚地，成为湾区的重要港口工业中心。

圣何赛市位于旧金山湾区的南部，是南湾的重要核心城市。凭着良好的发展政策以及极好的地理位置，圣何赛市集聚了一大批高科技创新公司，促进了旧金山湾区科技产业的高速发展。已经集聚了像Facebook、Twitter、谷歌、苹果等创新型企业，成为全球科技创新中心。目前在圣何赛硅谷地区分布着大量世界一流的科技公司，该区域也因此成为湾区乃至全球的科技创新发展的引擎。

由于硅谷的高科技创新企业及研发中心的存在，旧金山市的风险投资的支持，以及奥克兰市的工业产业的支撑，旧金山湾区已经发展成为以科研创新为根本动能的世界级湾区。2017年，旧金山湾区GDP达到10.83万亿美元，人均GDP为10.86万美元/人，远远高于其他湾区。三大城市核心分别从不同的功能发挥湾区核心引擎作用。

通过以上分析，我们可以发现，世界一流湾区的中心城市之所以能够发展成为核心引擎城市，最根本的原因在于它们在湾区的成长中能够把握产业发展的方向，并在湾区发展中发挥核心引领作用。这些城市的最大特点是具有较强的经济实力并且在某个方面具有影响力、竞争力和创新力。例如，纽约主要在金融方面为湾区提

① 奇霖金融研究：《我们能从旧金山湾区学到什么？》。

供发展动力，促进纽约湾区影响和控制世界经济的发展；东京在产业方面为湾区提供动力，推动湾区产业不断转型升级；旧金山湾区则在科技创新方面形成很好的分工，旧金山、奥克兰、圣何赛等核心城市在资本、产业和科技创新方面形成分工协作并提供发展动力，促进了资本、产业和科技的有机结合，提升了区域科技创新的密度和深度。

第二节　深圳发挥核心引擎作用的条件分析

一　深圳建设核心引擎的基本条件

（一）经济实力雄厚

深圳具有建设粤港澳大湾区核心引擎的经济实力。从 2018 年 GDP 总量来看，粤港澳大湾区经济总量达 10 万多亿元，深圳就达到 2.42 万亿元，超过广州的 2.29 万亿元和香港的 2.4 万亿元，位于大湾区第一名和亚洲城市前五名（见图 1－1）。

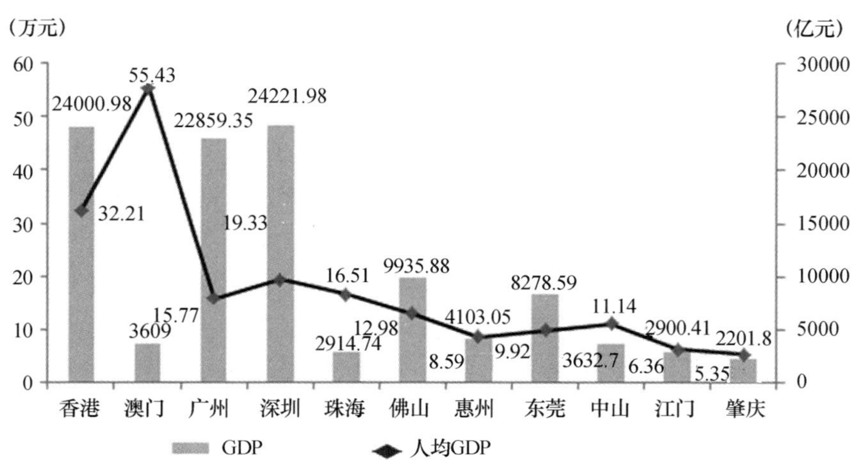

图 1－1　2018 年粤港澳大湾区各城市 GDP

资料来源：政府公开资料，亚太创新经济研究院整理，其中香港、澳门的 GDP 分别根据 2018 年人民币兑港币、澳门币的平均汇率折合而来。

（二）创新产业发达

深圳市具有引领粤港澳大湾区的创新产业。2018 年，全社会研发投入超过 1000 亿元，全社会研发投入占 GDP 比重达到 4.2%，与全球最高水平国家以色列相当，PCT 国际专利申请量达到 1.8 万件，排名全国第一。国家级高新技术企业新增 3000 家以上，总量超过 1.4 万家，国家级高新技术企业数量居全国第二。2018 年战略性新兴产业增加值增长 9.1%，呈现“三个为主”的鲜明特征：一是经济增量以新兴产业为主，新兴产业对 GDP 增长贡献率达 40.9%；二是工业以先进制造业为主，先进制造业占工业比重超过 60.5%；三是现代服务业占服务业比重提高至 70% 以上。目前深圳已经形成了创新产业集聚发展态势，集聚了华为、腾讯、中兴通讯、大疆、比亚迪、华达基因、中国平安等一批在全球都有影响力的高科技企业，尤其是华为，在 5G 等方面已经处于全球领先水平。

（三）交通枢纽作用明显

深圳国际航空枢纽竞争力不断提升。到 2020 年，深圳机场国际客运航线将达到 60 条，年旅客吞吐量达 5500 万人次，年货物吞吐量超过 120 万吨。铁路方面，除现在拥有的北站、福田站等高铁枢纽外，正在规划建设西丽、机场东、光明城、大运、坪山、平湖等交通枢纽。据有关规划显示，到 2020 年，将建成国家铁路 149.5 公里，城际铁路 18.7 公里；到 2022 年，深圳地铁四期建成通车后，全市轨道交通总里程将达到 580 公里；到 2035 年深圳将形成 33 条线路，总里程数达到 1335 公里的轨道网络。尤其是在粤港澳大湾区都市圈集群中，深圳将在香港、深圳、东莞、惠州、珠海、中山等城市圈中承担核心枢纽作用，东部城市群将形成以深圳为枢纽的城际轨道网络并不断往西延伸。如表 1－2 所示，深圳将有 5 条地铁线与东莞对接，有 2 条地铁线与惠州对接，深圳将实现与湾区城市 100% 轨道交通直达，构建港深莞惠“1 小时通勤圈”，深莞惠河汕“5C”经济圈“2 小时交通圈”。

表1－2　深圳与东莞惠州城市铁路对接

深圳线路	对接城市	对接线路
11号线	东莞	3号线
6号线	东莞	1号线
20号线	东莞	2号线
10号线	东莞凤岗	
13号线	东莞	3号线
14号线	惠州南站	1号线
19号线	惠州	1号线、6号线

资料来源：深圳公布的相关规划。

（四）开放水平较高

深圳作为中国第一个经济特区，本身就是中国对外开放的窗口，无论是区位条件、港口资源还是体制机制都位于全国前列，具备区域开放引领的基本条件。一是区位条件优良。深圳与香港海陆相连，直面南海并连接太平洋与印度洋，是中国21世纪海上丝绸之路的重要起始点。二是港口资源丰富。深圳有盐田、蛇口等四大港口，集装箱运输位于全球前列。由于深圳港毗邻香港，四大港口的运营商也均为港资，持股比例达65%以上，包括盐田港的和记黄埔、西部港区的招商局、大铲港的现代货箱等。目前深圳共有国际集装箱班轮航线239条，其中美洲45条、欧洲27条、亚洲122条、地中海12条、澳洲7条。2018年深圳港吞吐量全年累计完成集装箱吞吐量2573.59万标准箱，全球第四。[①] 三是拥有前海—蛇口自由贸易区，特别是中共中央国务院于2019年8月18日发布了《中共中央国务院关于支持深圳建设中国特色社会主义先行示范区的意见》，赋予深圳进一步走在全国改革开放再出发的前列，深圳不仅拥有全国领先的市场经济体制机制，更是将以建设全球标杆城市的姿态走在全国开放的最前列。

---

① 深圳海管家网文：《深圳港："再追求吞吐量可能不是我们今后的发展重点"》。

二 深圳建设核心引擎的叠加优势

（一）与香港、珠三角城市的科技创新叠加优势

科技创新叠加是粤港澳大湾区最大的优势，也是深圳建设核心引擎的重头戏。一是深港两地科技创新资源互补性强，容易形成叠加效应。据《泰晤士报高等教育》2019年公布的世界大学排名显示，香港拥有5所全球百强大学，其中，香港大学排名第25名，香港科技大学排名第37名，香港中文大学排名第47名，香港城市大学和理工大学也分别排在100名之内。香港的大学排名如此靠前，主要是因为其大学聚集了一批全球高端的科研人员，他们在多个学科方面的研究都十分突出，尤其是计算机专业和数学专业等学科的排名甚至位于世界的前三十名以内。① 相比之下，深圳缺乏世界乃至全国名校，仅有深圳大学和南方科技大学等国家重点大学。尽管如此，深圳的创新并没有止步于此，依靠企业为主体形成了自己的独特创新优势，产生了华为、腾讯、中兴通讯、大疆无人机、华达基因、比亚迪等一大批创新型企业和创新产业集群。由此可见，如果能够将香港的世界级大学较好地与深圳的科技创新产业有机地结合，实现功能互补、产学结合，粤港澳大湾区的科技创新的叠加优势将焕发出无限的生命力，成为世界科技创新的最强动力。二是香港、深圳、珠三角创新空间分割，有可能形成创新空间的优势重组，形成空间叠加优势。从全球三大湾区来看，粤港澳大湾区的土地资源是最多的，大约为5.6万平方公里，是东京湾区的4倍、旧金山湾区的3倍、纽约湾区的2.5倍。但是，遗憾的是，粤港澳大湾区的土地整合相当困难，一方面，深港两地分属于“一国两制”的不同制度的管辖下，沿深圳河两岸的边境地带很难共同合作开发；另一方面，珠三角内部行政分割严重，行政阻碍难以打破。粤港澳大湾区已经提出来要建设广深港澳科技创新走廊，完全有可能在创新空间布局上突破土地制约，释放科技创新的空间生产力，形成科技创新的空间叠加效应。例如，深圳将形成包括深圳空港新

① 王珺、袁俊等：《粤港澳大湾区建设报告（2018）》，社会科学文献出版社2018年版，第39页。

城、深圳高新区、深圳板雪岗、深圳国际生物谷四大核心的“四核二十节点”的空间格局，这些重点科技创新区域如果与深港科技创新合作区、东莞松山湖科技园、惠州大亚湾（国家级）经济技术开发区、惠州仲恺高新区共同发展，互补合作，完全有可能产生科技产业空间叠加。三是香港的金融中心和国际化市场有可能与深圳的科技创新产业形成叠加，支撑深圳产业快速走向国际化，与世界科技发展对接，并获得资本支持。这样，在各种因素作用下，深圳有可能形成“基础研究＋技术攻关＋产业转化＋金融支持”的全链条创新叠加优势，成为引领世界创新的重要引擎。①

（二）东岸城市群城市功能叠加优势

湾区经济本身就是叠加经济，其发展经过港口经济、产业经济、服务经济和创新经济四个阶段，依次形成港口群、产业群、城市群和创新群，并成为湾区持续发展的动力。作为核心引擎，经过几个阶段发展以后，会形成“港口群＋产业群＋城市群＋创新群”的叠加效应，成为世界一流的国际化城市并带动大湾区共同发展。深圳具有的叠加优势比较明显，一是深圳拥有全球排名第四的集装箱港口，深圳的港口与香港的港口合起来，稳居世界前列。2018 年深圳港口集装箱吞吐量达到 2573.6 万标箱，香港的港口集装箱吞吐量为 2188 万标箱，两地加起来达到 4761.6 万标箱。二是产业发达，深圳与东莞之间形成了比较合理的产业分工，集聚了制造业发展的叠加优势。以深圳、东莞为代表的粤港澳大湾区东岸已经构筑了完整的制造业产业链，从零部件到整机生产，从设计到制造，无所不及。深圳在整个产业链中，占据了高端位置，与周边形成了“总部经济＋生产基地”的产业合作方式，促进了深圳产业叠加的引擎优势。三是城市功能形成了叠加效应优势。广深港高铁的建成，推动了深圳与香港半小时通勤圈的形成，使深圳和香港公民能够享受到双城的服务便利。港珠澳大桥的建成通车，促进了深圳、香港、澳门、珠海城市之间的联系，伶仃洋东西两岸长期分割的局面被彻底打破，城市功能得到有机互补。如果深中通道能够顺利建成通车，

① 参见深圳市委书记王伟中在深圳市委六届十次全会第一次全体会议上的报告。

粤港澳大湾区的深圳、东莞、中山、珠海、香港将有可能形成闭环都市圈，深圳可以在1小时内到达珠海、中山、香港、澳门等城市，深圳由于城市基础设施完善而叠加周边城市的城市功能，享受到城市叠加所带来的便利。四是创新群的叠加效应优势。这一点，本书上面已经谈到了，由于创新发展，创新人群、创新产业和创新机构的进一步集聚会带来创新的浓度进一步提升，创新密度也会逐步提高。这四个叠加不是孤立的，它们互相促进，互相补充。例如，港口群会推动产业群的形成，产业群会带动人口和空间结构的变化从而推动城市服务的发展，城市服务会形成高科技人群的集聚效应，从而加剧创新的密度和浓度的提高，形成一个有序的“四群”叠加效应，这种叠加将成为深圳发挥核心引擎作用的重要优势。

（三）都市圈经济的叠加优势

粤港澳大湾区发展过程实际上就是工业化和城市化从低级向高级的发展过程。在低级发展阶段，由于加工工业占主导地位，资本和劳动力形成叠加，推动城市化的发展，在这个过程中，深圳和香港都发挥了一定的核心引擎功能。随着深圳工业化和城市化的发展，深圳已经成为中国的高科技城市，成为中国总部经济的集聚地，粤港澳大湾区已经进入到都市圈集群的新阶段，深圳城市化也已经进入到都市圈的发展阶段。都市圈的叠加因素将不再局限于“资本+劳动力”的简单叠加，而是“知识+技术+数据”的叠加。来深圳工作的人群不再是以前的农民工，而是国内外一流的有一技之长的大学毕业生，区块链、大数据也会成为新的生产要素。同时，由于都市圈人口增长，导致一些都市新经济不断产生。例如，由于粤港澳大湾区人口达7000万人，足以带动澳门博彩业的兴旺，邮轮产业也可能因为都市圈的人口和交通变化而成为朝阳产业。因此，大数据中心的建设以及新兴都市产业的形成都有可能成为深圳核心引擎建设的叠加优势。

（四）体制机制叠加优势

深圳是中国第一个经济特区，市场经济相当活跃，法治制度比较健全。经过近40年改革开放，国家于2018年8月18日正式宣布深圳为中国特色社会主义先行示范区，为中国特色社会主义制度建设和社会主义现代化强国先行蹚路。深圳成为中国唯一一个位于粤港澳大湾区，既是经济特区又是中国特色社会主义先行示范区的城市，具有明显的“自由贸易区＋经济特区＋粤港澳大湾区＋先行示范区”的多重体制机制叠加优势，汇聚成粤港澳大湾区和先行示范区的“双轮驱动”体制机制叠加优势。同时，深圳的前海作为深圳特区的特区，更是叠加了多种体制机制优势：一是作为中国自由贸易区的重要成员，担负着新时代改革开放尖兵的重任，有着“特区中的特区”的体制机制叠加优势；二是作为深港合作的先导区，将在法制建设、金融合作等方面与香港积极对接，形成“一国两制”新实践的体制机制叠加优势；三是前海区位条件十分优越，是珠三角连接香港的重要前沿，作为两地体制机制优势互补、合作发展的重要平台，更是形成了“粤港澳大湾区重大平台＋经济特区中的特区＋中国特色社会主义先行示范区＋自贸试验区＋深港合作区”的叠加优势。这种体制机制叠加优势必将进一步促进深圳在粤港澳大湾区中的核心引擎功能的提升。

三　深圳建设粤港澳大湾区核心引擎的主要问题

（一）科技创新影响力不够

虽然已经涌现了一批有相当影响的科技公司，但是深圳在国际科技创新上形成的影响力还远远不够。一是具有影响力的企业相对不足。在波士顿咨询公司（BGG）发布的《2016 年度全球最具创新力企业 50 强》榜单中，旧金山湾区有 6 家，东京湾区有 5 家，纽约湾区有 2 家，而粤港澳大湾区只有华为 1 家。由此可见，深圳虽然有华为为代表，尽管华为也宣称自己在 5G 方面领先世界，科技创新进入了无人区，但是仅此一家，作为核心引擎还远远不够。[①] 二是基础科学研究缺乏影响力。深圳缺乏知名大学和实验室，基础研究薄弱，远远落后于其他城市，导致科技创新产业链不完整，缺乏与基础研究有关的基础核心科技产业，这直接影响了深圳作为核心引擎的发挥。例如，在芯片研究和制造上，我们往往受制于人，被人“卡脖子”。同

① 王珺、袁俊等：《粤港澳大湾区建设报告（2018）》，社会科学文献出版社 2018 年版，第 36 页。

样，在生物医药方面，我们的研究仍然远远落在美国以及发达国家之后。这种状况如果不解决，我们的科技创新很难在世界上形成影响力，只能做科技创新的“跟跑者”，难以在高端科技方面成为粤港澳大湾区的核心引擎。三是科创引擎后劲不足。主要表现为独角兽企业在全国占有的比例不够。科技部火炬中心《2016 中国独角兽企业发展报告》[①] 显示，全国总共选出 131 家，粤港澳大湾区总共有 16 家，深圳有 12 家，占粤港澳大湾区的 75%，但是与全国的北京（65 家）、上海（26 家）还有很大一段距离，这就说明我们的科技创新企业的培育还不够，科技产业发展的持续性存在问题。

（二）城市服务功能不足

作为核心引擎，城市服务功能应该是一流的，才能充分发挥对周边城市的服务功能，提升城市辐射和带动能力。但深圳作为粤港澳大湾区核心引擎中心城市，城市服务功能亟待进一步提高。一是交通枢纽作用发挥不够。从地理位置来看，深圳位于中国东南沿海边陲地区，处于伶仃洋东岸，如果要成为交通枢纽，必须要以东西、南北方向形成交通连接的十字交叉形态。然而，现在差距还比较大。以铁路为例，东西方向，深圳与惠州虽然有高铁路过但并没有形成城市轨道交通连接，同时由于深中通道没有建成以及港珠澳大桥的单 Y 结构，与西岸城市基本处于分割状态，东西方向连接并不顺畅；南北方向的广深港高铁的正式开通，推动了广州、深圳、香港三大中心城市的连接，但显然不够，深圳东部与香港的高铁连接通道并没有形成。深圳的国际航班也相当缺乏，作为拥有 1300 万常住人口的特大城市，目前只有 50 多条航线，空港的短板同样明显掣肘了深圳交通枢纽作用的发挥。二是民生短板依然十分突出。主要是教育和医疗服务还有比较大的差距。教育资源问题明显不足，幼儿教育和高中教育的公立资源短缺严重；深圳的优质医疗资源明显缺乏，分布十分不均衡，尤其是原特区外地区的教育医疗资源远远不及原特区内地区。三是城市密度不够。改革开放 40 年来，深圳市人口、产业和空间发生了巨大变化，人口从 1979 年的 31.41

① 王珺、袁俊等：《粤港澳大湾区建设报告（2018）》，社会科学文献出版社 2018 年版，第 36 页。

万增加到2017年的1252.83万，GDP从1979年的1.96亿元增加到2017年的22438.39亿元，人口密度达6273人/平方公里，人均GDP达18.31万元，地均GDP达11.24亿元/平方公里，已经达到国内领先水平。但与国际一流湾区城市比，还有较大的差距。从图1－2和图1－3可以看出，深圳人口密度高于伦敦（含内伦敦、外伦敦），略低于东京都、香港，远低于新加坡、首尔和纽约市。在人均GDP和地均GDP方面，深圳市均远低于国际一流城市。显然，深圳市的人口集聚度已经接近世界一流城市，但经济发展水平和产业集聚度仍与世界一流城市存在差距。

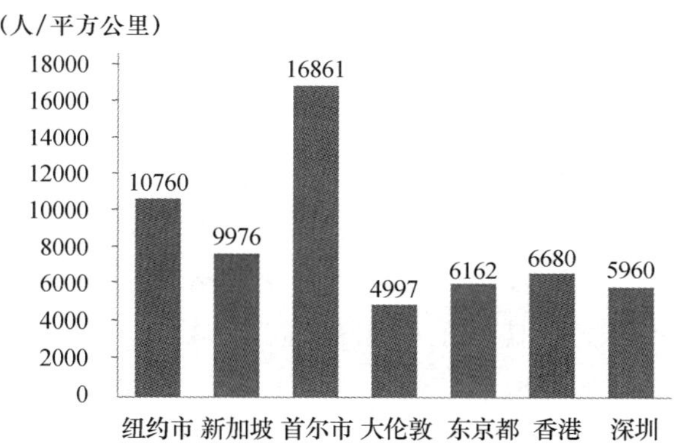

图1－2　深圳与国际一流城市的人口密度比较

（三）辐射带动作用不明显

深圳要成为核心引擎，必须在区域合作中进一步发挥辐射带动作用，但目前明显不够。一是在深莞惠河汕城市圈的辐射能力还有待于进一步加强。作为东岸经济圈的龙头，深圳在产业方面对于周边城市发挥了积极作用，与东莞、惠州、河源、汕尾形成了“总部经济＋制造业基地”的产业分工，但是区域之间的不均衡发展还比较严重，联动发展态势还没有完全形成，交通连接还不够顺畅。尤其是深圳到东莞和深圳到惠州、河源、汕尾都缺乏城际线，如表1－2所示，虽然规划了深圳到东莞、惠州的城际线，但真正要落实还需要时间。二是与珠江东岸城市的联系还需要进一步加强。粤港

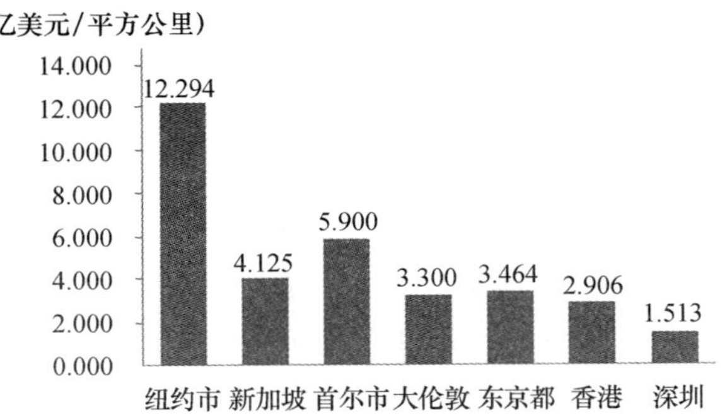

图 1－3　深圳与国际一流城市的地均 GDP 比较

资料来源：2017 年香港统计年刊、深圳统计年鉴，以及美国、新加坡、日本、韩国、英国统计局官网。

澳大湾区的珠江东岸城市主要有珠海、澳门、中山、江门，该区域面积大约为 13058 平方公里，是深圳的 6 倍，2018 年 GDP 达到 13056.85 亿元，是深圳的一半多一点儿。但是从目前来看，西岸与东岸的经济差距还比较大，交通连接仍然处于隔绝状态。尽管港珠澳大桥已经开通，但是由于单 Y 的通道结构，导致深圳无法上桥，无法通过大桥与东岸形成快速连接；深中通道虽然已经开工，但是离正式通车还有相当一段时间，即便是顺利通车，两岸仍然缺乏城际铁路连接，深圳与西岸城市仍然难以融合发展。三是对泛珠三角的辐射有待进一步加强。粤港澳大湾区将形成四个层次：第一个层次主要包括：广州、东莞、深圳、中山、珠海和香港、澳门，这 7 座城市是共享大湾区的最内核。第二个层次是目前规划区域，主要是珠三角地区加上香港和澳门，包括：广州、东莞、深圳、中山、惠州、珠海、佛山、肇庆、江门和香港、澳门。第三个层次是广东省加上香港、澳门。第四个层次是泛珠三角加上香港、澳门，主要包括：福建、江西、湖南、广东、广西、海南、四川、贵州、云南九个省区和香港、澳门两个特别行政区，简称“9＋2”，泛珠三角地区总面积约为 199.45 万平方公里，人口约 4.46 亿，泛珠三角体量巨大，人口众多，集聚了中国经济发展的较大能量。从深圳与这四个层次的关系来看，深圳对于泛珠三角区域的辐射带动还需要进一步加强。例如，深圳对于北部湾经济圈和闽西经济圈的带动作用就非常有限，很多产业宁愿转移到条件几乎相近的越南，也不往这些区域转移。

（四）开放程度有待于进一步加强。

如果从深圳进出口情况来看，需要加大对国际国内进口市场的开放力度。深圳的对外开放程度相当高，主要表现在出口方面，但在进口方面，与上海比较仍然有很大差距，需要进一步提升。据有关方面统计，2019 年 1—6 月，深圳进出口总值 1.34 万亿元人民币，规模位居全国大中城市第二，其中出口 7571.4 亿元，进口 5800.8 亿元，进口规模仅位居第三，与上海比较仍然差距不小。2019 年 1—6 月，上海市实现外贸进出口总额 1.59 亿元，出口 6343.64 亿元，进口 9520.38 亿元。由此可以看出，深圳出口与上海非常接近，但进口与上海差距比较大，几乎是上海的一半。①

第三节　深圳增强核心引擎功能的主要方面

在《粤港澳大湾区发展规划纲要》中，中共中央国务院十分重视粤港澳大湾区的核心引擎建设，提出建设广州—佛山、香港—深圳、澳门—珠海三大增长极，并且要求建设广州、香港、深圳、澳门四个中心城市和四个核心引擎。习近平总书记对深圳核心引擎建设提出了更高的要求，在 2018 年 12 月 26 日给深圳的批示中，要求深圳增强核心引擎功能，加快建设中国特色社会主义先行示范区。因此，深圳要在对外开放、科技创新、城市服务、辐射带动周边等方面进一步增强核心引擎功能，在粤港澳大湾区建设中发挥更加强大的核心引擎作用。

一　加大对外开放力度，增强开放带动的核心引擎功能

深圳要充分发挥自己在“一带一路”中的枢纽地位，在市场开

① 中国商务部网站。

放、招商引资等方面进一步加大对外开放力度，加大全球资源配置的行动，促进深圳形成重要的价值链条节点，从而形成以深圳为核心的粤港澳大湾区引领的对外开放新格局。一是要充分利用国际国内两个市场，加快贸易强市建设。开放新格局离不开贸易繁荣，深圳市应依托自贸片区和保税区，进一步推进改革开放，加快构建与国际接轨的开放型经济新体制，加快建设一批进出口商品集散中心，尤其要借鉴上海经验，推动提升进口贸易的发展，通过贸易带动大湾区参与全球资源配置，促进现代化国际化城市建设。[①] 二是要不断增强经济增长的内生动力，加快国际消费中心城市建设。国际一流湾区核心城市纽约、东京、伦敦、巴黎都有世界顶级商圈。如纽约第五大道、东京银座、伦敦牛津街、巴黎香榭丽舍大道等。国内的重要湾区城市也拥有自己的国际商圈，如上海有南京路、广州有天河路。相比之下，深圳缺少叫得响的顶级商圈。同时，深圳人口结构年轻，消费力强劲，但消费外流却十分严重。因此应高起点定位、高水准规划、高标准建设世界级的商业标志建筑，不断引进知名品牌的旗舰店和龙头店，打造成片开发、吃逛文娱游购一体、具有全球影响力的世界级核心商圈。[②] 三是进一步发挥会展经济对产业链和创新生态的带动作用。深圳的国际会展中心，总建筑面积160万平方米，室内展览面积达50万平方米，是全球最大的展馆。深圳应该积极协调完善国际会展中心的周边配套，不断引进大型国际专业展，争取举办国家重要主场外交活动。通过全球性的高端展览和大型会议，让深圳不断走向世界舞台的中央。四是加大招商引资力度，助力深圳市抢抓全球价值链高端，确保创新发展的主动权。应结合深圳的产业优势和薄弱环节，瞄准相关领域的龙头企业实施精准招商。不断引进符合深圳发展要求的全球高端产业，为深圳市经济持续发展注入新动能。同时，推动企业进一步走向“一带一路”沿线，与香港、澳门、珠三角城市一道共同参与“一带一路”沿线城市的基础设施建设、产业园区建设和城市建设，加快建

---

① 张菲梦：《打造国际开放枢纽，推动更高质量发展》，《咨政参考》2019年第10期。

② 同上。

设成为“一带一路”的核心枢纽。①

二　共建国际科技创新中心，增强创新驱动的核心引擎功能

建设国际科技创新中心是粤港澳大湾区的头等任务。同时，本书发现，由于粤港澳大湾区各中心城市在科技创新方面都具有资源禀赋错位和互补性特点，任何一个城市都不可能完全拥有国际科技创新的资源，国际科技创新中心不可能由某一个城市建设只能是共建。但是，深圳作为粤港澳大湾区的中心城市，已经拥有其他城市不可或缺的科技创新型产业和企业，特别是拥有具有世界影响力的华为，加之边上有香港的世界500强大学和研究机构作为后盾，深圳完全可能担负起《中共中央国务院关于支持深圳建设中国特色社会主义先行示范区的意见》中提到的“主体地位”和“关键作用”，成为粤港澳大湾区科技创新的发动机。一是加快促进科技产业发展的基础研究空间布局。重点建设深港科技合作中心、光明科学城、西丽高教城、鹏城实验室等新兴基础研究载体，打造前海自贸区、龙岗大运中心、东莞松山湖为顶点的黄金科技创新三角，形成“基础研究＋技术攻关＋科技产业”的科技产业创新生态链，带动整个粤港澳大湾区科技创新成为世界引擎。二是加快科技创新体制机制改革，以深圳为核心带动粤港澳大湾区科技创新活力泉涌。改变现有的财务制度和报账制度，鼓励和支持科技人员与企业共同研究项目，承担社会研究课题，发挥基础研究对于科技进步的引领作用。要改变目前大学与产业脱节的不合理制度，建立大学服务于产业的新型办学体系。培育一批“基础研究＋学术研究＋技术攻关”的多面手教师，让大学老师真正成为大湾区科技创新的推动者和引领者。三是促进高端科技研究人才向深圳集中。充分利用“千人计划”的引领作用，加快引进海外留学人才来深圳集聚发展，探索知识产权证券化路径和具体实施方案，推动资本市场向技术市场转变，改变目前创业板上市公司的“技术空心化”现象，使深圳从打工者的天堂逐步过渡到科学家的天堂，成为粤港澳大湾区基础科

---

①　张菲梦：《打造国际开放枢纽，推动更高质量发展》，《咨政参考》2019年第10期。

学和应用的发动机。

三　加强基础设施建设，增强交通联动的核心引擎功能

交通枢纽是决定一个城市是否能够成为核心引擎以及发挥核心引擎作用的重要因素。某个城市之所以能够成为一个湾区的发动机，要么是拥有重要的出海口，具有不可替代的港口；要么拥有联系网际的高速公路和高铁枢纽；要么具有通往全世界的国际航空枢纽地位。深圳要增强粤港澳大湾区的核心引擎功能，也应该加强基础设施建设，建设成为粤港澳大湾区的海运、空运和铁路运输的重要枢纽。一是要增强深圳的海上运输枢纽功能。深圳的集装箱运输比较发达，目前拥有东西两个港口，东边的盐田港一直排名全球前列。深圳作为粤港澳大湾区的核心引擎应该进一步提升港口和航道等基础设施水平，加强国际运输能力并提升自身的国际竞争力，重点要提升盐田港的国际运输能力，将其建设成为粤港澳大湾区进出口货物的核心集装箱运输港口。同时，加强邮轮港建设，继续扩大国际邮轮通航路线和运行能力，促进以深圳为核心带动粤港澳大湾区的国际交往功能提升，增强港口运输的核心引擎功能。二是要增强深圳的铁路运输枢纽功能。高铁建设将成为地区经济社会发展的重要引擎，深圳由于位于中国东南沿海的边陲地区，从区位上很难成为国家的枢纽和中心。但是，随着粤港澳大湾区的建设，深圳将成为东南西北的交通中心：南北方向，广深港高铁的开通有可能使深圳成为南北方向的节点；东西方向，港珠澳大桥的开通以及深珠通道的建设，有可能使深圳成为“沿海经济带”[①] 的重要交通节点。因此，深圳一方面要继续加强南北方向的高铁建设，从深港出发增加通往北方的高铁线路；另一方面东西方向要增加粤港澳大湾区两岸从深圳通往西岸的高铁城际线路。同时还要继续完善深圳同周边省区重要城市的高铁和城际线交通网络，构筑以深圳为枢纽的连通珠三角主要城市的 1 小时生活圈和周边主要城市 2 小时通勤圈。三是进一步增强航空枢纽核心功能。深圳机场区位优势显著，以深圳

① 广东省委省政府提出了“一核一带一区”的发展战略，其中，“一带”主要是指沿海经济带。

机场为核心构筑1.5—2小时交通圈，基本涵盖大湾区11个市区以及清远、河源等地，使深圳机场具备建成大湾区世界级机场群重要核心机场的条件。一方面，要进一步加强深圳机场的国际化功能，完善"一带一路"国际航线、连通国际主要航空枢纽、主要科技创新中心城市，丰富航空服务网络。另一方面，要高规格推动深圳机场第三跑道、卫星厅、规划中的T4航站楼、ABD航站楼空铁联运枢纽改造、机场北航空货运区、第二机场等项目建设，并适度超前布局重大基础设施，通过规划控制好机场周边发展用地，推动深圳机场加快建设航空产业链完整、航空经济发达、临空产业特色鲜明的现代航空城。

四　加快产业结构调整，增强产业牵动的核心引擎功能

粤港澳大湾区建设的一个重要任务是要构建具有国际竞争力的现代产业体系，即从加快发展先进制造业、战略新兴产业、现代服务业和海洋经济等方面培育若干世界级产业集群。[①] 深圳要在此方面进一步发挥核心引擎作用。一是以宝安、龙岗、坪山、龙华等原特区外的制造业基地为核心，大力发展未来新兴产业，加快制造业向智能化升级，培育一批具有全球影响力的智能制造企业，主动对接珠三角其他城市，形成产业链链接，打造具有全球影响力和竞争力的电子信息等世界级先进制造业产业集群。二是以深圳国家级高新技术园区等载体为平台，推动新一代通信技术、5G和移动互联网、生物医药、新能源、新材料等战略性新兴产业集群发展，在建立新一代通信技术、移动互联网、新能源汽车、智能机器人、生物医药等产业方面尽快形成产业核心引擎，发挥龙头引领作用，带动粤港澳大湾区形成战略性新兴产业发展新动能。三是加快现代服务业发展。深圳要按照先行示范区的要求，加快推动创业板的注册制改革，加快打造数字经济发展试验区，进一步推动人民币国际化，加快建设国际海洋银行，进一步增强深圳金融服务实业的核心功能。四是加快发展海洋经济，增强深圳在大湾区海洋经济建设中的

① 参见中共中央国务院2019年2月18日发布的《粤港澳大湾区发展规划纲要》。

核心引擎功能。重点要加快建设现代海洋产业体系，加快国际海洋银行建设，以海洋旅游、海洋研发、港口物流、海洋信息服务等海洋服务业发展带动粤港澳大湾区海洋经济的全面发展。

五　提升城市文明程度，增强文化促动的核心引擎功能

文化是区域发展的最重要的内生动力，深圳的发展得益于改革开放初期形成的移民文化、海陆结合的开放文化和中西合璧的包容文化。深圳要增强核心引擎功能，同样也要增强深圳的文化引领作用，带动粤港澳大湾区成为中国重要的人文湾区。当前最为紧要的是要加强深港两地文化交流，从文化角度进一步发挥深圳促进香港繁荣稳定的功能。一是以文化交流为纽带，增进香港青年对国家的认同。借鉴深圳“前海深港青年梦工场”做法，鼓励深圳政府部门、志愿机构、社会团体、商会企业等，发挥各自优势，提供更多面向香港青年学生的短期学习实训和长期创业就业计划，努力为香港青年成长、成才创造更好条件。二是深圳教育文化机构承担起文化交流重任，举办不同主题的文化论坛和针对香港青年参加的培训班，注重实践教学，带领参会（班）香港青年实地观摩内地政治、经济、社会和文化建设成就，使他们逐步对中国特色社会主义道路、制度、理论和文化产生理解和认同。三是加大爱国爱港教师队伍培养力度。建立健全深圳与香港教师双向交流的制度机制，与香港学校交流互换优秀教师，推行“培训者培训计划”，资助更多的香港教师来深圳交流学习，尤其是积极培养承担国民教育、公民教育课程教学任务的教师。四是全面落实青少年交流工程。在国家层面推动落实《中长期青年发展规划（2016—2025 年）》中的“港澳台青少年交流工程”，以青少年实习实践、体验营、训练营和形式多样的交流考察活动作为香港青年课堂外教育的重要组成部分，并以督查落实《中长期青年发展规划（2016—2025 年）》为契机，明确各相关职能部门的工作职责，形成推动增强香港青年国家认同的合力。总之，推动香港融入国家发展大局，探索“一国两制”新实践是粤港澳大湾区发展的重要使命，也是深圳发挥核心引擎作用、建设先行示范区的重要手段，深圳要以中国特色社会主义先进文化

为根基，促进粤港澳大湾区文化动能，实现大湾区融合发展。

六　促进区域合作，增强海陆联动的核心引擎功能

作为粤港澳大湾区核心引擎，深圳不仅要带动广东省珠三角区域发展，更要进一步发挥对泛珠三角区域的带动作用，实施海陆联动，推动区域高质量发展并从不均衡迈向均衡发展。一是要加快构建东南沿海湾区联动发展机制，推动形成“一核两翼”湾区经济发展格局，以粤港澳大湾区为核心，带动北部湾湾区经济和厦门湾区经济发展，在沿海经济联动发展经济圈中，深圳要在交通枢纽、科技创新、产业培育等方面发挥核心引擎作用。二是要推动深圳与粤港澳大湾区东、西两岸城市圈的合作，加快构筑深莞惠河汕“5C”城市圈联动发展新机制，推动深圳与西岸城市的融合发展，进一步实施“东进、西协、南联、北拓、中优”计划，打造促进深圳增强核心引擎功能的深圳都市圈。三是加强与泛珠三角城市的海陆联动发展，通过海陆交通连接，带动中西部地区更加开放，共同在“一带一路”沿线建设港口、产业园区等合作发展平台。四是积极推广深汕特别合作区经验，大力发展“飞地经济”。“飞地经济”是增强核心城市核心引擎功能的重要手段，通过“飞地”合作发展，深圳可以进一步破解土地瓶颈问题，推动本地产业升级换代，带动落后地区的快速发展，推动企业形成有序产业转移。2010 年，深圳与汕尾合作建设深汕特别合作区并于 2018 年进行体制机制优化调整，取得了较好的成绩，有效地带动了汕尾的经济增长，形成了发达地区与落后地区的联动发展，效果非常明显。深圳应该在进一步总结深汕特别合作区的经验的基础上，加强与泛珠三角其他城市的合作，积极探索适合两地联动和双赢的“飞地经济”新模式。

第二章 科技创新驱动

《粤港澳大湾区发展规划纲要》提出的五大战略定位，第二条就是“具有全球影响力的国际科技创新中心”。这一战略定位指出了粤港澳大湾区发展的核心动力，要求粤港澳大湾区紧密瞄准世界科技和产业发展前沿，通过加强创新载体、创新平台建设，形成以科技创新为驱动力的现代化经济体系。这其中要充分发挥“广州—深圳—香港—澳门”科技创新走廊的关键作用，明确四个城市各自的科技创新优势，着力破除制约粤港澳大湾区发展的体制机制障碍，充分调动、配置、优化各城市的创新资源，激发高校、科研院所、企业、新型研发机构等各类创新主体的活力，政府部门要在制度创新方面敢于大胆突破、锐意创新。从国家层面看，粤港澳大湾区的建设不仅仅是在经济层面，更关系到“一国两制”建设的成效和作为“一带一路”建设重要支撑的作用。深圳作为“双区驱动”（粤港澳大湾区和中国特色社会主义先行示范区）的城市，应在粤港澳大湾区科技创新中发挥关键作用，不断提升创新能级，从产业创新世界一流城市跃升到具有全球影响力的创新创业创意之都，最终成为竞争力、创新力、影响力卓著的全球标杆城市。

第一节 科技创新是湾区核心引擎作用的重要方式

粤港澳大湾区发展的最强大动力来自科技创新。粤港澳大湾区内集聚了香港大学、香港科技大学、香港中文大学、香港城市大学等世界百强大学，汇聚了中山大学、华南理工大学等一批国内知名重点高校，拥有40余家国家重点实验室及其伙伴实验室，建设了中国散裂中子源、国家超算中心、中微子实验室、国家基因库等重大科技基础设施，为粤港澳湾区科技创新提供了强大的人才和技术支撑。粤港澳大湾区产业基础雄厚，电子信息、绿色石化、汽车、智能家电、机器人等先进制造业全国领先，基本建成门类较为齐全、配套相对完善的现代产业体系，集聚了华为、腾讯、中兴、比亚迪、华大基因、大疆创新等一批创新型企业。广东省产业不断结构优化升级，2018 年广东省先进制造业和高技术制造业增加值占规模以上工业比重分别达到 56.4% 和 31.5%，形成了世界级制造业基地。

发明专利是衡量一个国家或地区创新能力的重要指标。2014—2018 年，粤港澳大湾区的发明专利总量逐年上升，由 103610 件增加至 330832 件，增长 219.31%，年增幅呈现波动态势（见图 2 - 1）。近五年来粤港澳大湾区发明专利总量已超纽约湾区、旧金山湾区和东京湾区，位列世界四大湾区之首（见图 2 - 2）。

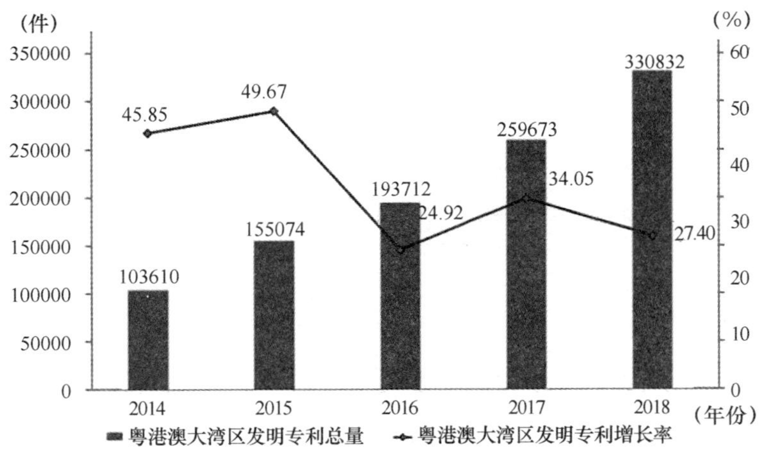

图 2 - 1　粤港澳大湾区发明专利总量及增长率

粤港澳大湾区的 PCT 国际专利申请数量占全国的一半，科技创新能力突出。根据世界知识产权组织发布的 2019 年全球创新指数（Global innovation Index），由香港与深圳的创新及科技业组成的深港科技集群是世界第二大科技集群（见表 2 - 1）。

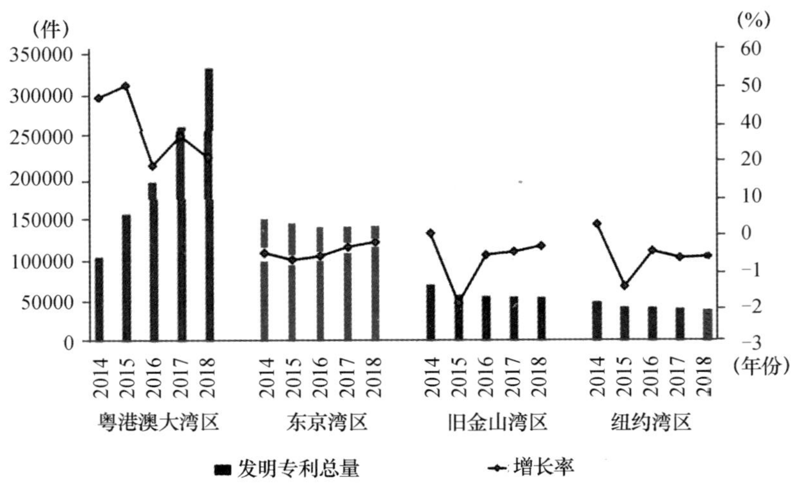

图 2－2　全球四大湾区发明专利总量及增长率

资料来源：《粤港澳大湾区协同创新发展报告（2019）》，广州日报数据和数字化研究院。

表 2－1　　科学技术集群排名

Rank	Cluster name	Economy	PCT applications	Scientific publications	Share of total PCT filings, %	Share cf total pubs, %	Total
1	Tokyo-Yokohama	JP	108,973	144,559	10.90	1.72	12.62
2	Shenzhen-Hong Kong	CN/HK	55,433	45,393	5.54	0.54	6.08
3	Seoul	KR	39,545	136,654	3.95	1.63	5.58
4	Beijing	CN	23,014	222,668	2.30	2.65	4.95
5	San Jose-San Francisco, CA	US	38,399	88,243	3.84	1.05	4.89
6	Osaka-Kobe-Kyoto	JP	28,027	67,127	2.80	0.80	3.60
7	Boston-Cambridge, MA	US	14,364	120,404	1.44	1.43	2.87
8	New York City, NY	US	12,329	133,195	1.23	1.59	2.82
9	Paris	FR	13,426	94,982	1.34	1.13	2.47
10	San Diego, CA	US	19,280	34,403	1.93	0.41	2.34
11	Shanghai	CN	8,736	114,395	0.87	1.36	2.24
12	Nagoya	JP	19,370	23,705	1.94	0.28	2.22
13	Washington, DC-Baltimore, MD	US	4,498	117,623	0.45	1.40	1.85
14	Los Angeles, CA	US	9,398	68,337	0.94	0.81	1.75
15	London	GB	4,070	107,131	0.41	1.28	1.68
16	Houston, TX	US	10,681	49,969	1.07	0.59	1.66
17	Seattle, WA	US	10,773	33,796	1.08	0.40	1.48
18	Amsterdam-Rotterdam	NL	4,491	78,994	0.45	0.94	1.39
19	Chicago, IL	US	6,455	55,718	0.65	0.66	1.31
20	Cologne	DE	7,374	43,621	0.74	0.52	1.26
21	Guangzhou	CN	4,029	59,762	0.40	0.71	1.11

资料来源：世界知识产权组织：《2019 全球创新指数》。

粤港澳大湾区建设要深入实施创新驱动发展战略，深化粤港澳创新合作，构建开放型融合发展的区域协同创新共同体，集聚国际创新资源，优化创新制度和政策环境，着力提升科技成果转化能力，建设全球科技创新高地和新兴产业重要策源地。聚焦先进制造业、战略性新兴产业、现代服务业和海洋经济，围绕战略性、前沿性领域，主动布局重大科技计划项目，突破核心关键技术瓶颈。着眼全球加大开放创新布局力度，打造国际协同创新平台，集聚全球创新能量。力争在若干重要科学前沿、关键和重大技术领域实现突破，取得一批具有国际影响力的重大科学发现和技术发明，产出一批从原创到应用、支撑创新驱动发展的重大成果。

粤港澳大湾区在科技创新过程中应以“广州—深圳—香港—澳门”科技创新走廊为主轴，充分发挥“极点带动、轴带支撑”的网络空间地理效应，积极吸引海内外人才，加大对高等院校、科研机构、创业企业方面的教育和科研投入力度，建设世界一流大学和科研机构，提升创新能力和科研转化能力。

在粤港澳大湾区中，香港科技创新资源丰富。香港的大学在 QS 世界大学排名及泰晤士高等教育世界大学排名（Times Higher Education Ranking）中都有相当不错的成绩，在科学及工程学科方面尤其优秀，为培育香港创科人才发挥了重要作用。在研究方面，大学内部的研发支出及研发人员数目均有上升趋势。此外，越来越多研究项目可成功转化为商业产品，成为与业界合作的项目，或是以其他形式为社会与经济做出贡献。在 2019 年全球创新指数的基础设施排名中，香港在 129 个经济体中名列第四。2019 年，香港共有 3 家企业入选全球知名创投研究机构 CB Insights 发布的全球独角兽名单，估值 58 亿美元，在粤港澳大湾区内仅次于深圳，处于领先地位。近 5 年来，与香港有关的独角兽企业有 10 家（见表 2—2）。这表明香港的科技创新能力正在迅速崛起，依托香港一流大学的科研能力，结合内地的产业化，跨区域的协同创新体系正在不断增强。香港在粤港澳大湾区建设中可进一步善用各方面的优势，包括研发能力、科技基础设施、法律制度及知识产权等，推动创新及科技业节节上升，同时发挥商业平台的作用，协助创新公司打进亚洲市场

（特别是中国内地），或协助内地创新公司走向国际。香港国际化创新人才众多，科技服务业高度发达，这些优势与广东相对完备的高新技术产业链、高度聚集的高科技企业以及良好的综合创新生态体系结合起来，必将有力助推粤港澳大湾区的创新创业，加快科技成果的转化，促进产业链、创新链、资金链的深度融合，打造世界级科技创新中心。

表2-2　　香港背景独角兽企业

公司名称	所在地	香港背景
易商红木	中国香港	香港企业
赫基集团	中国香港	香港企业
客路	中国香港	香港企业
Grail	美国门洛帕克	由原Grail与Cirina合并而成，其中Cirina拥有早期癌症测试技术专利，由虞煜明等几名港中大教授创立
第四范式	中国北京	创始人戴文渊曾在香港科技大学访学，师从计算机系教授杨强，后者为联合创始人
越海	中国深圳	前身是1997年在香港注册成立的越海国际船务有限公司
柔宇科技	中国深圳	2012年在中国深圳、香港及美国硅谷同步创立
大疆创新	中国深圳	香港科技大学汪滔研究生期间在深圳创立，创立时母公司设在香港。法务部及投融资部门在香港
商汤科技	中国北京	香港中文大学信息工程系系主任汤晓鸥创立
58到家	中国北京	由58速运与香港企业GOGOVAN合并而成，GOGOVAN创始人林凯源任合并后新公司CEO

澳门是中国最早的中西方文化交流基地，自古以来就是海上丝绸之路的重要节点，拥有大批既与内地联系紧密又与“一带一路”沿线国家和地区历史渊源深厚，而且同葡语国家具有广泛传统联系的归侨、侨眷。因此，澳门可以凭借独特的优势在中国与葡语国家以及中国与“一带一路”沿线东南亚国家的经济、贸易、科技等的合作与交流中起到沟通桥梁和纽带的作用。澳门回归以来，经济稳步发展，失业率维持在较低水平；访澳旅客人数、零售业销售额、居民收入中位数等经济指标均有所提升。澳门被世界贸易组织

（WTO）评为全球最开放的贸易和投资体系之一，享有自由港、单独关税区地位，企业所得税最高仅为12%，国际市场网络广泛，与葡语国家联系紧密，中葡商贸合作服务平台的作用日益得到多方认同和肯定。澳门与全球100多个国家和地区保持贸易往来，所参加的国际性组织达50多个，商业运作准则与国际惯例相适应，投资营商手续简便，外地与本地投资者成立企业的程序相同，为来自世界各地的投资者发展业务提供了理想的营商环境。据美国传统基金会和《华尔街日报》联合发布的2018年度《全球经济自由度指数》报告，澳门在全球180个经济体中排名第34位，在亚太地区排名第9位。

2019年12月20日，习近平总书记出席庆祝澳门回归祖国20周年大会暨澳门特别行政区第五届政府就职典礼并发表重要讲话指出："当前，特别要做好珠澳合作开发横琴这篇文章，为澳门长远发展开辟广阔空间、注入新动力。"一直以来，横琴在积极建设粤澳跨境产业合作示范区（见图2－3），引进涵盖融资租赁、财富管理、金融科技等涉澳特色金融类企业以及相关行业协会、服务机构等。澳门金融管制较少、资本流通性强，与内地有一定隔离，在发展民生金融、财富管理、绿色金融等特色金融领域大有可为。巴西、葡萄牙等葡语国家与中国贸易不断增长，有巨大的人民币清算需求。澳门在"一带一路"建设中，可以进一步发挥自身优势精准服务于葡语国家，争取国家政策支持，推进中国与葡语国家之间贸易的人民币结算。

《粤港澳大湾区发展规划纲要》指出："支持澳门中医药科技产业发展平台建设。深化中医药领域合作，支持澳门、香港分别发挥中药质量研究国家重点实验室伙伴实验室和香港特别行政区政府中药检测中心优势，与内地科研机构共同建立国际认可的中医药产品质量标准，推进中医药标准化、国际化。支持粤澳合作中医药科技产业园开展中医药产品海外注册公共服务平台建设，发展健康产业，提供优质医疗保健服务，推动中医药海外发展。支持粤澳合作中医药科技产业园发展，探索加强与国家中医药现代化科技产业创新联盟的合作，在符合相关法律法规前提下，为园区内的企业新药

图 2-3　横琴澳门合作区

研发、审批等提供指导。”澳门大学、澳门科技大学和澳门理工学院三所高校均开设有中医药和药学等相关院系和专业，其中仅澳门大学中华医药研究院每年就毕业近百名博硕士。依托于澳门大学和澳门科技大学的中药质量研究国家重点实验室，是中国第一个中医药领域的国家重点实验室。澳门大学的集成电路设计在国际领先。澳门是亚洲除东帝汶外，唯一保持葡萄牙语为官方语言的地区，与横跨四大洲、人口超过 2.7 亿的葡语国家有着紧密且广泛的联系，发挥着中国与葡语国家商贸合作服务平台的作用。这有利于粤港澳大湾区打造中国—葡语国家金融服务平台，建立出口信用保险制度，建设成为葡语国家人民币清算中心。

随着澳门会展设施的日益成熟以及平台作用日渐受到认可，澳门也具备一定条件成为国际科技创新中心的科技转移平台，推动粤港澳大湾区与国外的科技双向转移。澳门还应以柏林国际消费类电子产品展览会及拉斯维加斯国际消费类电子产品展览会为目标和模板，举办类似的特色专题展览会，比如在当下最流行的电子竞技科技领域，邀请国内外企业参展，优先为粤港澳大湾区电子竞技科技提供对外展示最新产品的机会。

广州高层次人才和高端创新载体丰富。2018 年广州有两院院士 45 人，海外院士 8 人。拥有国家工程技术研究中心 18 家，国家级企业技术中心 27 家，国家重点实验室 20 家。省级工程技术研究中心共 956 家，市级企业研发机构 2425 家。省级重点实验室 233 家，市级重点实验室 165 家。2018 年广州的国家高新技术企业达到 11688 家，为全国第三。作为科研教育资源集中的“创新大脑”，广州不断加强在区域协同创新中的作用，着力破除创新要素资源自由流动的体制机制障碍，先后出台了“广州科创 12 条”等政策，其中新型研发机构经费使用“负面清单”属全国首创政策。联动推进广深港澳科技创新走廊（广州段）建设，探索人才流、技术流、资金流、信息流融通发展政策。广州市与广东省科技厅共同设立粤港澳大湾区基础与应用基础研究粤穗联合基金，每年投入 8000 万元，共同支持粤港澳地区基础和应用基础研究。目前，广州在 IAB（新一代信息技术、人工智能、生物医药）、NEM（新能源、新材料）、海洋科学等重点发展产业领域均有重大创新平台的布局，其中包括在新一代信息技术领域的广东省新一代通信与网络创新研究院、人工智能领域的广州国际人工智能产业研究院、生物医药领域的再生医学与健康广东省实验室、新能源领域的天然气水合物勘查开采先导试验区、海洋科学领域的中国科学院南海生态环境工程创新研究院等重大创新平台，将为取得一批前瞻性、颠覆性的创新突破奠定良好基础。在粤港澳大湾区广深港澳科技创新走廊建设中，广州加快推进“创新四核十三节点”[①] 建设，积极发挥广州在粤港澳大湾区的核心引擎作用。

深圳的高新技术产业发展成为全国的一面旗帜。2018 年全社会

---

①　指广州大学城—国际创新城、广州琶洲互联网创新集聚区、广州中新知识城、广州科学城四大核心创新平台，以及国际生物岛园区、天河智慧城、中大国际创新谷和南中轴创新带园区、国际健康城、天河·公园智谷片区、增城经济技术开发区核心区、黄埔·云埔片区、增城·太平洋夏埔片区、黄埔临港经济区、空港经济区、白鹅潭现代服务业集聚区、广州南站商务区、增城·珠江国际智能科技产业园片区等 13 个创新节点。

研发投入超过1000亿元，全社会研发投入占GDP比重为4.2%，接近韩国、以色列等国家的水平。PCT国际专利申请量连续15年全国第一，标志着深圳实现了由早期的贴牌代工发展模式向自主创新模式的转变。深圳的国家级高新技术企业数量2018年达到14416家，居全国第二。数字经济发展走在全国前列，2018年深圳市数字经济产业增加值为1240.73亿元，增长3.8%，占GDP比重的5.1%；规模居七大战略性新兴产业第二位（占比13.6%），仅次于新一代信息技术产业（占比52.1%）。光明科学城、鹏城实验室、深圳湾实验室等重大创新平台启动建设。深圳获批国家可持续发展议程创新示范区，成为中国最具创新力的城市，在全球创新体系中的地位不断提升。2018年设立全国首个50亿元天使投资引导基金，战略性新兴产业增加值增长9.1%。深圳加快提升自主创新能力。制定加强基础研究的实施办法，开展芯片、医疗器械等10项关键零部件重点技术攻关。科技进步对经济增长的贡献率进一步提升。持续优化创新环境。依法实施更严格的知识产权保护，中国（深圳）知识产权保护中心和南方运营中心正式挂牌。出台鹏城英才计划等政策，成立国家级人力资源服务产业园。制定贯彻落实粤港澳大湾区发展规划纲要的实施意见和三年行动方案，着力深化深港澳合作，支持港澳融入国家发展大局，推动形成全面开放新格局。深港澳常态化联络机制不断完善，港澳人士特别是青年在深圳工作生活更加便利。河套深港科技创新合作区规划建设加快，往返香港科学园直通巴士开通。深港国际中心动工建设。深澳创意周等系列文化交流活动成功举办，深澳中医药创新研究院等项目稳步推进。

在粤港澳大湾区的科技平台建设上，应充分利用广州、香港丰富的教育、科研资源以及深圳与国内外知名高校合作办学的契机，积极引入国家科学中心、重点实验室、重大科学工程和科技基础设施落户粤港澳大湾区，强化基础研究创新载体平台建设。组织或参与大科学研究项目，从“分布式”大科学研究向“工程式”大科学研究推进。要着眼于重大前沿性科学项目，搭建高端研发平台和共性技术服务平台，支持产业技术联盟。采取创新链全链条和集群投资的产业支持方式，衔接同一行业领域的不同环节，实现科技项目的跨领域、跨计划结合，消除创新政策执行中的“堰塞湖”，形成产业链、创新链、资金链的彼此耦合。对一些重大领域竞争前的技术研发和“关键的薄弱环节”，应充分发挥对社会资源的组织和调动优势，积极鼓励、引导和扶持全社会更多优质的创新资源，如技术、人才、制度、模式、载体、资本、市场等投入到产业发展体系当中，为产业技术创新提供完备的公共服务与运营环境支撑，不断增强新兴产业的技术保障能力。

粤港澳大湾区要充分发挥各地科技创新、产业创新、金融科技等方面的优势，打造具有世界影响力的创新集群。粤港澳大湾区要在创新集群建设中提供管理型服务、维持市场秩序、营造发展氛围。提供信息共享的平台和措施、创新需求与机会的实时信息，通过各种正式和非正式的联系活动积极培育创新网络。充分利用市场机制推动相应产业的发展，加快创新集群的建设，形成互动合作的创新集群效应。通过价值链的扩展和延伸，形成既竞争又合作的网络和专业化分工体系，推动大型跨国企业的发展壮大，冲破国际产业链的低端锁定。利用集体学习的能量进行创新，通过不断优化集群创新网络与创新环境，完善产业集群创新系统的功能。逐渐在全球价值链上不断升级跃迁，演化成创新集群，融入全球创新网络，建设成为国际科技创新核心节点，成为高附加值和区域创新驱动的洼地。

粤港澳大湾区拥有广州、深圳和香港三大金融重镇，以及港交所和深交所两大证券交易所，汇聚全球众多的银行、保险、证券、风投基金等跨国金融巨头，打造金融核心圈优势明显。未来，粤港澳大湾区金融服务方向应向科技企业倾斜，构建“科技+金融”生态圈，为湾区创业企业提供金融支持，打造粤港澳大湾区“创新高地”。建设粤港澳大湾区需要加快金融创新发展，构建多层次、多渠道、多元化的投融资体系，形成创业投资集聚活跃、商业银行信贷支撑有力、社会资本投入多元化的投融资体系。推动粤港澳金融竞合有序、协同发展，培育金融合作新平台，扩大内地与港澳金融市场要素双向开放与联通，打造引领泛珠、辐射东南亚、服务于“一带一路”的金融枢纽，形成以香港为龙头，以广州、深圳、澳门、珠海为依托，以南沙、前海和横琴为节点的大湾区金融核心圈。

从产业链、创新链、资金链的各个环节进行统筹规划，设计规划发展路径，打造具有粤港澳大湾区特色的金融创新支持体系，综合运用多种金融手段，为技术创新提供更加灵活的服务方式，实现资金链对创新链的支撑保障，推进产业链、创新链、资金链协同发展。

第二节　深圳科技创新的发展现状与趋势

一　深圳科技创新的发展现状

深圳在科技资源“先天不足”的情况下，创造了自主创新的奇迹。尤其是党的十八大以来，深圳坚持新发展理念，引领新常态下的新发展，崇尚创新、注重协调、倡导绿色、厚植开放、推进共享，努力破解发展面临的深层次问题，实现更高质量、更有效率、更加公平、更可持续的发展。2018 年，深圳市生产总值突破 2.4 万亿元，同比增长 7.6%，经济总量居亚洲城市前五；辖区公共财政收入 9102.4 亿元，增长 5.5%；地方一般公共预算收入 3538.4 亿元，增长 6.2%；居民人均可支配收入增长 8.7%；全社会研发投入超过 1000 亿元，占 GDP 比重达到 4.20%，居全球前列；全年新增国家、省重点实验室等各类创新载体 100 家以上；PCT 国际专利申请量达 18081 件，约占全国申请总量的 34.8%，连续 15 年居全国大中城市第一。2018 年全球 PCT 专利申请量前 50 名的公司中，有 8 家中国企业，其中 6 家来自深圳（见表 2－3）。2018 年中国发明专利授权量排名前 10 位的国内（不含港澳台）企业中，有 3 家来自深圳（见表 2－4）。

表 2－3　　2018 年中国企业 PCT 国际专利申请 Top50

国际排名	国内排名	企业名称	申请数量（件）
1	1	华为技术有限公司	5405
5	2	中兴通讯股份有限公司	2080
7	3	京东方科技集团股份有限公司	1813
17	4	广东欧珀移动通信有限公司	1042

续表

国际排名	国内排名	企业名称	申请数量（件）
28	5	腾讯科技（深圳）有限公司	661
29	6	深圳市大疆创新科技有限公司	656
40	7	深圳市华星光电技术有限公司	463
50	8	武汉华星光电技术有限公司	395

资料来源：世界知识产权组织。

表 2－4　2018 年中国发明专利授权量排名前 10 位的国内（不含港澳台）企业

排名	企业名称	数量（件）
1	华为技术有限公司	3369
2	中国石油化工股份有限公司	2849
3	广东欧珀移动通信有限公司	2345
4	国家电网公司	2188
5	京东方科技集团股份有限公司	1891
6	珠海格力电器股份有限公司	1834
7	联想（北京）有限公司	1807
8	腾讯科技（深圳）有限公司	1681
9	中兴通讯股份有限公司	1552
10	中国石油天然气股份有限公司	1129

资料来源：国家知识产权局。

截至 2018 年底，深圳的国家高新技术企业数量达到 14416 家，仅次于北京。一批具有国际竞争力的创新型龙头企业迅速崛起：华为成为全球最大通信设备制造商；腾讯成为全球最大互联网公司之一，并向产业互联网领域进军；比亚迪成为全球最大的新能源汽车企业，并涉足云轨、IT、新能源等产业领域；研祥智能是全球第三大特种计算机研发制造厂商……一批高成长性的创新型中小企业不断涌现——大疆公司通过技术创新创造消费级无人机新市场，占据全球约 80% 的市场份额；优必选公司凭借自主研发的伺服舵机、步态算法等，成为目前全球估值最高（50 亿美元）的人工智能企业；

超多维是国内规模最大的裸眼3D技术提供商，形成了以人工智能、无人机、电子通信等领域为主的具有国际竞争力的产业集群和全链条。微众银行、聚宝汇、腾讯云、柔宇科技、奥比中光等独角兽企业，从众多竞争者中脱颖而出，实现估值达到10亿美元以上，在深圳的创新沃土中茁壮成长，成为行业创新的引擎和成长代表。

在40年的转型探索中，深圳形成了以企业为主体、市场为导向、产学研深度融合的技术创新体系，打造了“自主创新”这个闪亮的城市品牌。

（一）打造良好的产业创新生态系统

深圳的产业创新生态系统发展经验可总结为“有为政府与有效市场”。政府的角色定位是不断完善创新生态环境，为企业创新发展提供良好的支撑条件和后勤服务，通过制定产业政策和建立完善各种创新激励机制，引导和鼓励企业进行符合经济社会发展需要、符合产业发展方向的创新。深圳较早制定了技术入股、无形资产评估等管理办法，使企业家能充分利用分配手段，较好地解决企业和技术持有者的利益冲突。2015年7月，深圳在全国率先实行“多证合一、一照一码”的商事登记制度改革，最大限度释放市场发展活力，为商事主体带来极大便利，新增企业数量呈爆发式增长，提高了企业办事的便利程度，极大地激发了深圳创业、创新热情，营造了优良的营商环境。2016年3月，中共深圳市委、深圳市人民政府出台了《关于促进科技创新的若干措施》《关于支持企业提升竞争力的若干措施》和《关于促进人才优先发展的若干措施》，明确提出打造“四区”，即科技体制改革先行区、新兴产业集聚区、开放创新引领区、创新创业生态区。62条措施涉及创新科技管理机制、提升产业创新能力、优化综合创新生态体系、金融支持科技创新等方面。其中47条属于新增政策，占比高达75.8%；15条则是在原有基础上加大了支持力度。这些突破性的创新政策使科技创新的战略布局从“小局”向“大局”转变；使科技资源的配置由“小投入”向“大投入”转变；使科技创新的承担单位由“小众”向“大众”转变，在保持原有科研院所骨干积极性的同时，进一步提升企业技术创新主体的积极性和地位。2016年10月，深圳又印发了《加快高等教育发展的若干意见》《促进科技成果转移转化实施方案》《深圳市产业发展与创新人才奖实施办法》。2017 年以来，深圳着眼国际科技、产业创新中心建设，启动新一轮创新战略布局，包括建设十大重大科技基础设施、设立十大基础研究机构、打造十大海外创新中心、实施十大重大科技产业专项等。“十大行动计划”涵盖创新硬件、基础设施、人才引进、空间载体、产业布局等各方面，从创新源头到产业链上下游及配套服务系统布局，将深圳的创新生态链打造得更加完整，并通过一个个具体项目切实落地。

迈入新时代的深圳正在不断完善产业创新生态系统（见图 2－4），构建产业准入、科技中介、资金支撑、创新保护、成果交易的产业创新链条。“基础研究＋技术攻关＋成果转化＋科技金融”的科技创新链逐步成熟，让资源、资金、人才、信息等创新要素在此高效转化成创新价值，以“链式跃升”赋能未来，为全球创新生态体系探索中国路径。

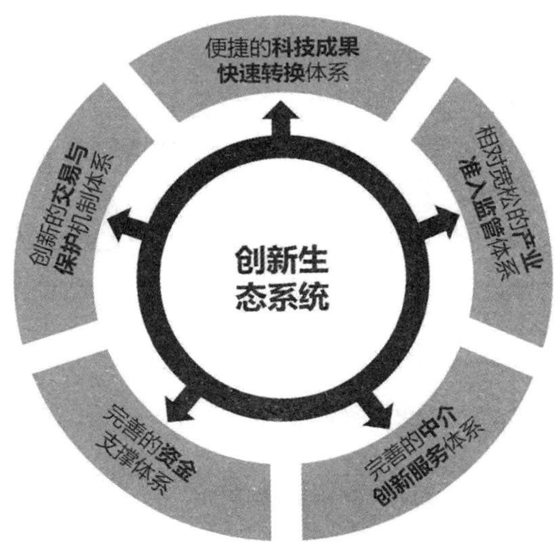

图 2－4　深圳打造的产业创新生态系统

（二）突出企业在技术创新中的主体地位

目前，深圳的科技创新呈现出以企业为主体的“6个90%”的特征，即90%以上的创新型企业是本土企业、90%以上的研发机构设立在企业、90%以上的研究开发人员集中在企业、90%以上的研发资金来源于企业、90%以上的职务发明专利出自于企业、90%以上的重大科技项目发明专利来源于龙头企业。“6个90%”以企业为主体的创新模式使得深圳相对于其他城市而言，科技成果转化更快、专利应用程度更高、产业集群效应更强、科技经济结合更紧，有助于科研成果最大可能地跨越“死亡之谷”（见图2－5），大幅缩减研发、中试到产业化的时间成本，快速实现商业化并提高产业竞争力。

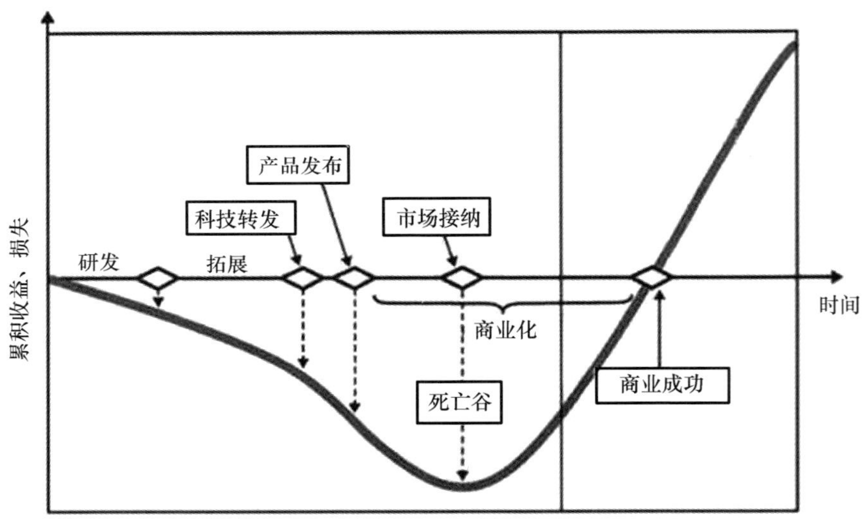

图2－5　从研发到商业化之间的“死亡之谷”

深圳充分发挥企业在技术创新决策、研发投入、科研组织和成果转化中的重要作用，推动形成了3万多家创新企业集群，培育出华为、中兴、腾讯等一批国内外著名的高科技领头雁企业，也有一大批如大疆、光启、柔宇等新近崛起的创新型科技企业，还有柴火空间等创客空间，以及各类创业型创客建立的企业。在大、中、小、微企业之间，形成了丰富的创新梯级层次。大型高新技术企业凭借其优越的市场地位和强大的创新能力，发挥着促进产业技术进步的作用。由于企业成为技术创新主体，使得企业能够自觉地以市场为导向，面对消费者展开研究开发活动，把科技投入作为提升竞争力和开拓市场的重大举措，既避免了研究开发活动的盲目性，又使科技与经济紧密结合，形成相互促进的良性循环。企业具备成为技术创新主体的基本条件，有创新需求和动力，具备技术创新能力，能直接面向市场，以及具备借助其他中介或服务组织进行变革的自主能动性。深圳市中小企业中，属于战略性新兴产业、未来产业、“互联网＋”等新经济新业态的科技型小微企业近3万家，它们通过市场细分各自开拓具有特色的市场领域，未来有望取得持续高增长，成为随着科技创新的强大后备军。

（三）加快建设各类创新载体

战略性新兴产业和高新技术企业的崛起离不开创新的载体，过去这也一直被视为深圳的“短板”。通过几年的积累，目前深圳已初步建立起一个以基础研究为引领，产业及市场化为导向，企业为主体的开放合作、民办官助为特色的创新载体体系。其中，以重点实验室为核心的基础研究体系，以工程实验室、工程中心、技术中心组成的技术开发创新体系，以科技创新服务平台、行业公共技术服务平台组成的创新服务支撑体系，构成了深圳科技创新体系的三大支点。各类创新载体已成为海外高层次人才在深圳创新创业的重要平台，深圳“孔雀计划”海外高层次人才主要集中在教育、科研机构和科技类企业，其中深圳大学、中科院深圳先进技术研究院、南方科技大学、哈工大深圳研究生院、北京大学深圳研究生院、清华大学深圳研究生院、华为、华大基因研究院等机构的人数占总量的比例接近65%。

作为将创意、发明、创新、创业转化为一个有机过程的创客空间，有利于促进先进制造业技术提升，加快智能制造高端化国际化发展，为各类创新创业者提供更好的创新创业环境，打造创业基地试点和重要孵化中心。深圳具有全球最完整的电子制造和互联网产业链，为创客发展提供了最好的土壤。深圳面向创客发展需求，拓展创客空间，夯实创客发展基础，完善创客发展生态链。支持各类机构应用互联网技术，实现创新、创业、创投、创客联动，线上与线下、孵化与投资相结合，构建开放式的创新创业综合服务平台，把深圳打造成交流广泛、活动集聚、资源丰富、成果众多、创业活跃的国际创客中心。

目前，深圳正着力打造城区、园区、校区、社区“四区”联动的创新载体（见图2－6），建设产城融合的创新空间：产业链与创新链相结合，划定不同产业分区，赋予差异化创新职能。促进“四区”高效互动、融合发展，进一步提高创新创业创意活力，培育创新型企业，发挥创新叠加优势。

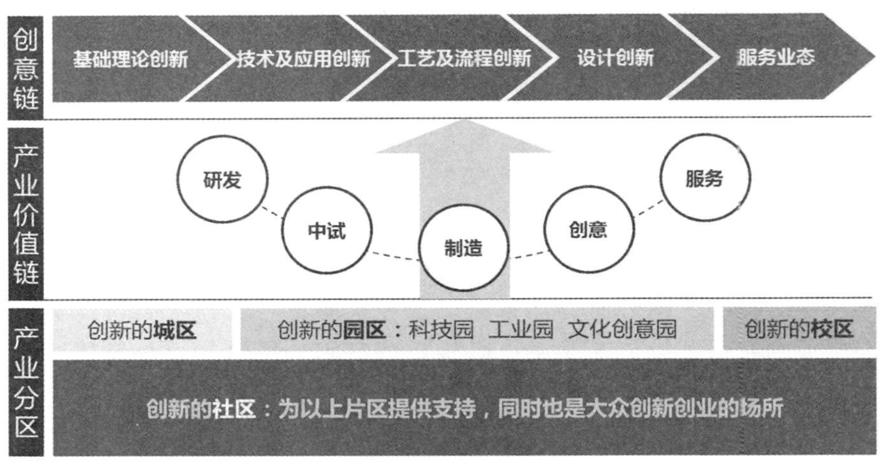

图2－6 “四区”联动的创新载体

（四）新型研发机构成为科技创新生力军

新型研发机构是指投资主体多元化、建设模式国际化、运行机制市场化、管理制度现代化，具有可持续发展能力，产学研协同创新的独立法人组织。新型研发机构自主经营、独立核算、面向市场，在科技研发与成果转化、创新创业与孵化育成、人才培养与团队引进等方面特色鲜明。新型研发机构承载着将市场需求、体制内外科技资源、资金、人才、产业技术开发进行融合的职责与功能（三融合：融体制、融资源、融市场），可以打破各类组织的边界，让资源流动（技术流、资金流、人才、需求流动），可以解决在原来边界分明的组织中无法解决的问题，最终让技术变产品走向市场。新型研发机构与传统科研机构的差别可见表2－5。

表2－5　　　　新型研发机构与传统研发机构的差别

	传统研发机构	新型研发机构
投资主体	往往只有一个投资主体，包括主要由政府创办的事业单位、国立研究院所、高校，由政府创办的内设机构，或者民间资本创办的民办非企业研发机构	投资主体多元化，往往由多个投资主体（包括政府、企业、非政府组织等）共同投资创办
功能	主要承担研究开发职能，解决国家重大需求，解决国际科学技术前沿问题，一般不承担其他职能，只有科研的压力，没有经营的压力	功能多元化，不只是进行科研，还以科研为核心延伸至技术孵化、科技成果转化与产业化、技术投资、产业投资等。 以产业需求、市场需求为源头，应用类科研技术为主要手段，通过市场来验证和衡量技术的市场和商业价值
组织机构	科研组织比较严密，科研任务都是按照任务分工和专业技术能力由内部科研人员承担，一般不对外开放，内部人才流动与晋升相对僵化、激励机制受限	组织机制灵活，往往采用开放式创新模式，以吸纳外部优秀的创意，并以各种比较灵活的方式（用人机制、激励机制、培养机制）吸纳外部优秀人才加盟
经营机制	经营机制是按任务进行的，即运作经费来源于创办者的拨款，或者按照科研任务由创办者核定经费，或者向有关部门申请科研项目及经费，一般是非营利组织，也不排除有些企业性质的研究机构也有盈利目标	经营机制市场化，以市场需求设人设岗，设定研发方向与需求，服务于产业的发展要求，灵活的激励机制

新型研发机构是适应市场经济发展和科技创新的有效形式，也是深圳创新驱动发展的突出优势和亮点。新型研发机构是新时期集

聚高端创新资源、吸引高水平创新团队、开展产业关键技术研发、加速科技成果转化、支撑产业转型升级的新业态新动力新平台。新型研发机构是解决科技经济“两张皮”问题的黏合剂，通过实行政产学研资深度融合，科技创新与产业发展无缝对接，成为沟通科技创新价值链、促进科技成果转化、推动高科技企业跨越死亡之谷的能动力量，是基础研究到产业化的重要纽带，是承载原创技术研发的重要主体，对于企业提升创新动能具有重要作用。新型研发机构采取独特的“三发”创新发展模式：以科学发现为引导，以技术发明为支撑，以产业发展为目标，带动形成巨大产业链和集群放大效应。新型研发机构所从事的科学发现、技术发明、产业发展“三发”一体化发展模式（见图 2－7），具有高投入和高风险的特点。政府对新型研发机构给予有限度的科技资源资助，有限度的“官助”能够帮助新型研发机构克服科技资源短缺，将初创的新型研发机构扶上马、送一程。

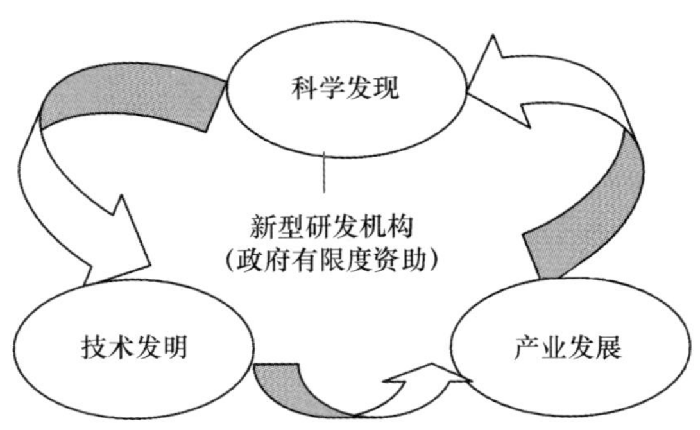

图 2－7　新型研发机构“三发”一体化发展模式

（五）推动产业融合式创新

深圳把创新技术、创新意识、创新精神融入到各项事业发展的全过程，营造了激发创新活力的生态环境。探索出“科技＋金融”“科技＋文化”“科技＋物流”“科技＋民生”“科技＋生态”等创新发展新模式，先后被国家确定为首批科技和金融结合、文化与科技融合示范城市，实现了科技实力和经济实力的“双提升”。政府通过科技专项资金的引导和放大作用，撬动银行、保险、证券、创投等资本市场各种要素资源投向科技创新。还通过天使投资、股权投资和直接资助等方式，吸引社会资本投入到有潜力的科技创新项目中。新一代信息和数字技术与传统文化产业融合，催生新兴文化业态。在文化与科技融合产业中，数字化和网络信息技术在各个产业领域中应用最多、规模最大、辐射最广。在新媒体、动漫游戏、数字影视、数字出版、创意设计和互联网文化服务产业等新型技术领域中，深圳具备显著优势，并引领着全国的数字视听终端、智能手机、新型平板、3D 显示等产品，与创意设计、游戏、动画等产品形态结合，推动深圳科技与文化相关产业融合发展，如腾讯集团、A8 音乐集团、华视传媒集团有限公司、迅雷网络技术有限公司、第七大道科技有限公司等优秀企业都在各自行业领域处于领先地位。

（六）不断完善现代金融服务体系

深圳大力推进适应实体经济发展的金融改革创新，持续提升金融业发展质量，增强创新型金融中心功能，营造了科技、金融和产业相互融合促进“创新 + 创业 + 创投”的良好发展态势，在跨境金融、民营金融、创新金融、产业金融、民生金融等领域形成了一定的优势和特色。2018 年深圳创投机构在 IPO 退出的笔数上，受宏观金融环境影响，下降 32%。不过在投资金额和投资项目的数量上，深圳却出现逆势扩张的情况。2018 年，深圳创投机构的投资金额达 519 亿元，投向 1235 个项目，金额和项目数量分别较 2017 年增长 8% 和 36%（见图 2－8、图 2－9）。

与上海、北京等金融中心相比，深圳金融业最为凸显的比较优势是毗邻香港国际金融中心的区位优势以及前海打造国家金融开放试验区先行先试的政策优势。深圳充分发挥金融业的比较优势，以前海开发开放为契机，深化深港金融合作，扩大对国际先进金融中心城市的开放与合作，不断提升深圳金融中心的国际化水平和在全球金融体系中的影响力，不断优化金融政策环境，为金融机构和人才在深集聚发展创造良好条件。

一是金融发展促进政策体系进一步完善。先后制定颁布了包括《关于加强和改善金融服务支持实体经济发展的若干意见》《关于促

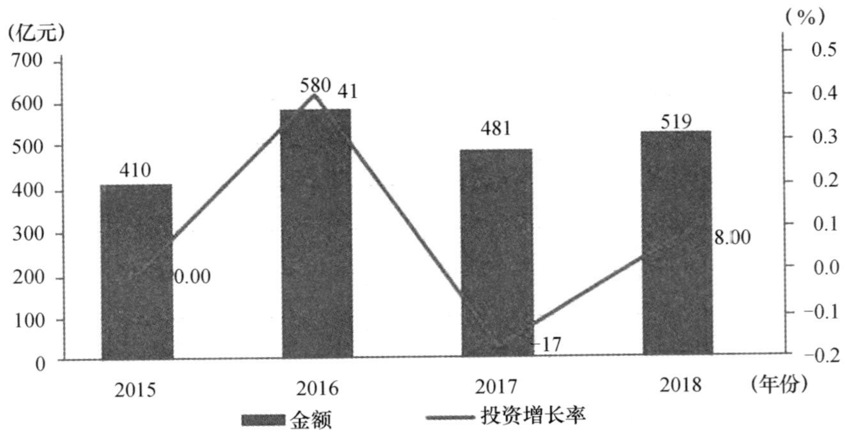

图2－8　2015—2018年深圳创投行业投资金额及增长情况

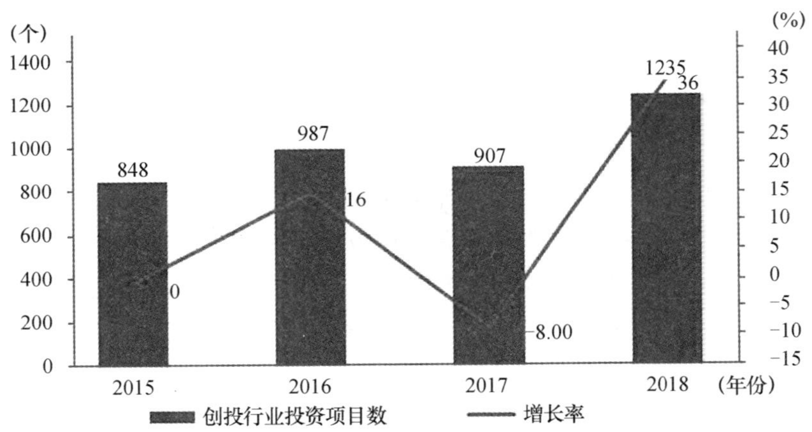

图2－9　2015—2018年深圳创投行业投资数量及增长情况

资料来源：《深圳特区报》2019年3月29日。

进小额贷款公司稳健发展的若干意见》《关于支持促进互联网金融创新发展的指导意见》《深圳市人民政府关于充分发挥市场决定性作用全面深化金融改革创新的若干意见》《深圳市人民政府关于印发扶持金融业发展若干措施的通知》等在内的多项政策文件。针对当前不断涌现的中小型、创新型法人机构总部，以及金融机构增资扩股、异地并购重组等新行为，不断创新扶持方式、提升扶持标准、拓宽惠及范围，进一步完善金融产业发展的政策支持体系。

二是以前海为代表的金融集聚区建设得到稳步推进。先后启动了福田中央商务区、罗湖蔡屋围和南山前海后海三大金融总部集聚区以及平湖金融与现代服务业基地等多个金融功能区的规划建设。前海金融集聚区建设工作取得突出成效。随着前海跨境人民币贷款业务稳步扩大、赴港发行人民币债券业务取得突破、合格境内投资者境外投资试点（QDIE）方案获批以及外资企业资本金实行意愿结汇试点工作开展，前海金融产业呈现加速集聚发展态势。

三是金融市场建设不断强化。深圳金融市场整体实现了量和质的跨越，证券市场规模和地位得到显著提升，黄金市场规模得到迅速扩大，地方要素市场建设取得突破发展。以深交所发展为重点不断完善多层次资本市场体系，以增强银行间货币市场和债券市场功能带动市场规模提升，以大力支持区域性要素市场建设扩大区域金融市场影响力，以金融中介服务机构创新发展促进金融交易市场活跃，形成市场功能完备、金融产品创新、辐射能力较强、国际参与度广泛的金融交易市场体系，成为国内外重要的金融要素流转和资源配置中心。

（七）吸引全球创新资源集聚

吸引全球创新资源集聚是深圳科技创新跨越式发展和建设全球创新中心城市的重要举措。深圳充分发挥经济特区作为对外开放窗口、桥头堡的优势，努力在全球范围集聚配置创新资源，在更高层次上参与全球科技合作竞争。当前，深圳正在加速汇聚全球创新资源，高端项目加速集聚。ARM 中国总部、空客中国创新中心等 80 个优质项目落户深圳。苹果、微软、高通、英特尔、三星等跨国公司在深圳设立研发机构、技术转移机构和科技服务机构。为全面提升深圳国际科技产业合作的质量和水平，出台《深圳市十大诺贝尔奖科学家实验室建设实施方案》，诺贝尔奖科学家实验室陆续挂牌成立（见表 2－6）。在美国、英国、法国、德国、比利时、以色列、加拿大等国，分批建设深圳海外创新中心，引进海外高新技术和人才团队，实现从海外团队当地孵化到创新企业引进孵化、再到新兴产业落地孵化的全链条服务。

表 2 – 6　　深圳成立的诺贝尔奖科学家实验室

实验室名称	实验室带头人获奖情况
深圳格拉布斯研究院	罗伯特·格拉布斯 2005 年获诺贝尔化学奖
中村修二激光照明实验室	中村修二 2014 年获诺贝尔物理学奖
瓦谢尔计算生物研究院	阿里耶·瓦谢尔 2013 年获诺贝尔化学奖
科比尔卡创新药物与转化医学研究院	布莱恩·科比尔卡 2012 年获诺贝尔化学奖
深圳盖姆石墨烯研究中心	安德烈·盖姆 2010 年获诺贝尔物理学奖
南科大杰曼诺夫数学中心	埃菲·杰曼诺夫 1994 年获菲尔兹奖
深圳内尔神经可塑性实验室	厄温·内尔 1991 年获诺贝尔生理学或医学奖
深圳大学马歇尔生物医学工程实验室	巴里·马歇尔 2005 年获诺贝尔生理学或医学奖
索维奇智能新材料实验室	让·皮埃尔·索维奇 2016 年获诺贝尔化学奖
深职院霍夫曼先进材料研究院	罗德·霍夫曼 1981 年获诺贝尔化学奖

资料来源：根据深圳诺贝尔奖科学家实验室挂牌情况整理。

二　深圳科技创新的发展展望

2019 年 8 月，《中共中央国务院关于支持深圳建设中国特色社会主义先行示范区的意见》正式发布，明确提出了发展目标：到 2025 年，深圳经济实力、发展质量跻身全球城市前列，研发投入强度、产业创新能力世界一流，文化软实力大幅提升，公共服务水平和生态环境质量达到国际先进水平，建成现代化国际化创新型城市；到 2035 年，深圳高质量发展成为全国典范，城市综合经济竞争力世界领先，建成具有全球影响力的创新创业创意之都，成为我国建设社会主义现代化强国的城市范例；到 21 世纪中叶，深圳以更加昂扬的姿态屹立于世界先进城市之林，成为竞争力、创新力、影响力卓著的全球标杆城市。

深圳要以习近平新时代中国特色社会主义思想为指导，全面贯彻党的十九大和十九届二中、三中、四中全会精神，深入实施创新驱动发展战略，抓住粤港澳大湾区建设重要机遇，增强核心引擎功能，面向世界科技前沿、面向经济主战场、面向国家重大需求，推进以科技创新为核心的全面创新，聚焦“大装置、高平台、顶尖人才、新产业、政策体系、创新文化”。系统布局建设一批国际先进水平的国家重点实验室、科研院所、研发机构、研究型大学，推进重大战略项目、基础前沿工程和研发与转化功能型平台建设，把握科技、产业发展的关键环节，抢占未来科技竞争制高点，突出关键共性技术、前沿引领技术、现代工程技术、颠覆性技术创新，主动布局，实施重大科技专项、技术共性项目、部市联动国家重点研发计划重点专项等一系列组合拳，努力在基础研究、原始创新、应用基础研究等方面取得一系列重大突破性成果。着眼于重大战略需求和具有发展潜力的特色领域，在信息科学、生命科学以及民用核能技术、新材料、原子物理（核裂变）、天然气水合物等领域，实施一批前瞻性的科技研究计划，重点组织若干基础研究类重大科技项目，争取实现以科技重大突破带动生产力跨越发展。促进整体科技水平从跟跑向并跑、领跑的战略性转变，全面推动科技创新再上新台阶，努力构建高水平科技创新体系，打造全球创新版图中的重要一极。

第三节 深圳在大湾区国际科技创新中心建设中的主阵地与关键性作用

通过科技创新带动湾区经济的发展，是世界著名湾区经济发展的显著特点。当前，深圳正全面贯彻落实《中共中央国务院关于支持深圳建设中国特色社会主义先行示范区的意见》和省委十二届七次全会部署，朝着建设中国特色社会主义先行示范区的方向前行，努力创建社会主义现代化强国的城市范例。深圳应携手香港，抓住粤港澳大湾区建设的有利契机，充分整合空间资源，优化配置要素资源，加快打造“深港创新圈”，增强深港两地的创新能级，使粤港澳大湾区成为世界级的创新发展高地。将香港的金融、物流、研发等生产性服务业优势进一步向深圳延伸，并与深圳的制造和科技创新优势结合起来，促进深港两地的产业发展形成深度合作，共同构建相互支撑的产业价值链、创新产业链和新兴产业集群，扶持创新优势产业和战略性新兴产业做大做强。建立深港两地统一完备的深港科技公共服务平台和资源信息库，以促进创新研发、科技成果、创新技术的市场化开发运用等方面的共享与合作，如依托国家技术转移南方中心等平台，推动港澳重大科技成果转移转化。出台支持前海开发开放若干措施，实施科技创新行动计划，形成更多可复制的制度创新成果。以落马洲河套地区为核心区，建设深港科技创新特别合作区，坚持高起点规划、高标准建设，推动其成为科技创新的高端新引擎、深港合作新的战略支点与平台。同时，以“广深港澳科技创新走廊”建设为契机，推行“总部 + 基地”“研发 + 生产”模式，促进珠江口东西两岸科技创新融合发展、优势叠加，打造具有全球影响力的国际科技创新中心。

一　以主阵地的作为加快建设综合性国家科学中心，着力提高创新发展能级

全球科技竞争不断向基础研究前移，只有大幅提升原始创新能力，在科学前沿重要方向取得一批重大原创性科学成果，才能解决一批面向国家战略需求的前瞻性重大科学问题，支撑引领创新驱动发展的源头供给，夯实建设创新型国家和世界科技强国的基础。综合性国家科学中心是国家科技领域竞争的重要平台，是国家创新体系建设的基础平台，有助于会聚世界一流科学家，突破一批重大科学难题和前沿科技瓶颈，显著提升中国基础研究水平，强化原始创新能力。综合性国家科学中心的建设将对粤港澳大湾区科技创新产生革命性影响，有利于最大限度发挥大科学效益布局，有利于开展更大跨度的多学科交叉研究，有利于产业集群进一步向纵深发展，形成协同创新网络，形成一个类似科学长廊的集科学研究、技术创新、高端商务乃至面向大众的科学游览于一体的产业带。

长期以来，深圳缺乏国家级的重大科研装置和设施布局。《中共中央国务院关于支持深圳建设中国特色社会主义先行示范区的意见》提到的“以深圳为主阵地建设综合性国家科学中心”，既是国家对深圳创新发展既往成绩的认可，更代表了国家对深圳创新迈上

更高能级的实实在在的支持和期待。通过高标准建设综合性国家科学中心，有利于深圳补齐基础研究、原始创新这块短板，以全球视野、国际标准，集中力量打造世界级大科学装置集群，筑牢创新可持续发展的基础。深圳要加快深港科技创新合作区和光明科学城建设，规划布局一批大科学装置集群，努力在粤港澳大湾区国际科技创新中心建设中发挥关键作用。高标准建设脑模拟与脑解析、合成生物研究、材料基因组、空间引力波探测、空间环境与物质作用研究、精准医学影像等大科学装置，集聚引进一批相关联的前沿交叉研究平台、科研机构、高质量有特色研究型高校、重点实验室，打造源头创新重要生成地。深圳不仅要争取布局更多的国家级科学装置、创新平台、高等院校、重大项目等硬条件和重大任务，而且要在科技体制机制创新、产业发展创新等软环境和创新成果转化方面先行先试。让科技创新和体制机制创新两个轮子同步发力、一起运转，构建起适应新时代符合科技创新发展规律的创新生态体系，加快建设创新能力引领、发展活力迸发、市场潜力巨大的综合性国家科学中心。

二　加强关键核心技术攻关，加大基础研究和应用基础研究支持力度

深圳要瞄准未来产业、战略性新兴产业需求，加强基础研究和应用基础研究，建立持续稳定的财政保障机制，持续加大财政投入力度。推动建立多元化资助体系，引导大型企业、民间资本投向基础研究和应用基础研究，着力实现前瞻性基础研究、引领性原始创新成果重大突破，增强创新源头供给，掌握创新发展主动权。

建立符合科学规律、自由开放的科学研究制度环境。为基础研究和应用基础研究提供稳定、长期、充足的创新资源支持，推动基础研究水平和原始创新能力的提升，为创新发展提供稳定持久的动力源泉。要更加重视基础研究的战略地位和前瞻布局，加强对科学前沿探索、好奇心驱动技术研究、非共识创新研究等的支持，重视可能重塑重要科学或工程概念，催生新范式、新学科、新领域的研究。加大对基础产业技术研发的支持，采取创新链全链条和集群投

资的产业支持方式，加强科技创业孵化和团队培育。对一些重大领域竞争前的技术研发和“关键的薄弱环节”，政府应充分发挥对社会资源的组织和调动优势，积极鼓励、引导和扶持全社会更多优质的创新资源（技术、人才、制度、模式、载体、资本、市场等）投入到产业发展体系当中，为产业技术创新提供完备的公共服务与运营环境支撑。

三　打好主导型产业攻坚战，力争在重大“卡脖子”技术和产品上有所成就

以夯实产业基础能力为根本，深入推进产业补链、强链、延链、控链、稳链工作，实施“互联网+”和“人工智能+”行动，大力发展战略性新兴产业和培育未来产业，培育世界级先进制造业集群。围绕粤港澳大湾区战略，建立具有国际竞争力的现代产业体系，组织实施前沿领域集聚发展工程，争取建成一批带动能力突出、竞争优势明显的千亿级制造业集群。聚焦战略性新兴产业重点领域和龙头骨干企业共性需求，探索创新项目组织实施机制，优先在3—4个重点领域组织实施重大装备和关键零部件专项，创新扶助方式，推动突破“卡脖子”核心技术。

前瞻布局新兴产业和创新集群。瞄准世界科技产业前沿，在已有的战略性新兴产业和未来产业的基础上，抢抓有可能成为主导第四代科技革命的第三代半导体技术和主导第五代科技革命的量子科学，率先前瞻布局新一轮科技产业发展重点，推动形成梯次式新技术新产业格局，着力培育新的增长点。同时，紧紧抓住国家高新技术企业这个“牛鼻子”，继续实施“高新技术企业培育计划”，发挥高新技术企业创新引领作用，培育一批创新能力强、成长周期短、产业带动能力强的排头兵企业。通过前端支持技术研发和后端加大政府采购等方式，扶持新兴产业发展，推动信息产业增创优势，巩固新能源汽车产业领先地位，打造生物技术产业新增长点，推动高端装备制造业突破发展，打造一批产值超千亿的创新型产业集群。

系统谋划全产业链招商。对战略必争产业要采取超常规措施补齐缺失薄弱环节，特事特办、扬长补短，推动产业链跨越式发展。

瞄准国际创新趋势和特点，结合中国科技创新发展现状，选择具有国际竞争力的优势技术领域（如5G、人工智能等），组织实施一批战略性关键核心技术攻关项目，整合资源、聚焦目标、重点突破，研制出一批在国际科技领域领先的高尖端技术，增强中国在国际谈判中的“底气”和“筹码”，形成战略制衡能力。

四　增强区域经济布局中的核心引擎功能，打造高质量发展动力系统的强劲动力源

牢牢扭住粤港澳大湾区建设这个“纲”，深度对接港澳所需、深圳所能、湾区所向，携手建设富有活力、国际竞争力的一流湾区和世界级城市群。打造前海粤港澳大湾区合作示范区，总结拓展“前海模式”，推动出台前海新时代全面深化改革开放方案，探索更多可复制可推广的经验，打造高水平对外开放门户枢纽。坚持以供给侧结构性改革为主线不动摇，坚持质量第一，持续加强深圳质量、深圳标准、深圳品牌、深圳设计、深圳信誉建设，构筑更具竞争力的现代产业体系，率先推动质量变革、效率变革、动力变革，进一步强化深圳全国经济中心城市的集聚辐射功能。把标准和品牌建设作为制造业提质增效的重要抓手，建设标准国际化创新型城市，推出一批更高水平的团体标准、行业标准、企业联盟标准。深入实施“东进、西协、南联、北拓、中优”战略，对外提升链接全球城市网络水平，对内提升辐射带动区域腹地能力。争取国家下放城市轨道交通建设审批权，推动深南铁路、深茂铁路、深肇铁路、深汕高铁等规划建设；加快推进深中通道、外环高速建设，规划建设深汕第二高速、深珠通道，打造国家综合铁路和公路枢纽。坚定不移对接香港、依托香港、服务香港，全面提升双方合作水平，巩固深港“亲如兄弟”般的关系，打造大湾区最具带动力的极点。推动深圳先进制造业与香港现代服务业深度融合，争取并加快对港全面放开服务业市场准入。推动深圳湾等更多口岸实现24小时通关，探索实行最大限度便利通关的查验模式，规划建设深港口岸经济带。《中共中央国务院关于支持深圳建设中国特色社会主义先行示范区的意见》明确：“支持深圳加快建设全球海洋中心城市，按程

序组建海洋大学和国家深海科考中心，探索设立国际海洋开发银行。”建设全球海洋中心城市不仅是落实国家海洋强国战略和“一带一路”倡议的重要举措，也是新时代国家赋予深圳的新的历史使命，更是深圳提升城市定位、实现跨越式发展的重大机遇。深圳要围绕经济产业、科技创新、文化生态、综合管理、全球治理五大领域搭建全球海洋中心城建设的四梁八柱，践行创新引领、陆海统筹、开放合作、绿色发展，全面提升深圳城市发展的核心竞争力、区域辐射力和国际影响力。

五 加快构建与国际接轨的开放型经济新体制，不断提升城市国际化水平

《粤港澳大湾区发展规划纲要》明确提出：“更好融入全球市场体系，建成世界新兴产业、先进制造业和现代服务业基地，建设世界级城市群。以深圳、东莞为核心在珠江东岸打造具有全球影响力和竞争力的电子信息等世界级先进制造业产业集群。”深圳要以区域互补共赢为目标，按照错位发展、产业互补、一体化布局原则主动谋划深莞惠世界级电子信息先进制造业集群。以港澳为桥梁，以前海自贸区、深港科技创新特别合作区等为支点，促进全球科技创新资源集聚，形成虹吸效应和辐射效应，提升深圳产业发展辐射带动能级，加速粤港澳大湾区产业经济一体化发展进程。面向“一带一路”，发挥粤港澳大湾区港口群优势地位，推动“深圳制造”“深圳服务”积极出海，全面参与全球科技产业竞争。高标准高质量建设前海深港现代服务业合作区和前海蛇口自贸片区，加大开放型经济风险压力测试，打造高水平对外开放门户枢纽。大力实施“湾区通”工程，加快对接港澳和国际高标准贸易投资规则。积极探索在新的历史条件下，落实促进要素高效便捷流动，深港协同推动制度创新。探索运用国际通行规则，构建有利于激发科技生产力的制度规则体系，建设和完善国际化法制化的营商环境，出台系统性的创新扶持政策，增强创新制度供给，建设前沿科技引领突破与先进制度改革试验的重要窗口和战略平台。建设要素流动畅通、科技设施联通、创新链条融通、人员交流顺通的开放型融合发展的区域协同

创新共同体，建设香港与内地紧密合作的先导区，把香港科创能力纳入国家创新体系，发挥更重要的作用，牵引带动香港融入国家发展大局。深度参与全球科技创新治理，引进和设立国际组织，积极参与国际大科学计划，参与或主导国际标准和规则制定，汇聚国际一流创新人才和企业，全方位融入和布局全球创新网络，探索科技创新开放合作新路径和新模式。大力引进或设立国际机构、国际会议及行业组织，培育一批与产业和城市发展高度匹配的国际知名展会。加快深圳国际交流中心规划建设，积极争取承办国家重大主场外交活动。

六　开展国际人才管理改革，打造具有国际竞争力的人才高地

《中共中央国务院关于支持深圳建设中国特色社会主义先行示范区的意见》明确提出："支持深圳实行更加开放便利的境外人才引进和出入境管理制度，允许取得永久居留资格的国际人才在深圳创办科技型企业、担任科研机构法人代表。"深圳实施创新驱动发展战略，率先建设体现高质量发展要求的现代化经济体系，需要打造更具国际竞争力的人才政策体系，加强对国际人才的吸引力，提高人才资源配置效率和人才资源开发能级。近几年，深圳实施引进海外高层次人才"孔雀计划"，海外人才数量逐年递增，增长势头良好，为深圳经济社会建设提供了有力的人才支撑。但深圳的国际化水平与北京、上海以及同属大湾区的香港相去甚远。院士、千人专家等"高、精、尖"的科技专家规模还非常小，引领技术和产业发展的作用还有很大空间。深圳国际人才无论是总量还是质量，都难以满足国际化城市建设的需要，与建设先行示范区的要求相去甚远。外籍人才在办理永久居留、出入境签证等手续方面存在材料多、程序繁、耗时长等问题，尤其是获取永久居留资格和入籍都还比较困难。在现行签证时限要求下，人才往返港澳还不够便捷，外籍人才在工作、生活方面还存在不便利等。因此，深圳要着力推动国际人才管理改革先行先试，充分开发利用国内国际人才资源，主动参与国际人才竞争，将全球范围延揽国际化人才与提高存量人才国际化水平相结合，构建开放创新、国际培养、跨国使用的人才工

作格局。

深圳要在引进、培养、造就高端人才和高水平创新团队方面率先布局，建立面向全球的引才用才机制，突出高精尖缺，跟踪掌握世界科技前沿或关键核心技术的全球顶尖科学家，着力引进一批诺贝尔奖得主、院士和具有国际一流水平的顶尖科学家，为深圳创新驱动提供坚强的高端人才保障。深化人才市场化评价机制，建立以科研能力和创新成果等为导向的科技人才评价标准。完善科研项目经费管理办法，落实科研人员的智力劳动与利益收入对接机制。积极推动外籍高端人才“绿卡”审批制度改革，推进高层次人才签证机制与国际接轨，探索建立技术移民制度，放宽外籍人才境内投资等政策限制。结合产业发展需求，建设工匠平台载体，打造一批与深圳建设国际科技、产业创新中心和实施“中国制造2025”要求相适应的高技能人才队伍，在全球范围内引进一批高技能领军人才。

在具体操作层面上：一是编制深圳开展国际人才管理改革的方案，积极争取中央组织部、人力资源保障部等支持和指导，力争一批更加积极、更加开放、更加有效的人才政策落地。二是实行更加开放便利的境外人才引进和出入境管理制度，争取将外国人永久居留审批权限下放至深圳市，由国家实行配额管理、备案制度。三是优化外籍人才来深就业创业服务保障。落实外籍人才创业国民待遇，允许取得永久居留资格的国际人才创办科技型企业、担任科研机构法人代表。以财税可持续为基础，研究境内高端紧缺人才个税补贴办法。建立与国际接轨的高层次人才招聘、薪酬、评价、考核、科研资助和管理制度，探索医保跨境结算。

七　推动粤港澳大湾区金融业规则高效衔接，促进金融业互联互通

粤港澳之间拥有先天的地缘及产业链相连的优势，经济往来频繁，跨境资金流动与跨境金融服务需求强烈。便捷跨境资金流动，促进金融市场互联互通，有助于优化粤港澳大湾区资产配置能力，有效扩大金融资源供给，带动湾区金融更大范围、更宽领域上满足建设资金和转型升级需求。充分发挥粤港澳三地产业发展的互补优

势，不断深化粤港澳金融合作，有利于实现粤港澳三地经济金融融合发展，保持香港、澳门经济社会繁荣稳定，而且对其他周边地区经济金融发展将起到积极的辐射带动作用，也将为国家总体金融开放改革积累宝贵经验。建议国家从顶层设计高度谋划大湾区金融融合发展，建立粤港澳大湾区金融合作协调机制，为大湾区金融改革开放提供组织和机制保障。设立中央金融监管部门湾区总部，或大幅提高中央驻深金融监管部门监管层级，赋予其探索金融创新一定权限，如在一定额度内管理资金跨境自由流动、核准金融机构在大湾区开展跨境业务创新等权利，在跨境资金管理、人民币跨境使用、资本项目可兑换等方面先行先试。建立粤港澳金融监管试验区，开展跨境金融监管沙盒试点，按照共同原则对跨境金融服务进行监管，促进跨境金融服务发展，避免监管套利。一方面，内地应向国际规则靠拢；另一方面，在内地有明显优势的移动支付、金融科技等方面，港澳也应向内地规则靠拢。例如，加快推进粤港澳三地偿付能力监管等效互认，推进三地疾病定义标准、检测结果和医疗服务资质互认，促进三地保险市场跨区域合作；推动三地第三方支付技术标准的互认和通用。打通大湾区三地投融资渠道，设立科技创业投资资金出境绿色通道，促进深圳多层次资本市场健康稳定发展，加快风险投资资本集聚，培育创新型初创型企业，形成领先的创新资本生态圈，提升金融服务大湾区创新发展的能力，助力创新驱动国家战略。对标国际最佳绿色金融实践，在绿色股票指数、绿色债券、碳金融等绿色产品线的构建与丰富以及绿色金融认证标准研究等方面，积极开展深港澳合作，促进大湾区可持续发展。在依法合规基础上，开展“理财通”“保险通”试点，着力提升大湾区民生金融服务水平，助力大湾区建成宜居、宜业、宜游的优质生活圈。

八　加快建设智慧城市，建设粤港澳大湾区大数据中心

《中共中央国务院关于支持深圳建设中国特色社会主义先行示范区的意见》明确提出：“综合应用大数据、云计算、人工智能等技术，提高社会治理智能化专业化水平。加强社会信用体系建设，

率先构建统一的社会信用平台。加快建设智慧城市，支持深圳建设粤港澳大湾区大数据中心。”要实现主动、精准、整体式、智能化的政府管理和服务，建成智慧城市群，综合应用大数据、云计算、人工智能等技术，提高社会治理智能化、专业化水平。这必然要求粤港澳三地11个城市的政务数据、公共数据和社会数据汇聚、融合，形成粤港澳大湾区大数据资源池，通过统一的数据资源服务各个城市。建设粤港澳大湾区大数据中心也是落实创新驱动战略、推进科技创新走廊建设的重要一环，落实《粤港澳大湾区发展规划纲要》提出的“推动互联网、大数据、人工智能和实体经济深度融合”，有利于推进5G、人工智能、网络空间科学与技术、生命信息与生物医药等以海量数据资源驱动为基础的产业发展。同时，粤港澳大湾区大数据中心汇聚海量数据，依法依规地向各行业安全有序地共享开放，有助于推动各行业与大数据、人工智能等新技术融合，促进传统制造业、服务业逐步向先进制造、柔性生产、精准服务方向转型升级，通过促进资源配置优化和全要素生产率提升，催生出新产品、新业态、新模式。

深圳要以应用需求为牵引，充分发挥数据服务能力，围绕推进数字政府、智慧城市建设要求，逐步推进数据资源服务平台与政务应用系统对接，实现政府管理与公共服务的主动、精准、整体式、智能化，重点围绕金融支付、海关通关、政务服务、社会治理、公共安全、交通物流、生态环保、海洋科技等领域，强化数据与业务的创新融合，提高政府决策和服务能力。建立大数据协同创新平台，安排专项资金支持，面向大数据关键理论及技术、重要应用技术，联合粤港澳三地高校、研究机构和创新型企业，并吸引国际一流技术力量，集中突破数据权属管理、隐私信息保护、数据交易定价、数据流通控制、多源多结构数据融合等核心理论和关键技术，形成一流的大数据创新人才队伍。同时在数据跨境流动、应用方面，联合三地力量，探索体制机制、法律法规层面的协同创新。构建粤港澳大数据中心创新服务体系，支撑数字经济创新创业孵化基地建设，促进数字经济创新创业生态蓬勃发展，推动传统行业依托大数据、人工智能等新技术逐步向先进制造、柔性生产、精准服务方向转型升级，催生新产品、新业态、新模式，促进湾区技术、人才、资金的跨境流动，并吸引与对接全球数字科技创新资源，积极推进“广州—深圳—香港—澳门”科技创新走廊建设。

九　激活各类市场主体，打造具有全球影响力的创新创业创意之都

以制度创新和开放创新推动科技创新，打造若干创新要素集聚、创新特色鲜明、创新功能突出、适宜创新创业、具有较强辐射带动力的“创新创业创意”集聚区。一要创新财政资金投入引导方式。完善稳定性和竞争性支持相协调的政府科技经费投入机制，优化科技专项资金配套结构和方式，逐步建立基础研究基本业务费制度，形成对企业的技术创新和产业化项目以科技金融、财政科技计划经费与创业投资协同支持的财政投入机制。建立健全符合国际规则的支持采购创新产品和服务的政策体系，完善政府采购促进中小企业创新发展的相关措施，加大对创新产品和服务的采购力度，促进创新产品研发和规模化应用。二要加快发展多元化的风险投资主体。健全“政府引导、企业主体、市场导向、多形式多渠道多层次”的资金投入体系，加大资本市场对科技型中小企业的支持力度。支持国有创投机构混合所有制改革，探索开展核心团队持股和跟投，推进市场化人才招聘、薪酬、考核等激励约束机制进程。三要完善科技成果转化孵化链条。深入推进“科技企业孵化器 + 创新创业创意”行动，鼓励社会资本设立科技孵化基金和新型转化实体。引导各类主体开展孵化器建设，发展创业投资、创业辅导、市场开拓等综合性科技成果转化服务。推动众创、众包、众扶、众筹等“四众”平台发展，大力发展创客空间、创业咖啡、创新工场等成本低、便利化、开放式新型创业孵化平台。

十　强化知识产权保护，积极实施知识产权发展战略

实施专利质量提升工程，培育高价值专利。优化各类专利资助政策，强化质量导向，促进专利申请质量稳步提升。突出中国专利奖的激励和示范作用，引导高价值核心专利产出。引导专利申请数

量和质量与产业发展需求、科技创新水平相匹配。推动专利标准化，鼓励更多专利纳入国际标准。加快新产业新业态知识产权联盟建设。强化知识产权执法，严厉打击恶意侵权、重复侵权等违法行为。对于恶意侵犯知识产权的，实施惩罚性赔偿机制。设立重点产业知识产权运营基金，扶持高端知识产权运营机构发展，引导社会资本以市场化方式参与知识产权运营。推动知识产权军民融合发展，在新材料、卫星导航、空间信息服务等领域形成一批高质量的军民融合专利。积极发展知识产权融资模式。知识产权质押融资市场潜力巨大，为中小微企业创新成长提供了良好的发展空间。可以利用商标、品牌、技术专利、版权等知识产权资产，通过专业资质审核、知识产权评估、额度审批、质押登记等环节，再通过金融机构平台取得贷款，为创新发展和转型升级提供源源不断的动力。

第三章　改革开放引领

新时代经济体制改革仍是全面深化改革的重点，也是深圳在粤港澳大湾区发挥核心引擎作用的关键。建设中国特色社会主义先行示范区就是要探索如何发挥市场的决定性作用，更好发挥政府作用，探索建立更加完善的产权制度，促进资本、土地、人才、技术等要素合理流动和高效集聚。在建设粤港澳大湾区和中国特色社会主义先行示范区的背景下，需要进行全方位、多领域、深层次的体制机制创新，推进深港合作向深度和广度发展。深圳作为粤港澳大湾区核心引擎城市，要积极推进区域融合互动发展，强化与“一核一带一区”城市高水平互动发展，共同做优做强做大珠三角核心区，构建经济社会一体化发展的大都市圈。

第一节　围绕要素市场化配置推动全面深化改革

产权制度是市场经济的重要基石，其核心功能在于降低交易费用，通过更合理的制度安排来提高资源配置效率。新时代经济体制改革仍是全面深化改革的重点，也是深圳在粤港澳大湾区发挥核心引擎作用的关键。建设中国特色社会主义先行示范区就是要探索如何发挥市场的决定性作用，更好发挥政府作用，探索建立更加完善的产权制度，促进资本、土地、人才、技术等要素合理流动和高效集聚。

一　经济体制改革是全面深化改革的核心问题

党的十八届三中全会提出了全面深化改革的总目标，在这一总目标的牵引下，经济体制改革的重心落脚在“处理好政府和市场的关系，使市场在资源配置中起决定性作用和更好发挥政府作用”。经济基础决定上层建筑，生产力是社会发展最终的决定性力量，生产关系必须适应生产力。“经济体制改革对其他方面改革具有重要影响和传导作用，重大经济体制改革的进度决定着其他方面很多体制改革的进度，具有牵一发而动全身的作用。”[①] 通过不断深化经济体制改革，“坚持和完善基本经济制度，加快完善现代市场体系、宏观调控体系、开放型经济体系，加快转变经济发展方式，加快建设创新型国家，推动经济更有效率、更加公平、更可持续发展”[②]。“我国仍处于并将长期处于社会主义初级阶段的基本国情没有变，人民日益增长的物质文化需要同落后的社会生产之间的矛盾这一社会主要矛盾没有变，我国是世界最大发展中国家的国际地位没有变。”“必须坚持以发展为第一要务，不断增强我国综合国力。”在庆祝改革开放40周年大会上，习近平总书记再次强调了发展的重要作用。我们用几十年的时间走完了发达国家几百年走过的历程，最终靠的是发展；而在改革开放进程中不断释放的发展能力，则是中国制度优势的最好诠释。[③]

二　以制度建设“主线”和国家治理现代化“主轴”推进经济体制改革的基本要求

习近平总书记在中央全面深化改革委员会第十一次会议中指出：“党的十九届四中全会和党的十八届三中全会历史逻辑一脉相承，理论逻辑相互支撑，实践逻辑环环相扣，目标指向一以贯之，重大部署接续递进。”因此，经济体制改革必须要突出制度建设的“主线”与国家治理体系和治理能力现代化“主轴”，把工作重点清晰明白地凸显出来。

---

① 习近平：《切实把思想统一到党的十八届三中全会精神上来》，2013年12月31日，中国共产党新闻网（http://cpc.people.com.xn/xuexi/n/2015/0720/c397563-27331317.html）。

② 《中共中央关于全面深化改革若干重大问题的决定》。

③ 《必须坚持发展是第一要务》，《人民日报》2019年1月29日。

一是坚持和完善基本经济制度。党的十八届三中全会指出："坚持公有制为主体、多种所有制经济共同发展的基本经济制度，是中国特色社会主义制度的重要支柱，也是社会主义市场经济体制的根基。公有制经济和非公有制经济都是社会主义市场经济的重要组成部分，都是我国经济社会发展的重要基础。必须毫不动摇巩固和发展公有制经济，坚持公有制主体地位，发挥国有经济主导作用，不断增强国有经济活力、控制力、影响力。必须毫不动摇鼓励、支持、引导非公有制经济发展，激发非公有制经济活力和创造力。"① 党的十九届四中全会指出："深化国有企业改革，完善中国特色现代企业制度。形成以管资本为主的国有资产监管体制，有效发挥国有资本投资、运营公司功能作用。健全支持民营经济、外商投资企业发展的法治环境，完善构建亲清政商关系的政策体系，健全支持中小企业发展制度，促进非公有制经济健康发展和非公有制经济人士健康成长。营造各种所有制主体依法平等使用资源要素、公开公平公正参与竞争、同等受到法律保护的市场环境。深化农村集体产权制度改革，发展农村集体经济，完善农村基本经营制度。"②

二是加快完善现代市场体系。党的十八届三中全会指出："建设统一开放、竞争有序的市场体系，是使市场在资源配置中起决定性作用的基础。必须加快形成企业自主经营、公平竞争，消费者自由选择、自主消费，商品和要素自由流动、平等交换的现代市场体系，着力清除市场壁垒，提高资源配置效率和公平性。"③ 党的十九届四中全会指出："建设高标准市场体系，完善公平竞争制度，全面实施市场准入负面清单制度，改革生产许可制度，健全破产制度。"④

三是加快转变政府职能。党的十八届三中全会指出："科学的

① 《中共中央关于全面深化改革若干重大问题的决定》。

② 《中共中央关于坚持和完善中国特色社会主义制度　推进国家治理体系和治理能力现代化若干重大问题的决定》。

③ 《中共中央关于全面深化改革若干重大问题的决定》。

④ 《中共中央关于坚持和完善中国特色社会主义制度　推进国家治理体系和治理能力现代化若干重大问题的决定》。

宏观调控，有效的政府治理，是发挥社会主义市场经济体制优势的内在要求。必须切实转变政府职能，深化行政体制改革，创新行政管理方式，增强政府公信力和执行力，建设法治政府和服务型政府。”① 党的十九届四中全会指出：“强化竞争政策基础地位，落实公平竞争审查制度，加强和改进反垄断和反不正当竞争执法。健全以公平为原则的产权保护制度，建立知识产权侵权惩罚性赔偿制度，加强企业商业秘密保护。推进要素市场制度建设，实现要素价格市场决定、流动自主有序、配置高效公平。”②

四是深化财税体制改革。党的十八届三中全会指出：“财政是国家治理的基础和重要支柱，科学的财税体制是优化资源配置、维护市场统一、促进社会公平、实现国家长治久安的制度保障。必须完善立法、明确事权、改革税制、稳定税负、透明预算、提高效率，建立现代财政制度，发挥中央和地方两个积极性。”③ 党的十九届四中全会指出：“健全以税收、社会保障、转移支付等为主要手段的再分配调节机制，强化税收调节，完善直接税制度并逐步提高其比重。完善相关制度和政策，合理调节城乡、区域、不同群体间分配关系。重视发挥第三次分配作用，发展慈善等社会公益事业。鼓励勤劳致富，保护合法收入，增加低收入者收入，扩大中等收入群体，调节过高收入，清理规范隐性收入，取缔非法收入。”④

五是健全城乡发展一体化体制机制。党的十八届三中全会指出：“城乡二元结构是制约城乡发展一体化的主要障碍。必须健全体制机制，形成以工促农、以城带乡、工农互惠、城乡一体的新型工农城乡关系，让广大农民平等参与现代化进程、共同分享现代化成果。”⑤ 党的十九届四中全会指出：“实施乡村振兴战略，完善农业农村优先发展和保障国家粮食安全的制度政策，健全城乡融合发展

① 《中共中央关于全面深化改革若干重大问题的决定》。

② 《中共中央关于坚持和完善中国特色社会主义制度　推进国家治理体系和治理能力现代化若干重大问题的决定》。

③ 《中共中央关于全面深化改革若干重大问题的决定》。

④ 《中共中央关于坚持和完善中国特色社会主义制度　推进国家治理体系和治理能力现代化若干重大问题的决定》。

⑤ 《中共中央关于全面深化改革若干重大问题的决定》。

体制机制。构建区域协调发展新机制，形成主体功能明显、优势互补、高质量发展的区域经济布局。”①

六是构建开放型经济新体制。党的十八届三中全会指出：“适应经济全球化新形势，必须推动对内对外开放相互促进、引进来和走出去更好结合，促进国际国内要素有序自由流动、资源高效配置、市场深度融合，加快培育参与和引领国际经济合作竞争新优势，以开放促改革。”② 党的十九届四中全会指出：“健全外商投资准入前国民待遇加负面清单管理制度，推动规则、规制、管理、标准等制度型开放。健全促进对外投资政策和服务体系。加快自由贸易试验区、自由贸易港等对外开放高地建设。推动建立国际宏观经济政策协调机制。健全外商投资国家安全审查、反垄断审查、国家技术安全清单管理、不可靠实体清单等制度。完善涉外经贸法律和规则体系。”③

三　党的十八大以来深圳经济体制改革的实践探索④

党的十八大以来，深圳坚持社会主义市场经济改革方向，深化经济体制改革，进一步完善土地、财税、金融等基础性经济制度，更大程度地发挥市场在资源配置中的作用，加快形成统一开放、竞争有序的市场体系，率先探索建立完善的社会主义市场经济体制。

一是探索建立市场化导向的投融资体制。推动政府和社会资本合作（PPP）。自2014年开始，深圳PPP进入快速发展阶段，多个公共服务项目中实行PPP模式，如盐田港、龙华线等重大基础设施项目及深圳人才安居集团。在市政工程、生态建设和环境保护、交通运输、水利建设、能源、保障性安居工程等领域，深圳PPP推进速度均在全国领先。探索跨境金融服务和创新。推进前海跨境金融

① 《中共中央关于坚持和完善中国特色社会主义制度　推进国家治理体系和治理能力现代化若干重大问题的决定》。

② 《中共中央关于全面深化改革若干重大问题的决定》。

③ 《中共中央关于坚持和完善中国特色社会主义制度　推进国家治理体系和治理能力现代化若干重大问题的决定》。

④ 深圳市委政策研究室（改革办）：《深圳综合配套改革试验经验总结评估》，2017年4月。

业务创新，包括外商投资股权投资试点（QFLP）、合格境内投资者境外投资试点（QDIE）、外债宏观审慎管理试点、赴港发行人民币债券等改革，丰富了中外企业投融资渠道，拓宽了跨境资本流通循环渠道。

二是推进金融改革创新。深化金融市场组织体系改革。金融机构是金融市场的组织主体，深圳金融改革的重点是扩大金融机构规模、丰富金融机构形式、建设金融机构品牌影响力，为更多中小企业和市民提供金融产品，支持企业发展。推出跨境人民币贷款业务。深圳前海作为跨境人民币业务创新试验区，于2013年初启动跨境人民币贷款业务。依托香港离岸人民币业务中心的天然优势，前海的跨境人民币贷款改革具有重大的国家战略意义和促进人民币国际化作用。前海跨境人民币贷款改革是划时代意义的金融创新。建立并完善多层次资本市场。深圳围绕金融改革做了大量探索和先行先试，从技术层面到法律规章，已基本形成服务创业创新企业的投融资产业链和生态圈，极大促进了中国创业创新企业发展。其中创业板的建立意义重大。创业板的推出，不仅与深圳产业结构（以金融、科技、生物、现代服务业为主）有关，更与深圳资本市场的开放与改革力度相关。多层次资本市场是优胜劣汰的重要保证，能够最大限度地激发资本市场的活力。2017年以来，深圳加快科技金融创新改革实践，提出研究出台支持创投业发展的政策措施，鼓励创投机构集聚发展和提升专业化水平，培育行业龙头标杆，制定金融促进科技创新的专项政策，支持设立科技保险等创新型机构，健全适应科技创新发展的投融资体系等一系列举措。

三是推进土地管理制度改革。深圳土地管理制度改革的最终目的就是要从城市发展的高度，系统解决存量土地管理对城市的发展支撑问题，促进产业升级、城市转型，推进现代化国际化先进城市建设。以产权明晰、市场配置、节约集约、科学调控为原则，结合深圳高度城市化、土地全部国有、市场发育程度高、拥有经济特区立法权等特点，改革探索，先行先试，建立高度城市化地区土地利用和管理新模式，推动土地资源配置市场化、土地利用高效化和土地管理法制化，促进科学合理用地和经济社会全面协调可持续发展。

2012 年是深圳市土地管理制度改革启动之年，市委市政府成立了市土地管理制度改革领导小组，建立了工作机制。当年出台产业空间配置 1 +6 文件，探索土地作价出资方式在全资国有企业试行；在历史遗留用地和地价管理上出台明确措施、探索存量土地开发利用的新机制，土地整备模式创新取得突破，征地拆迁从突击转向常态、从被动转向主动、从零星转向整体；2013—2014 年出台“城市更新体制机制”，2015 年颁布“农村集体经济组织经营性建设用地入市机制”，深圳土地管理制度改革逐步扩大和深化。

四是创新科技研发资金使用方式。深圳市在 2013 年启动科技研发资金投入方式改革，由传统单一的无偿财政补贴方式改变成无偿与有偿并行、事前与事后结合的投入机制，发挥银行、保险、证券等金融机构的作用，形成多元有效组合投入方式。其中，“银政企合作贴息”和“股权有偿资助”委托方式属全国首创，是深圳自主创新的典型案例。深圳 2015 年启动战略性新兴产业和未来产业发展专项资金扶持方式改革。在原有直接补贴基础上，增加股权投入、贷款贴息等扶持方式，形成无偿资助与有偿使用相结合、直接资助和股权投资相结合、财政资金和社会资本相结合的新型专项资金扶持产业发展新模式；引入股权投资机构、银行等金融机构和第三方专业评价体系，激发社会投资活力。2019 年深圳市修订《深圳市科技研发资金管理办法》，加强深圳市科技研发资金管理，提高财政专项资金使用效益，提出进一步简政放权，激发科研活力，加强事中、事后监管防范财政资金风险等重要举措。

五是创新人才管理模式。深圳结合自身经济社会发展需要、产业结构等因素，大力引进人才，创新人才管理，改革力度大、效果好、创新性强。2014 年开始实施《深圳市人才安居办法》，2015 年颁布《深圳经济特区居住证条例》，2016 年发布《关于促进人才优先发展的若干措施》和《深圳市海外高层次人才认定标准（2016 年)》，深圳的人才管理体制改革越来越科学规范和全面深化。深圳“十三五”规划指出，深圳要继续深入实施人才强市战略，加快建设一支素质优良、结构合理的创新型人才队伍，实现“数量型人口红利”向“质量型人口红利”转变。

六是深化国资国企改革。2015 年，深圳全面推进实施《关于进一步深化深圳国资国企改革总体方案》，以管资本为主完善国资监管运营，积极推进混合所有制改革，进一步优化国资布局结构，强化资本运作，引进战略投资者，积极推进市属国企产权主体多元化，不断提高市属国资资产证券化率，以资本运作促进产业发展，优化产业布局、提升发展质量。深圳国企改革从时间、广度和深度上，均处在全国前列，取得了突出效果，被国资委视为全国改革模范。

七是推进商事登记制度及相关配套改革。2012 年，深圳正式在全国率先推行商事登记制度改革，先后推出全流程网上商事登记、后续监管措施等系列改革措施，形成主体资格与经营资格相分离、审批与监管相统一、注册资本实行认缴制的商事登记管理新体系。商事登记使企业登记前置审批事项大幅减少，降低企业成本，激发社会投资活力。2015 年，深圳市开始推行公司、个人独资企业、合伙企业、各类分支机构和个体工商户“多证合一、一照一码”登记模式，只发放记载统一社会信用代码的营业执照，不再发放商事主体的组织机构代码证、税务登记证、社保登记证和刻章许可证，营业执照具有以上证照的功能。此项改革为“大众创业、万众创新”提供了优质的政府服务，也是深圳市政府向互联网政府、大数据资源应用政府迈出的实质性一步。2017 年 9 月，深圳再推出试点应用统一地址库，拓展“多证合一”、试点深港跨境工商文书流转信息化、推行信用惩戒措施四大方面举措，进一步深化商事制度改革。

八是探索集体产权管理体制。2013 年，深圳出台《关于推进股份合作公司试点改革的指导意见》，股份合作公司试点改革工作正式启动，全市 65 家股份合作公司参与试点，改革采取“积极试点、分步推进”的方式，以建立现代企业制度、建设和谐社区为长远目标。针对股份合作公司“三资”（资金、资产、资源）容易成为腐败多发领域，深圳加快股份合作公司集体资产交易平台、集体资产监管平台、财务在线实时监控平台、出国（境）证照管理平台“四个平台”建设。坪山新区率先改革，正式上线运行集体经济综合管理系统，对集体资产管理、交易、财务监管和出国（境）证照实行全方位、全流程的事前、事中及事后监管，规范社区集体经济的行为，推动社区经济以公开促规范、以规范促公平、以服务促管理、以竞争出效应。[①] 2019 年 9 月，深圳市人大修正发布了《深圳经济特区股份合作公司条例》，新《条例》对于促进股权流转、做实集体股、完善公司治理、规范运行机制、加强外部监管实现了突破性进展。

四　率先建设体现高质量发展要求的现代化经济体系，为完善社会主义基本经济制度探索经验

一是提高金融服务实体经济能力。为实体经济服务是金融的天职，建设粤港澳大湾区核心引擎，需要有效的金融支撑。充分结合深圳战略性新兴产业、现代服务业和未来产业发展的特点，推动加大金融业对实体经济的支持力度，通过鼓励设立产业并购基金等方式，优先保障重大科技基础设施、科技创新项目和重点工程的资金需求，支持企业通过产业并购实现转型升级，逐步健全适应实体领域投融资发展需求的金融支持体系。

二是推动国土空间提质增效。深圳土地资源匮乏，亟须破解产业空间利用问题，强化国土空间集约高效，实现城市高质量可持续发展。以保障民生发展需求为根本，坚守城市开发建设刚性约束原则，通过不断提高土地利用效率，打造高品质的国土空间格局。[②] 首先，掌握国土空间基础数据，奠定国土空间管理基础，尽快建立空间本底台账；其次，按照土地不同类别出台专门政策，综合运用多元化土地处置手段，全面盘活处置低效用地；再次，集中力量解决重点问题，集合市区各级、各部门之力集中攻坚，拓展连片规模的土地空间；最后，坚持以改革创新思维破解难题，完善空间规划、开发利用、生态保护等方面制度建设，健全规划和自然资源管

---

① 深圳市委政策研究室（改革办）：《深圳综合配套改革试验经验总结评估》，2017 年 4 月。

② 《以自我革命精神攻坚克难　推动国土空间提质增效实现突破》，《深圳特区报》2019 年 7 月 19 日。

理治理体系。①

三是建立更具弹性的审慎包容的监管制度。深圳新经济蓬勃发展带来了新技术、新产业、新业态、新模式的不断涌现，对传统监管能力、监管体制、监管手段和监管时机尺度把握等都提出了新挑战。要建立监管要宽容、要审慎有弹性的监管制度，适应新经济知识性、复合性、网络性和未知性等特点，运用法治思维和法治方式，用足用好经济特区立法权，通过建立一个体现坚持守住底线、确保安全，留足弹性、循序渐进，综合施策、协同共治的审慎包容的监管制度，解决当前中国新经济监管方面存在监管及时性不足、协调性不够、创新性缺乏、政策层级错位等突出问题。量身定制监管制度规则，把握好开放与监管的关联重要尺度，为新经济健康发展提供有力支撑保障。②

四是开展区域性国资国企综合试验改革。第一，把准国资功能定位，优化国有经济战略布局。充分发挥城市国资独特功能，调整优化国有资本产业布局。加快形成全面开放格局，发挥国资预算支持引导作用，积极履行社会责任。第二，落实以管资本为主要求，完善国有资产管理体制。"一类一策"优化监管，完善国有资本投资公司功能，完善国有资本运营公司功能，优化产业集团管控。第三，发挥混合所有制改革牵引作用，构建现代企业制度产权基础。分类推进混合所有制改革，依托国内外多层次资本市场，综合运用股权、基金、资金等运作方式，推进资源资产化、资产资本化、资本证券化，大力推动国有企业上市，探索创新管理层和核心骨干持股改革。第四，健全公司法人治理结构，全面提升企业治理水平。规范权责定位和履职方式，巩固党组织在法人治理结构中的法定地位，优化董事会治理机制，激发经理层活力，发挥监事会监督作用。第五，坚持市场化、契约化导向，系统优化国有企业市场化经

① 《深圳四大举措力推国土空间提质增效》，《深圳特区报》2019 年 7 月 30 日。

② 何瑞琦：《构建包容审慎监管制度加快培育壮大经济发展新动能》，2017 年 7 月 21 日，中国经济导报—中国发展网（http://www.chinadevelopment.com.cn/zk/yw/2017/07/1161703.shtml）。深圳市国资委：《深圳市区域性国资国企综合改革试验实施方案》，2019 年 9 月 26 日。

营机制。深化市场化选人用人机制改革，深化企业领导人员薪酬制度改革，全面建立长效激励约束机制，推进企业工资总额决定机制改革。第六，健全国资监督体系，保障国有企业改革发展。深化监督体制改革，完善监督机制，创新监督方式方法，坚持从严管理与容纠并举，落实监督信息公开制度。第七，贯彻高质量发展要求，提升国企核心竞争力。完善创新发展模式，推动产业能级提升，实施深圳国资品牌战略，提升自主创新能力，建设智慧国资、智慧国企。第八，创新央地合作模式，形成上下联动的改革机制。探索建立改革协同联动机制，探索构建国资国企改革支撑平台，深化中央企业与深圳合作。第九，全面加强党对国有企业的领导，争做全国国有企业党的建设排头兵。把党对国有企业的领导落到实处，加强企业家和人才队伍建设，提升企业党建工作质量，严格落实全面从严治党“两个责任”。

第二节　发挥深港极点在大湾区的带动作用

回顾深圳经济特区对外开放的历史，不断加强与香港的合作是深圳取得重大发展成就的要因。从“前店后厂”的生产要素互补合作，到 CEPA 框架下的生产主体转型合作，再到河套深港科技创新合作区的更紧密水平式合作，深港合作始终体现着合作共赢的发展导向。在建设粤港澳大湾区和中国特色社会主义先行示范区的背景下，需要进行全方位、多领域、深层次的体制机制创新，推进深港合作向深度和广度发展。

一　早期的“前店后厂”和 CEPA，深港合作促进加工贸易企业转型升级

“前店后厂”（Front shop-back factory）是指在香港接单，深圳生产，随后再通过香港销售到全世界的一种生产与经营方式。它是一种地域分工合作模式和商务运营模式，实质上是基于有限要素基础上的互补性生产合作，它的实质是根据比较优势原则，在发挥各

自要素禀赋特点基础上的互补合作。合作主体以“三来一补”（来料加工、来料订货、来件组装和补偿贸易）企业居多。“三来一补”是一种风险小、见效快，并能广泛普及发展工业的方式。“前店后厂”模式，是深港合作关系的最初形态，它是20世纪80年代深港经济寻优合作的历史性产物。在“前店后厂”模式下，港资、港企以及大量生产要素的注入，为深圳经济的起飞发展奠定了基础。①

为了逐步取消香港和内地之间的货物贸易关税和非关税壁垒，逐步实现服务贸易自由化和贸易投资便利化，以提高两地之间的经贸合作水平，实现共同发展，2003年6月，香港特区政府与中央政府签署了《内地与香港关于建立更紧密经贸关系的安排》（以下简称CEPA）的主体协议（CEPA第一阶段），并于同年9月进一步签署了6份实施细节的附件，主要内容涵盖货物贸易零关税、服务贸易自由化和贸易投资便利化三个方面。CEPA是一个开放性的协议，随着香港和内地经济的不断发展和内地改革开放的继续深化，CEPA也随之不断增加和充实新的内容。从“前店后厂”的生产要素互补合作，到CEPA框架下的生产主体转型合作，借助深港合作，促进了深圳乃至整个珠三角地区加工贸易企业转型升级。②

一是优化加工贸易产品结构，使加工贸易成为促进工业化的捷径。推动生产加工环节由产业链的比较低端向比较高端的方向发展，使加工的产品由技术含量较低向技术含量较高的方向转变，提高关键零部件的配套生产和加工制造能力，从而增强深圳制造业的国际竞争优势。

二是优化加工贸易区域布局，使加工贸易成为推动区域经济协调发展和企业国际化经营的重要途径。通过促进深圳加工贸易从低端制造业向中高端制造业转型，积极推进加工贸易梯度转移，带动珠三角核心区与外围地区以及泛珠三角地区经济协调发展。鼓励深圳企业把开展境外加工贸易作为推进国际化的一条重要途径。境外加工贸易适合于大多数规模小、国际化经营经验少的企业，在国外

---

① 宋晓东主编：《新时代全面开放新格局与深圳实践》，海天出版社2019年版，第43页。

② 同上书，第47页。

进行全散件和半散件组装，较少或不影响国内产业发展和就业，不仅减少国内的资源环境压力，也就地开展维修等售后服务，还可以规避贸易壁垒。深圳拥有发展境内加工贸易的成功经验，在推动加工贸易转型过程中，可以鼓励深圳企业在保留深圳总部的基础上，把现有生产方式移植到境外，开创企业国际化经营的新局面。

三是优化加工贸易产业结构，提升加工贸易层次和附加值。推动加工贸易从单纯的加工制造向上下游产业延伸，在更加强调产品的技术研发、设计标准、创立品牌等上游产业发展的同时，进一步拓展国际市场营销和产品售后服务等下游产业，重视发展国际服务贸易，加快培育服务外包、专业化服务等新经济形态，创造条件积极承接新一轮服务业转移，使深圳尽快实现从国际产业价值链的中低端环节向中高端和高端环节战略升级。[①]

专栏3—1：前店后厂的历史局限性

“前店后厂”模式，对深港两地经济的发展曾产生了巨大的推动作用，但存在一定的历史局限性。

首先，合作模式是浅层次的生产要素互补，长远来看不利于企业成长和长远发展。有限生产要素的互补，决定了这样一种生产方式仅仅是简单、直观地利用短期可以形成巨大收益的互补性生产活动。港资、港企将其资金、技术、管理优势以及可以迁徙的生产设备等，与深圳的土地、优惠政策以及廉价劳动力的互补结合，生产出来的是“加工品”，发展的是转手贸易，对于企业本身来说，除了一定的利润，企业在人才、技术与管理方面得不到有效提升。

其次，深港两地制造业有同构化趋势，导致后期产生相互竞争因素增多。港企在深圳等珠三角地区，采用的仍然是香港本土企业生产发展的体系，有着先进的生产技术和管理经验，但随着深圳的发展，通过不断地模仿和学习，深圳企业与香港制造商的差距逐步缩小，深圳企业成为香港制造商的强大竞争对手。两地制造业同构

① 《新形势下深圳发展开放型经济研究》。

化，原材料进口市场和产品出口市场结构趋同，相互贸易的可通性变差。加之，随着开放政策的推进，深圳企业迅速崛起，经济获得发展，由于产业升级转型，更多精力用于发展高科技、高附加值的企业，不再像过去那样全力鼓励“三来一补”企业。港资依然想通过获取低成本发展的道路行不通，只能寻求新的低成本市场。在新的国内外形势下，原有的“前店后厂”合作模式面临种种冲击，尤其是香港产业结构轻型化、科技含量低，产业国际竞争力趋弱，深港旧的合作模式的基础逐渐削弱。因此，深港急需在产业合作层次提高的前提下寻找新的合作模式。

最后，前店后厂主要是由市场和企业主导形成的合作模式，政府缺乏具体政策上的协调。从 1978 年改革开放政策确立到 1997 年香港回归，香港由港英政府统治，因此这一时期的深港合作主要由市场自发驱动，在合作的内容和层次上不高。

——摘自宋晓东主编《新时代全面开放新格局与深圳实践》，海天出版社 2019 年版，第 47—48 页。

专栏 3—2：CEPA 的具体内容

CEPA 内容主要分为三大部分：货物贸易、服务贸易和贸易投资便利化。在货物贸易方面，内地给予香港制造的产品零关税的优惠，只要该产品符合 CEPA 的原产地规则，即可免交关税。服务贸易方面，内地逐步对符合条件的香港服务提供者开放服务领域。这些领域过去要求企业有较多的资本或营业额，可以涉及的业务范围较少，或需要与内地企业合资经营。这些限制都在 CEPA 的框架下被取消或减少。在贸易投资便利化方面，双方借着高透明度、标准一致化和加强信息交流等措施，在多个领域加强合作，推动贸易投资便利化。具体如下：

（一）货物贸易

自 CEPA 第三阶段开始，除内地规定禁止进口的货物外，所有香港制造的产品，只要符合 CEPA 原产地规则，即可按零关税输入内地市场。对于原产地规则里还未包括的产品，香港可以按照本地厂商的具体情况，一年中有两次机会与内地展开协商，且双方要遵循互相不实行反倾销、反补贴的原则。至于尚未议定 CEPA 原产地规则的产品，香港政府将按本地厂商的要求，每年与内地展开两次磋商申请 CEPA 零关税优惠的香港货物，必须附有香港工业贸易署或政府认可签发来源证机构发出的原产地证书。零关税的实施推动了内地和香港的贸易往来，双方的贸易总额增长更快，促进了内地制造业的发展，同时推动了就业。

（二）服务贸易

根据 CEPA 已达成的协议，在多个服务贸易领域，香港的服务提供者可以凭借更优惠的市场准入条件在内地经营业务。例如，法律及银行服务等，优惠的条件更超越了中国对其他世贸成员的承诺。CEPA 规定，如欲享受在内地经营相关服务业务的优惠待遇，香港服务提供者须先向香港工业贸易署申请香港服务提供者证明书，然后再向内地相关部门申请在内地提供的有关服务内容。香港公司的服务领域主要为运输服务及物流、分销、广告、建筑工程、管理咨询等。在专业人士资格互认方面，香港与内地鼓励双方的专业人员资格互认。例如，建筑师、结构工程师、城市规划师、证券及期货服务专业资格互认；内地房地产估价师与香港产业测量师、香港工料测量师与内地造价工程师、香港建筑测量师与内地监理工程师的资格互认；内地与香港注册会计师考试科目相互豁免、香港居民可报考内地的保险中介从业人员基本资格考试、香港居民亦可在内地取得专利代理人资格。

（三）贸易投资便利化

根据协议，在以下多个领域开展贸易投资便利化合作，如贸易投资促进、通关便利化、商品检验检疫、食品安全，以及质量标准、电子商务、法律法规透明度、中小企业合作、中医药产业合作、保护知识产权等。以口岸通关便利化为例，通过良好的合作机制，深港双方采取了多项措施提高通关效率，如延长口岸通关时间，增加口岸和通道；发展多元立体交通网络，大力推动口岸查验电子化等。

——摘自宋晓东主编《新时代全面开放新格局与深圳实践》，海天出版社 2019 年版，第 49—50 页。

二　粤港澳大湾区背景下推进深港合作纵深发展的战略构想

（一）建立深港现代物流枢纽机制，推动大机场、大港口融合

深圳和香港两地物流业的合作，有着经济、体制、政策、设施和技术等方面优势，各自具有建设国际性物流枢纽的有利条件。物流的畅通是经济合作的基础，为此，深港两地物流业应具有长远的战略眼光，进一步提高合作层次和合作水平，着眼于中长期的发展，逐步形成政府扶持、市场引导、企业运作的物流业成长新机制，合力打造成为全球化、多功能、高效率的现代物流枢纽中心。

一是推动深港两地港口融合。深圳一直重视加快发展现代物流业，以港口为主的现代物流业是深圳的支柱产业之一，深圳强力实施“以港强市”的发展战略。深圳借鉴香港航运的先进管理经验和国际运作模式，使深圳港航运得到快速发展。香港已形成国际航运中心的地位，并实行自由港政策，与国际市场的联系富有经验，其港口集装箱业务量也持续增长。深港这些相同的经济环境和特殊的地理位置，使两地港口形成特殊的合作关系。两地可分担不同层次的航运业务，联手将两地港口结合成全球最重要的货柜港之一，共同打造以香港为核心、接轨全球、辐射内地的泛珠三角物流体系。

二是促进深港空中运输一体化。深港两地空中运输各有长短，有着很强的互补性。香港的优势在于国际航线覆盖全球，而深圳在国内航线上占优势并靠近货源地。在这种格局下，要留住客源、降低成本、获得最大效益，两地航空公司应互相合作，资源共享，业务和操作平台共享，整合成一个整体的机场系统。深港两地取长补短，促进空中运输的一体化建设。

三是深港两地共建物流信息平台。没有共享信息资源的长效合作机制，没有一个反应迅速的信息网络，就不可能有深港物流紧密的合作。为此，深港探索物流信息平台的合作，将两地的信息平台进行联网整合和数据交换，建立一个两地“统一、共享、安全、高效”的物流信息平台。这个信息互通的系统，可以把分散的物流资源整合在一起。用高新技术来加快实现两地信息系统衔接，实施包括电子预归类、电子预审价和电子查验的全程电子通关，提高效率。

（二）探索深港金融机制衔接，推进人民币国际化

深港两地金融业发展具有明显的优势，并且相互间存在巨大的合作空间，潜在的组合优势非常大。香港的金融优势在于完善的制度和多样化的金融工具，主要靠自由、灵活、方便和安全的金融环境来吸引国际资本。深圳的金融优势则在于内地金融资源，主要靠内地广阔的市场资源和良好的发展前景来吸引资金。更重要的是，深圳作为全国经济中心城市，不仅是最具活力的金融区，而且金融需求市场非常广阔。两地已经形成深港金融市场互补、互动、互助的良性关系，依托前海高水平开放平台，深港金融合作广度和深度逐步加强。

一是建立和完善深港多层次、高效率的金融协调机制。打造深港金融基础设施平台，大力发展金融产业链。结合应对国际金融的实践，深入分析香港金融监管条例与监管架构现状，探索巩固和提升金融体系稳健性与先进性的有效途径。同时，配合国家提升金融实力及人民币国际化发展需要，积极参与全球金融产业链的重组，增强作为全球资金集散地及证券融资基地的功能。

二是推动深港两地资本市场的融合。深港两地各自拥有一个证券交易所，这为两地资本市场融合提供了重要的基础。与香港创业板市场进行合作。将香港创业板中的部分优质上市公司在深圳创业板市场二次上市，也可以确定统一标准，使得符合标准的企业可以在深圳与香港创业板市场同时发行上市。探索深港交易所股权合作。在深圳交易所公司化改造完成后，可选择在适当时机，由内地机构持有港交所部分股权，同时由港交所持有深交所股权，为日后双方的进一步合作提供便利条件。

三是促进深港两地货币市场的融合。逐步发展深港两地银行间的同业拆借业务。加大与香港离岸金融业务的交流与合作，形成对香港离岸金融市场起延伸和传导作用的深圳离岸金融中心。通过加快推进深圳与香港货物贸易的人民币结算试点，创新和优化人民币清算流程，使深圳成为人民币的国际清算中心。①

---

① 《新形势下深圳发展开放型经济研究》。

专栏 3—3：金融风险防控的前海模式

2016 年 4 月，国务院办公厅下发了《互联网金融风险专项整治工作实施方案》（国办发〔2016〕21 号），深圳市政府于 8 月 17 日下发了《深圳市 2016 年全面开展互联网金融风险等专项治理工作方案》（深府金函〔2016〕559 号）。前海管理局高度重视，提前行动，完善领导和组织架构，系统研究工作方案；精心布局，借助第三方专业机构，全面开展金融风险防控工作。一是注重金融风险防范，主动设计前海金融风险防控方案。2016 年 1 月配合深圳市金融办研究制定《深圳市 2016 年全面开展非法集资等金融风险专项治理工作方案（送审稿）》、《深圳市关于规范全市投资类企业商事登记内部操作规程》等系列文件，为制订深圳市工作方案提供参考。二是针对风险高发的私募基金领域，在全国率先启动对私募行业的中央、地方联合监管模式。与深圳证监局签署了《私募基金监管合作备忘录》，实现对私募企业的全面覆盖，形成了私募领域风险防范的前海模式。三是根据全市工作方案拟订前海的配套工作方案及操作方案，系统推进互联网金融等风险排查和治理工作。安排重点课题，联合深圳市综合开发院共同研究并形成《前海金融风险防控体系研究》研究成果，为前海金融风险防控奠定理论研究基础。

——摘自宋晓东主编《新时代全面开放新格局与深圳实践》，海天出版社 2019 年版，第 60 页。

专栏 3—4：香港青年成长的前海模式

前海深港合作区作为“特区中的特区”，是支持香港长期繁荣的战略平台。党的十八大后，习总书记将离京到基层视察的第一站选在了前海，要求其依托香港、服务内地、面向世界。2014 年全国“两会”期间，习总书记又提出，前海要为香港扩大发展空间，要为推动香港结构优化发挥杠杆作用，要切实增强与香港的关联度。为落实总书记的指示精神，前海管理局在深圳市委、市政府的指导下，结合香港青年实际情况，积极探索落实总书记指示的有效实现途径，既立足当前又着眼长远，主动以青年工作为突破口，着眼于协助香港解决青年发展问题，丰富前海深港合作的内涵，提升深港合作的成效，积极打造前海成为香港青年成长平台。

——摘自宋晓东主编《新时代全面开放新格局与深圳实践》，海天出版社2019年版，第62页。

（三）建设深港科技创新合作区，协同构建综合性国家科学中心

《粤港澳大湾区发展规划纲要》提出发展特色合作平台，“建立有利于科技产业创新的国际化营商环境，实现创新要素便捷有效流动”。《中共中央国务院关于支持深圳建设中国特色社会主义先行示范区的意见》提出，要加快深港科技创新合作区建设。

一是打造世界一流科创空间。2017年，深港两地政府签署《港深推进落马洲河套地区共同发展的合作备忘录》，开始启动深方片区的前期规划研究工作；2018年，深圳市委市政府决定组建成立深圳深港科技创新合作区发展有限公司，作为深方园区规划设计、开发建设、资源导入和运营管理的实施主体。搭建国际一流科研创新平台，建设综合性国家科学中心，是合作区的重要使命和目标。国际一流的园区，要有国际一流的科创空间。①

二是开启协同开发模式。《意见》明确作出加快深港科技创新合作区建设，探索协同开发模式，创新科技管理机制，促进人员、资金、技术和信息等要素高效便捷流动的战略部署。金砖国家未来网络研究院中国分院落户，推动金砖国家在信息、通信和技术领域合作；香港科技大学项目落地深港科技创新合作区，连接香港和内地的科创及产业资源，充分发挥深港在成果转化和科技创新领域的强强联合和优势互补的作用。②

三是加强产业集聚基地建设。优先规划发展双方优势互补的新兴产业，按照两地经济融合的长远发展要求，规划并实现相关交通、服务等设施的无缝对接；以双边延伸腹地为发展区，统一规

① 秦小艳：《先行示范区——深港科技创新合作区建设提质提效》，《深圳特区报》2019年8月29日。

② 同上。

划，为未来发展预留空间。对创新能力突出、产业发展迫切需要、能迅速形成生产能力、有较大示范带动影响的项目，汇集深港双方比较优势资源，给予优先支持发展。

第三节 推动深圳与湾区城市的区域合作

《粤港澳大湾区发展规划纲要》提出“实施区域协调发展战略，充分发挥各地区比较优势，加强政策协调和规划衔接，优化区域功能布局，推动区域城乡协调发展，不断增强发展的整体性”的基本原则。同时也提出了建设国际科技创新中心、加快基础设施互联互通、构建具有国际竞争力的现代产业体系等一系列的战略举措，深圳作为粤港澳大湾区核心引擎城市，要积极推进区域融合互动发展，强化与“一核一带一区”城市高水平互动发展，共同做优做强做大珠三角核心区，构建经济社会一体化发展的大都市圈。

一 推动深莞惠和河源、汕尾“3+2”经济圈建设

一是合理布局创新主体。针对创新要素中高校和科研机构数量不足和力量较弱等问题，结合产业层级特征，深莞惠和河源、汕尾“3+2”经济圈需合理布局创新主体。深莞惠经济圈应增加高校数量，提升高校质量，合理规划学科设置和层次结构。深圳应充当经济圈的领头羊，充分发挥创新和研发的核心作用，重点围绕新产业新技术，积极引进高层次创新团队和人才，建设和培育一流的基础技术研究机构；东莞和惠州临深的国家级园区则充当创新次中心的作用，应重点围绕高新技术产品制造，培育和引进一流的技术应用研究机构；河源和汕尾正在承接深莞惠的产业转移，未来产业发展方向为中低端传统制造业，应重点围绕传统产业的转型升级，积极培育和引进相应的应用性研究机构。①

二是构建区域金融联动新模式。首先，发挥深圳金融中心主导

---

① 阳结男：《粤港澳大湾区背景下深莞惠经济圈的创新发展》，《开放导报》2017年第4期。

作用，建立区域金融合作框架。以优势互补为原则，按照区域内各城市经济发展水平和金融发展程度，搭建区域内金融市场对接平台，培育多元化、特色化、有影响力的区域性金融市场，促进城市间金融要素自由流动与金融资源的合理配置。紧紧抓住国家支持深圳加快前海金融改革创新的有利契机，充分利用金融中心城市积聚辐射功能优势，推进城市间金融合作，构建深莞惠和河源、汕尾"3+2"经济圈金融走廊。建立区域金融市场联动协调机制，统一服务政策、业务权限和服务标准，促进不同金融机构分工合作，相互支持，努力实现双赢和多赢。其次，加强互动交流，推进不同金融机构之间以及金融机构内部的合作。针对区域内不同经济模式进行业务和产品创新，实现金融产品和服务的多样化、差异化、特色化，积极拓展私募股权投资基金、融资租赁、创新性财产权担保、国际保理、航运金融、产业金融、科技金融等创新金融产品业务，更好地服务于区域经济社会发展。切实深化金融机构改革，不断完善金融服务体系，推动地方金融企业实现跨区经营，鼓励区域内金融企业不断扩大分支机构布局，做大做强银行、保险、证券、期货等传统金融业。最后，拓宽交易平台功能，营造良好金融生态环境。充分发挥各类市场交易平台作用，推动区域产权交易市场、股权交易市场、排放权交易市场、期货交易市场和各类要素交易市场的建设。搭建中小企业投融资平台，为金融资本和产业资本融合提供良好途径。鼓励区域内企业特别是上市公司利用资本市场实现跨地区、跨行业的投资和重组并购。完善区域金融基础设施建设，打造完善的区域金融信息交流平台，形成拥有统一数据标准和发布机制的信息共享机制。充分利用区域内政府资源、企业资源和社会资源，加强社会信用环境营造，加快金融集聚区开发建设，加强金融中介服务机构和金融人才引进培养，促进金融业持续健康发展。

三是构建多元利益主体协同参与机制。深莞惠和河源、汕尾"3+2"经济圈一体化不仅涉及相关政府之间的平等协商，而且离不开企业和社会的广泛参与。[①] 构建一组运作有序的区域联动运行

① 周铁昆：《深莞惠都市圈一体化发展历程回顾与推进策略研究》，《中国特区经济研究》2017 年第 1 期。

机制。在推进深莞惠和河源、汕尾“3＋2”经济圈一体化发展的进程中，要求建立跨行政区域联动运行机制，形成相互间共有的功能性和制度性安排。首先，合作协商机制。根据先易后难、逐步丰富、务实渐进的原则，推动建立各类合作形式，逐步形成深莞惠和河源、汕尾“3＋2”经济圈区域城市常态化合作协商机制。推动建立包括城市联席会议、市长论坛、政府各部门、城市间行业协会合作联盟等多层次、多领域定期会晤、对口协商机制，就城市发展规划、产业发展规划、市场体系建设、基础设施建设、信息网络建设、生态保护、联合执法等优先主题开展协商。其次，利益协调机制。从全局和整体上进行整合，加强合作，使各行政区在区域联动与协同发展中共同获益。建立产业发展协调基金，缓解产业同构竞争；建立研发创新基金，加强创新人才培养；建立良好的环境治理和生态补偿机制，促进区域环境的全面改善与生态资源的有效保护；实行差别化的税收优惠政策，促进不发达地区的资源优化配置。再次，制度对接机制。以制度性合作来推动功能性合作。要建立健全区域法律法规，从国家层面，应抓紧制定促进区域协调发展法、区域规划法等，尽早形成促进区域协调发展的法律基本框架。从地方层面，着手研究制定深莞惠和河源、汕尾“3＋2”经济圈规划编制和管理条例等地方性法规，以消除政策障碍、行政壁垒和无序竞争，构建区域协调一体发展的长效保障机制。最后，要素流动机制。要完善统一的市场规则，规范经济主体行为，健全市场竞争秩序，消除行政区特殊政策和贸易壁垒，充分发挥市场机制的基础性资源配置作用。加快建设以深圳为中心的要素市场，促进资本、土地、人才、技术、产权等各类专业市场和特色市场的合理布局。①

四是积极对接基础设施一体化建设。首先，全面做好区域交通基础设施联动发展。要加快交通发展，区域内各城市就要突破行政区域的界限，实现各城市交通规划一体化。必须重新对原有的各交通专项规划进行修编，区域内各城市优先打破行业条块分割和行政区划限制，实现各种运输方式的融合以及时间和空间上的衔接。在

① 深圳市委党校课题组：《东南沿海联动发展示范区战略研究》，2012 年国家行政学院重大课题。

整合国家及交通运输部、省、市现有规划成果的基础上，区域内各城市按照“大交通”模式，以区域交通运输一体化为目标，编制综合交通体系总体规划，统筹考虑重大交通基础设施布局、管理模式、线网走向。通过规划明确交通运输一体化的实现途径、政策措施及近期、中期和远期目标等。其次，加快水资源基础设施的联动发展。推进水资源开发利用一体化。合理配置区域内水资源，确立水资源开发利用一体化总体格局。调整供水水源布局，实施江库联合统一调配，增加流域水资源调配能力。推进水资源节约保护一体化。推进区域内河网整治一体化，科学规划主要供排水布局。通过河涌水闸的建设和统一优化调度，建设和保护清水走廊供水通道，实现供排水的协调统一、互通可控，避免不同城市取水、排污相互交叉混合。最后，云基础设施一体化。作为粤港澳大湾区发达城市群代表，本区域应当积极占领这个基础设施联动发展的新高地，加快实现云基础设施一体化。云基础设施一体化的关键因素在云主机、云硬盘、云存储三者。区域内各城市应当首先设定云基础设施联动发展路线图，分阶段、按步骤完成区域内的云主机、云硬盘、云存储以及其他相关软硬件的一体化。①

专栏3—5：深莞惠和河源、汕尾“3+2”经济圈建设历程回顾

2008年12月国务院批复的《珠江三角洲地区改革发展规划纲要（2008—2020年）》首次提出深莞惠一体化的发展概念。要求深莞惠优化功能布局，明确提出以深圳为核心，以东莞、惠州为节点的珠江口东岸地区要增强自主创新能力，提升城市综合服务水平，面向世界大力推进国际化，面向全国以服务创造发展的新空间，提高核心竞争力和辐射带动能力，积极推进深莞惠经济圈建设。

2009年2月，深莞惠三市党政主要领导在深圳召开首次联席会

① 深圳市委党校课题组：《东南沿海联动发展示范区战略研究》，2012年国家行政学院重大课题。

议，签订了《推进珠江口东岸地区紧密合作框架协议》，建立了三市党政主要领导联席会议制度，正式拉开了深莞惠经济一体化的序幕。该框架协议就发展规划、产业发展、区域创新、交通运输、能源保障、水资源及城市防洪、信息网络、环境生态、社会公共事务、加强与港澳合作十项内容进行重点合作。

2009 年 5 月，深莞惠三市党政主要领导在东莞召开第二次联席会议，进一步明确三市紧密合作的组织架构、工作机制和重点领域。确定了重点推进的 25 个合作事项，签署了界河治理、跨境公交、边界道路建设 3 个工作计划，并且建立了 10 个专责小组以负责推进。此外，三方已经陆续签订了警务、工商、劳动保障、旅游、金融等多个合作备忘录，深莞惠一体化朝着更为广阔、更为纵深的方向发展。

2009 年 9 月，深莞惠三市党政主要领导第三次联席会议在惠州召开，会议提出深莞惠三市下一步应加快全面融合，把珠江口东岸打造为科学发展先行区。会议审议通过了《深圳市东莞市惠州市规划一体化合作协议》《深圳市东莞市惠州市社会公共服务一体化合作框架协议》《深圳市东莞市惠州市加快推进交通运输一体化补充协议》和《深圳市东莞市惠州市界河及跨界河综合治理专责小组章程》。

2010 年，深莞惠三市党政主要领导第四次联席会议在深圳召开，三市决定将界河治理与边界道路的建设确定为近期合作的重点，除了界河污染问题外，三地市长表示将尽快打通边界断头路与瓶颈路。

2011 年 4 月，深莞惠三市党政主要领导第五次联席会议在东莞召开，三市共同签署了包括坪新清片区规划开发、产业发展合作、信息化合作、加快推进交通运输一体化、加强深惠合作在内的一揽子协议，为深莞惠一体化发展奠定了基础。

2012 年 5 月，深莞惠三市党政主要领导第六次联席会议在惠州召开，共同商讨合作重点，深入实施《珠江三角洲地区改革发展规划纲要（2008—2020 年）》，审议通过了包括上述内容在内的九项重点工作，并签署了《深圳市东莞市惠州市共建深莞惠区域创新体系合作协议》《深圳市东莞市惠州市加快推进交通运输一体化补充协议四》《深圳市东莞市惠州市农产品质量安全合作协议》《深圳市东莞市惠州市三地文化联动合作协议》四个合作协议。

2014 年 10 月，深莞惠经济圈党政主要领导第八次联席会议在东莞召开，并以“3+2”的形式将经济圈范围进一步扩大到了汕尾、河源，汕尾、河源将积极参与深莞惠都市圈建设，承接深莞惠地区辐射转移。会上通过《深莞惠交通运输一体化规划》，明确提出到 2020 年，深莞惠中心城区之间、中心城区与主要组团间将实现 1 小时互通。并确定五市近期推进的 21 个重点合作事项，其涉及体制共建、交通运输、生态环保、产业合作、警务协作五大类。汕尾、河源的加入使深莞惠经济圈区域面积翻番，经济总量接近全省的 40%，发展空间进一步拓展。

2016 年 2 月，深莞惠经济圈（3+2）党政主要领导第九次联席会议在惠州召开，会议审议通过了五市将共同推进的六大类共 40 个重点合作事项，其涉及机制共建、交通运输、生态环保、基础设施共建、产业合作、信息共享协作六大类。会议还签订了《深圳市东莞市惠州市汕尾市河源市共建区域创新体系合作协议》《深圳市东莞市惠州市汕尾市河源市区域社会信用体系建设合作框架协议》《深圳市东莞市惠州市汕尾市海洋经济协调发展战略合作框架协议》等文件。

2016 年 12 月，深莞惠经济圈（3+2）党政主要领导第十次联席会议在汕尾举行，会议审议通过了五市近期共同推进的 47 个重点合作事项和《深圳、东莞、惠州、汕尾四市海洋产业经济协作示范区建设纲要》，深圳、惠州、汕尾签署了《深圳、惠州、汕尾三市共建海上旅游航线发展粤东滨海旅游框架协议》，深圳与河源签署《深圳、河源两市农产品质量安全监管合作协议》。为加快推进交通运输一体化，充分发挥交通运输在推进深莞惠经济圈一体化中的关键性作用，在 47 个重点合作事项中，交通运输类项目多达 26 个。

——摘自周轶昆《深莞惠都市圈一体化发展历程回顾与推进策略研究》，《中国特区经济研究》2017 年第 1 期。

专栏3—6：拓展深汕特别合作区“飞地模式”

作为走在全国前列的经济大省，广东省在区域经济发展上存在比较突出的不平衡问题，深汕特别合区“飞地模式”的构建，是破解这一难题，推动广东实现高质量发展的关键一招，也是深圳实施粤港澳大湾区核心引擎战略的重要举措。《中共中央国务院关于支持深圳建设中国特色社会主义先行示范区的意见》明确指出要“探索推广深汕特别合作区管理体制机制”。深汕特别合作区是在中国首个区域合作长效机制，进行了多方面的新探索，在园区合作共建与园区管理、区域合作发展与区域管理、财政体制创新等方面实现了新突破，亮点较多。从这一体制机制内涵来看，极具推广复制价值。

一是在管理机制上，深汕特别合作区形成深圳、汕尾两市政府高层管理领导小组决策、深汕特别合作区政府管理、建设开发公司运营的三层管理架构。深汕特别合作区党工委和管委会合署办公，获省委、省政府赋予地级市一级管理权限，党工委和管委会主要领导按副厅级配备，管委会主任由深圳市推荐，党工委书记由汕尾市推荐。按照适度分工原则，深圳市主导经济管理和建设等事务，汕尾市主导社会管理事务。

二是在内部机构的设置上，除人大、政协及法院、检察院等司法机关仍按原来的隶属关系管辖外，还单独设置深汕特别合作区税务局及公安局分局等派出机构。并按照精简、统一、效能的原则设置若干内设机构，社会管理部门正职负责人人选主要由汕尾市推荐，经济管理部门正职负责人人选主要由深圳市推荐。内设机构副职人选原则上实行交叉任职，由深圳、汕尾两市共同协商推荐。

三是在利益分配上，按照“发展第一、尊重历史、权责对等、互利共赢”的原则，形成有利于深汕特别合作区较快发展的体制。深汕特别合作区的财政体制执行“省直管”模式，委托深圳市全权代管。深汕特别合作区产生的地方级税收在扣除省按体制规定的获益部分外，由深圳市、汕尾市和深汕特别合作区按25%、25%和50%的比例分成。但在2015年前，深圳、汕尾两市将各自所得分成收入全额返还深汕特别合作区，在2020年前，深圳、汕尾两市将各自所得分成收入的50%返还深汕特别合作区。另外，按照属地原则，深汕特别合作区取得的政府土地出让的净收益，除一小部分留成给汕尾市外，大部分返还深汕特别合作区。

——摘自“深汕特别合作区”，360百科（https：//baike. so. com/doc/5395610－5632767. html）。

专栏3—7：深圳市深汕特别合作区概况

2017年9月21日，中共广东省委、广东省人民政府下发《关于深汕特别合作区体制机制调整方案的批复》（粤委〔2017〕123号），决定深汕特别合作区党工委、管委会调整为深圳市委市政府派出机构，按照“10＋1”模式，将深汕特别合作区打造成深圳主导的经济功能区；2018年12月16日，深圳市深汕特别合作区党工委、管委会正式挂牌，从此深汕特别合作区进入了深圳市全面主导建设发展的新时代。

深汕特别合作区地处粤港澳大湾区城市群东部沿海，距离深圳60公里，面积468.3平方公里，户籍人口7.65万人，现已建成26平方公里。规划至2035年，深汕特别合作区建设用地将达到135平方公里，人口规模将达到150万人，公共配套设施按300万人标准配置。作为粤港澳大湾区向粤东城市群辐射的战略支点，深汕特别合作区承担着“区域协调、合作示范、自主创新”的重要使命，坚持以人民为中心，坚持生态优先和绿色发展，以国际视野谋求发展新高度，努力建设成为粤港澳大湾区东部门户、粤东沿海经济带新中心、深圳市自主创新拓展区以及现代化国际性滨海智慧新城。

——摘自“深汕特别合作区”，360百科（https：//baike. so. com/doc/5395610－5632767. html）。

二　促进珠江口东西两岸融合互动

一是创新驱动融合互动。加强区域内科技创新合作，推进创新驱动的协同发展，实现区域内创新发展的互利共赢。借助深圳建设综合性国家科学中心和在科技产业发展上的先行优势，借助区域内各地已有产业体系和产业基础（见表3－1），通过引进人才、培育人才、创新机制，加强区域内共同研发和自主创新能力。整合区域内各类产业园区，加大各地优势产业园区的对接力度，提升经济发达地区高新技术的产业带动和辐射作用。加大高新技术对传统优势产业的改造提升，引导深圳产业向粤东地区延伸和转移，推动区域内产业整体升级。

表3－1　　2017年珠三角各城市三次产业结构

城市	GDP（亿元）	第一产业		第二产业		第三产业	
		增加值（亿元）	比重（%）	增加值（亿元）	比重（%）	增加值（亿元）	比重（%）
深圳	22438.39	18.54	0.08	9266.83	41.30	13153.02	58.62
广州	21503.15	233.49	1.09	6015.29	27.97	15254.37	70.94
佛山	9549.59	145.92	1.53	5570.18	58.33	3833.49	40.14
东莞	7582.12	23.63	0.31	3593.84	47.40	3964.65	52.29
惠州	3830.58	172.38	4.50	2099.16	54.80	1559.05	40.70
中山	3450.31	66.89	1.94	1734.97	50.28	1648.45	47.78
江门	2690.26	193.84	7.21	1292.94	48.06	1203.48	44.73
珠海	2564.73	45.53	1.78	1288.75	50.25	1230.45	47.98
肇庆	2200.61	324.96	14.77	1032.70	46.93	842.95	38.31
合计	75809.74	1225.18	1.62	31894.66	42.07	42689.91	56.31

资料来源：各城市2017年经济运行情况分析。

二是市场融合互动。整合区域资源要素，加强区域分工协作，调整各区域生产要素流动的行政导向和打破各种形式的地方保护壁垒，建立开放、统一、公开、透明的市场体系，充分发挥市场原则在区域经济联动中的重要作用，实现生产要素的自由流动、贸易物流的自由化、基础设施的一体化配置，提高区域之间交易效率和市场配置效率。

三是物流融合互动。加强区域内物流业深化合作，开展联营航线、联运货源、互揽客源、共建联盟等运输协作，大力发展跨区域物流经营主体。加大港口资源整合，有效地集聚海港资源，增强港口的合作竞争力，充分发挥各自优势，组建区域港口战略联盟体系，加快以港口为龙头、以国际和国内货物运输为载体、以现代电子商务为支撑的集疏运、仓储、信息网络等物流基础设施建设。

四是金融融合互动。充分利用深圳金融发展优势，抓住深圳加快推进前海金融创新发展的有利契机，加强区域金融合作，培育多元化、特色化、有影响力的区域性金融市场。搭建区域内金融市场对接平台，推动深圳银行赴粤东地区设立分支机构，推动区域内企业上市，推动区域保险市场和业务融合。加强区域金融中介服务机构的引进与合作，探索建立区域内企业、个人信用信息交流共享机制。

五是文化融合互动。发掘区域文化的内涵，整合区域文化的精髓，以文化为纽带打造区域性特色型人文经济的核心产品，从而形成推动区域经济联动的强大功能。充分发挥深圳作为文化产业发展先进地区在创意设计、动漫、网络信息、出版发行和版权服务、广播影视服务、文化艺术服务、休闲娱乐以及文化中介服务等方面的明显优势，积极推动区域内各地区间文化交流和文化产业发展共研规划、共定标准、共创精品，共同打造富有特色的文化品牌和文化产业链。

六是基础设施融合互动。从整体上统一协调、联手共建区域经济发展的基础设施骨架，形成功能互补、共同享用的区内一体化的基础设施平台，实现各种资源在区域之间的便捷流动和最佳配置，形成合理的区域分工布局，增强区域整体竞争力，促进区域协调发展。

七是基本公共服务融合互动。推动区域基本公共服务联动发展，促进整个区域社会福利水平提高，力争实现区域内基本公共服务均等化。根据区域内各地所处不同发展阶段和实际情况，按照规划引领、体制创新、政策保障、绩效导向的原则，全面推进区域内各地在教育资源、医疗卫生资源、养老保障、住房保障和社会救济等方面的资源共享，建立区域内基本公共服务多元化供给机制。

八是生态发展融合互动。以保护生态环境和可持续发展为基点，把环境与经济作为一个整体，统一规划、协调行动，对生态资源实施共保、适度开发，统筹生态环境保护基础设施建设及其布局，加强各类自然生态保护区的管理，设置排放配额，促进排污权交易，从而降低重复投资，实现主要排放物的集中规模化处理，共同推进区域生态建设和环境保护，实现人与自然的和谐共处、和谐发展。[①]

① 徐子青：《区域经济发展联动研究》，博士学位论文，福建师范大学，2010年。

第四章　优势产业牵引

加快构建现代产业体系，助推粤港澳大湾区建设是深圳建设中国特色社会主义先行示范区的重要内容，也是深圳建设社会主义现代化强国城市范例、成为全球标杆城市的重要支撑。改革开放以来，深圳利用毗邻港澳台的优势，积极参与国际产业分工，率先承接国际产业转移，成为引领珠三角地区产业发展的重要核心。在过去40年里，深圳不断优化产业结构，特别是在国际市场需求萎缩和国内企业生产经营成本上升的双重夹击下，积极推动产业转型升级，逐步形成了以科技产业为核心的现代产业体系。“率先求变”是深圳发展领先的重要法宝。当前，粤港澳大湾区建设不断推进，科技产业发展不断加快，特别是随着越来越多的深圳企业向周边城市转移，深圳与大湾区各城市的联系日益紧密，如何构建优化的产业体系，培育新的产业竞争力，辐射带动大湾区发展，是深圳建设中国特色社会主义先行示范区的过程中迫切需要解决的问题。

第一节　大湾区城市产业结构的主要特征

动力转型是党的十八大以来大湾区产业发展的主要趋势。随着各城市相继出台一系列产业转型升级政策和举措，大湾区产业正加快从粗放式发展向集约式发展、从外延式发展向内涵式发展的转变，创新驱动在产业发展中的地位快速提升，已经成为产业发展的第一动力。战略性新兴产业发展迅速，如新一代信息技术、互联网、生物医药、新能源汽车等产业逐步成为经济发展的新支柱。各城市在新一轮的产业转型和产业转移中，积极融入大湾区产业分工，形成功能突出和特色明显的产业链跨区域分布的新格局，推动了大湾区产业高端化发展进程。

一　产业发展动力向创新驱动转变

产业发展动力从要素驱动、投资驱动向创新驱动转变，是新时代大湾区产业发展的重要特征，是大湾区产业结构调整和国际市场变化的共同结果。

大湾区产业发展能取得巨大的成果，很重要的一个原因是在改革开放和全球化浪潮中，通过发展“三来一补”和加工贸易，主动融入全球产业分工，积极引进发达国家和地区的资金、技术、人才和企业，利用后发优势，迅速构建起完整的工业体系和缩短了技术差距。但是，随着产业发展水平不断提升，日益走近世界前沿，大湾区也开始面临来自发达国家和地区的壁垒和竞争，如贸易保护、技术保护、人才竞争、市场竞争等，特别是2008年国际金融危机后，全球市场需求萎缩和发达国家的贸易保护，进一步压缩了国际市场生存空间。另外，粗放式发展和过度的要素投入，也推动了劳动力、企业经营、土地价格等一系列成本上涨，土壤、水环境、空气等污染日益严重[①]，传统发展模式的上升空间已经越来越小。因此，大湾区开始了推动产业发展向创新驱动的转变。

大湾区城市走自主创新道路有其内在必然性，因为在过去很长一段时间里，大湾区技术水平的提升主要依赖于加工贸易带来的技术引进，大力吸引外商直接投资成了各城市促进经济发展和技术水平提高的重要渠道。2015年实际利用外商直接投资数达到268.75亿美元，是截至目前引进数量最多的年份，随后有所回落，2017年仍然达到229.07亿美元（见图4－1）。但是，从长远来看，这种由FDI带来的技术溢出并不能促进大湾区的技术进步，一方面是以加工贸易为导向的低水平技术只会把各城市的技术发展限制在价值链低附加值环节，另一方面是随着劳动力数量减少，“用工荒”问题和劳动力成本上涨等问题日益浮现，要素禀赋结构对以加工贸易为

① 陈章喜：《基于环境治理的珠三角工业结构优化分析》，《暨南学报》2018年第3期。

导向的低水平技术产生了抑制作用。相关研究表明，港澳台地区的FDI带来的技术溢出对大湾区的劳动密集型技术发展有显著的促进作用，而其他地区的FDI带来的技术溢出对大湾区的劳动密集型技术发展有显著的抑制作用。[①] 珠三角不能只依赖加工贸易，必须走自主创新道路。

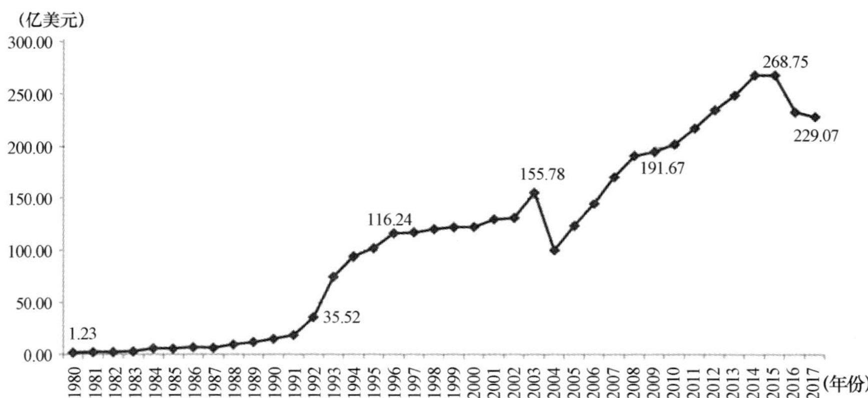

图4－1　历年广东实际利用外商直接投资数量

资料来源：《广东统计年鉴（2019）》。

目前，大湾区的创新发展能力已经显著提升：

（一）科技研发投入规模迅速扩大

自党的十八大以来，创新已经成为中国经济转型和结构调整的重要发展理念，大湾区各城市在经济转型中大力推动科技研发发展，各类研发投入经费迅速增加，为推动创新发展构筑了重要基础。2018年广东R&D经费投入达到2577.86亿元，是2010年的3.2倍，2018年R&D经费投入占全省GDP的比重达到2.65%，较2010年上升了0.91个百分点（见图4－2）。

其中，大湾区九大城市的R&D经费投入达到2226.61亿元，深圳和广州等城市的经费分别达到976.94亿元和532.41亿元，投入

① 魏巍、王林辉：《技术引进来源地对地区技术结构的影响》，《西部论坛》2018年第2期。

数量持续稳定增加，成为支撑大湾区科技研发发展的重要支柱（见图4－3）。

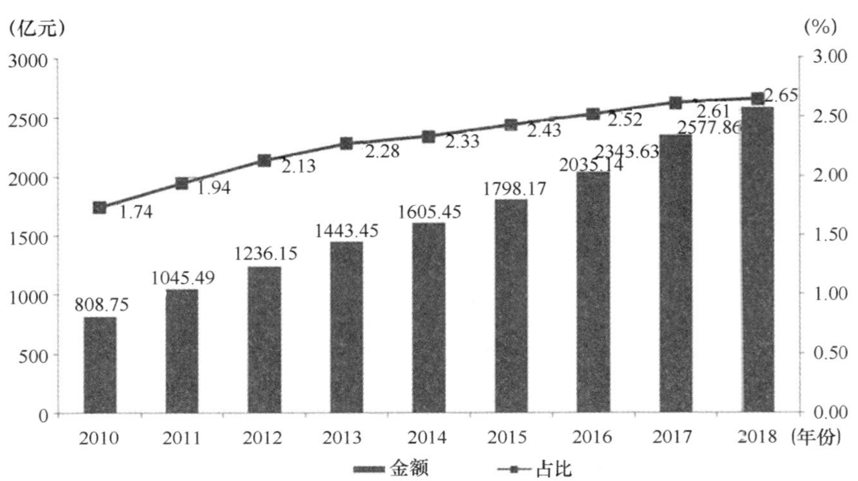

图4－2　2010—2018年广东R&D经费投入及其占全省GDP比重

资料来源：《广东统计年鉴（2019）》，广东省2019年政府工作报告。

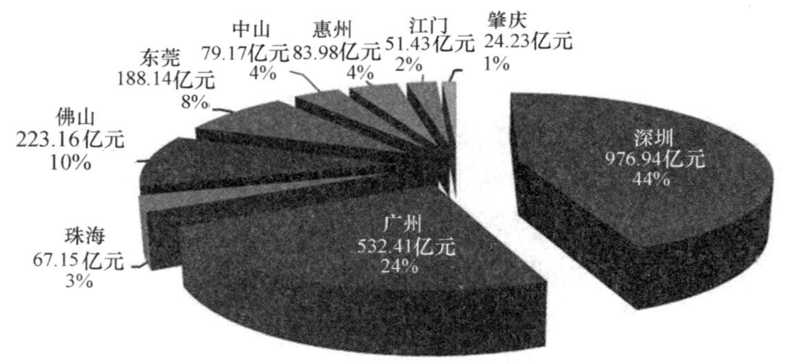

图4－3　2017年大湾区九大城市R&D经费投入及数量结构

资料来源：《广东统计年鉴（2019）》。

（二）创新成为产业发展的动力

随着各城市加快推动产业创新发展，创新驱动已经成为产业发展的内在动力，为经济转型发展夯实了基础。2018年，广东三种专利申请量和授权量分别达到793819件和478082件，分别是2010年的5.2倍和4倍，其中，发明专利的申请量和授权量分别达到216469件和53259件，分别是2010年的5.3倍和3.9倍（见表4－1）。特别是在2008年国际金融危机后，大湾区城市加快了产业转型发展步伐，创新驱动能力迅速提升。相关研究表明，创新驱动能力提升，大大提升了大湾区城市经济展的韧性，创新能力越强的城市，在金融危机过程中，发展的韧性越强。① 其中，深圳和广州的创新发展能力最强，在经济危机的冲击下，展现出更为突出的发展韧性，成为推动大湾区城市产业转型发展的重要龙头。

表4－1　2010—2018年广东三种专利申请量和授权量　单位：件

分类/年份	申请量		授权量	
	数量	其中：发明	数量	其中：发明
2010	152907	40866	119346	13691
2011	196275	52012	128415	18242
2012	229514	60448	153598	22153
2013	264265	68990	170430	20084
2014	278351	75148	179953	22276
2015	355939	103941	241176	33477
2016	505667	155581	259032	38626
2017	627819	182639	332648	45740
2018	793819	216469	478082	53259

资料来源：《广东统计年鉴（2019）》。

二　产业发展体系以战略性新兴产业为支柱

一直以来，大湾区城市积极推进产业转型升级，大力构建现代产业体系，特别是2008年国际金融危机后，在发达国家和地区开展再工业化的推动下，科技研发和新兴产业快速发展，开始出现爆发新一轮产业革命的迹象。大湾区城市紧紧把握新一轮产业革命即

① 杜志威、金利霞、刘秋华：《产业多样化、创新与经济韧性》，《热带地理》2019年第2期。

将爆发的机遇，大力发展战略性新兴产业，形成了以战略性新兴产业为支柱的产业发展体系。2018 年，广东规模以上高技术制造业产值达到 45215.71 亿元，占全省规模以上工业总产值的 32.79%①，信息化学品制造、航空航天器及设备制造、电子及通信设备制造业、电子计算机及办公设备制造业、医疗设备及仪器仪表制造业是五大核心产业。其中，电子及通信设备制造业是最大的产业，产值达 37151.89 亿元，占规模以上高技术制造业产值的 82.17%（见表 4－2）。

表 4－2　2018 年广东规模以上高技术制造业产值结构

	产业	产值（亿元）	比重（%）
01	信息化学品制造	104.73	0.23
02	航空航天器及设备制造	145.23	0.32
03	电子及通信设备制造业	37151.89	82.17
04	电子计算机及办公设备制造业	4746.93	10.50
05	医疗设备及仪器仪表制造业	1359.37	3.01
06	其他	1707.56	3.78
合计		45215.71	100.00

资料来源：《广东统计年鉴（2019）》。

近年来，随着“智能制造”“腾笼换鸟”“机器换人”等产业政策的贯彻实施，新一代移动通信、半导体照明、新能源汽车、新型显示、智能电视、软件、新材料、生物医药、智能制造装备等各种新产业不断产生，并且发展迅速，产业融合已经成为大湾区产业发展的重要趋势。部分传统产业的边界日益模糊，各种新的业态不断出现，数字经济、智能制造、工业互联网应用已经成为产业转型升级的新方向，如新一代信息技术与装备制造、汽车制造等产业链的融合，带动了智能装备制造、汽车电子等新兴市场的兴起和迅速壮大。另外，数字化、网络化技术的不断发展与创新，带动了电子信息产业链多环节的新兴业态发展，如数字家庭产业和数字内容产业、移动电子商务，

① 根据《广东统计年鉴（2019）》数据计算。

等等。2018 年，广东新能源汽车比上年增长 206.10%，碳纤维增强复合材料增长 49.40%，服务器增长 35.40%，工业机器人增长 28.30%，智能电视增长 17.00%（见图 4－4）。还有部分技术含量较高的新兴服务业，如战略性新兴服务业、高技术服务业、互联网和相关服务业、软件和信息技术服务业等也保持了快速发展态势。

另外，在互联网、大数据、人工智能发展的推动下，以网络购物、网上支付、跨境电商、在线租车、在线医疗、在线教育、数字娱乐等为代表的“互联网＋”新兴服务业态发展迅速，如限额以上餐饮企业通过公共网络实现的餐费收入比上年增长 60.3%，增幅提高 18.1 个百分点；快递业完成业务量增长 27.9%。高铁出行大幅增长，全年完成客运量增长 27.1%，占铁路客运量的比重达 67.4%。通信市场转型升级步伐加快，全年广东 4G 用户期末数占移动电话用户比重达 81.0%；移动互联网接入流量增长 162.9%。①

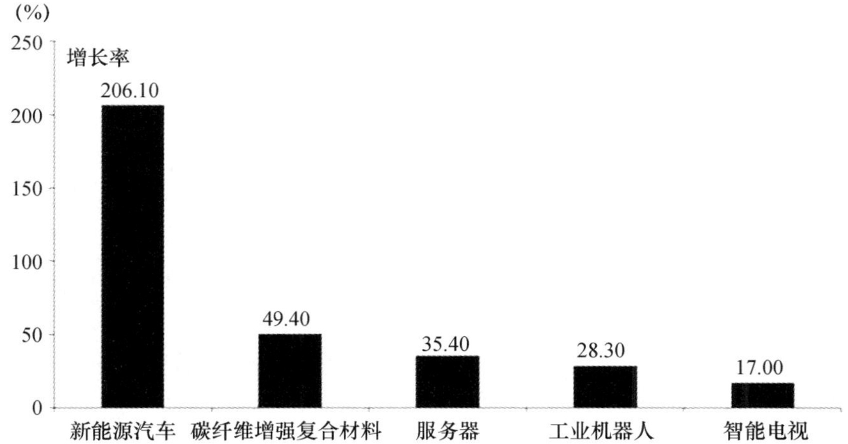

图 4－4　2018 年广东新兴产业增长速度

资料来源：广东省统计局：《2018 年广东工业经济运行情况分析》。

① 广东省统计局：《2018 年广东工业经济运行情况分析》。

三　产业发展格局向优化布局过渡

为了促进产业发展空间布局优化，大湾区大力引导产业向珠江口西岸和粤东西北地区转移，在产业价值链跨区域分布的基础上，形成产品内分工的发展格局。在过去40年的发展中，大湾区产业发展主要集中在珠江口东岸的穗莞深港发展轴线上，企业、人口、交通等资源要素的日益集聚，已经出现突出的城市病问题。大湾区迫切需要打造城市发展新增长极，培育新的城市发展引擎，缓解珠江口东岸地区的城市病问题，在增量拓展和存量优化上实现大湾区长期可持续发展。因此，推动产业向珠江口西岸和粤东西北地区转移，是实现大湾区产业高端化发展的重要选择。

《广东省国民经济和社会发展第十三个五年规划纲要》明确提出，“十三五”期间要利用中心城市领取资源要素的优势，扩大辐射范围，带动周边中小城市快速发展，加快推进珠三角地区的产业布局一体化水平。《粤港澳大湾区发展规划纲要》进一步明确，大湾区的发展要坚持极点带动、轴带支撑、辐射周边，香港、澳门、广州和深圳要继续发挥比较优势做优做强，增强对周边区域发展的辐射带动作用，珠海、佛山、惠州、东莞、中山、江门和肇庆要增强发展的协调性，强化与中心城市的互动合作。在规划的指引下，产业转移有序推进，2017 年，全省设立 87 个省级产业转移园和产业集聚地，引导了 250 多个亿元以上规模的产业项目在当地落户①，为珠江口西岸和粤东西北地区发展注入了强大动力。2016 年，深圳调研 1227 家重点企业和约 6000 家加工贸易企业外迁情况发现，以制造业为主的战略性新兴产业是外迁占比最高的行业，已经有高达 27.14% 的企业有生产线外迁行动和计划，广州、东莞、惠州以及粤东、粤北、粤西等地区是企业转移的主要目的地。② 相关研究成果表明，在过去 10 年里，受劳动力成本、土地成本、基础设施配套和环境保护等因素影响，广东制造业正进行着向外转移，珠三角地

① 向晓梅、吴伟萍：《改革开放 40 年持续性产业升级的动力机制与路径》，《南方经济》2018 年第 7 期。

② 深圳市工信局调研资料。

区的劳动密集型制造业集聚程度逐渐下降，非珠三角地区的劳动密集型制造业集聚程度逐渐上升，表明劳动密集型制造业正在向非珠三角地区转移。①

目前，大湾区的制造业集聚格局已经发生了重要变化，珠江口西岸的制造业集聚程度开始上升，佛山、广州、中山等城市在空间上形成了较为连续的集聚。根据新增企业数据，深圳的新增制造业企业数量逐年下降，佛山、中山、东莞等城市的新增制造业企业数量增加明显，表明新增制造业发展重心正逐步从过去的珠江口东岸向珠江口西岸转移。② 大湾区通过产业结构调整和空间优化，珠江口西岸和粤东西北地区承接了优质企业、技术、项目、管理等资源，推动了工业化进程，在产业价值链的基础上，通过“总部＋基地”“集成＋模块”“龙头＋配套”“孵化＋产业化”等方式，与深圳、广州等中心城市形成了上下游分工合作关系。在整体布局上，中心城市因为制造业的向外转移，为现代服务业腾出了空间，前海、南沙和横琴等现代服务业合作区快速发展，形成了大湾区的现代服务业核心区，产业服务的辐射功能得到了进一步强化。同时，中心城市的技术密集型产业没有向外转移，继续提升技术和资本的集聚程度，深圳的新一代信息技术产业、智能制造、电子设备制造、电气机械设备制造等产业，广州的新一代信息技术、人工智能、生物医药产业均呈现快速发展的态势，通过产业链的分工合作，向周边城市技术溢出，带动着周边城市发展。有研究成果表明，因为产业的合作发展，大湾区城市之间的合作关系正呈现着新的变化，广州与佛山、肇庆、江门表现为强合作关系；深圳与佛山、肇庆、江门表现为强合作关系；与中山表现为合作下的竞争关系，与珠海表现为竞争下的合作关系，与东莞、惠州表现为强竞争关系。③

---

① 曹宗平、朱勤丰：《广东省制造业集聚与转移及其影响因素》，《经济地理》2017 年第 9 期。

② 李汉青、袁文、马明清、袁武：《珠三角制造业集聚特征及基于增量的演变分析》，《地理科学进展》2018 年第 9 期。

③ 周友良、陈升、刘厚俊：《城市经济联系与城市竞合关联研究》，《科技管理研究》2018 年第 11 期。

第二节　深圳优势产业的发展与趋势

一　战略性新兴产业向产业价值链高附加值环节跃升

深圳是中国对外开放的重要窗口城市，背靠珠三角地区，吸引了国内外众多资金、技术、人才要素集聚，为战略性新兴产业营造了良好的发展环境。特别是在2008年国际金融危机后，深圳加快了创新驱动发展步伐，战略性新兴产业规模稳步扩大，成为中国重要的战略性新兴产业集聚地。

（一）产业规模不断扩大

2018年，深圳战略性新兴产业增加值达到9155.18亿元，占GDP的37.8%（见图4－5），是推动经济增长的最重要动力。其中，新一代信息技术产业增加值4772.02亿元，占52.12%；数字经济产业增加值1240.73亿元，占13.55%；高端装备制造产业增加值1065.82亿元，占11.64%；绿色低碳产业增加值990.73亿元，占10.82%；海洋经济产业增加值421.69亿元，占4.61%；新材料产业增加值365.61亿元，占3.99%；生物医药产业增加值298.58亿元，占3.26%（见表4－3）。

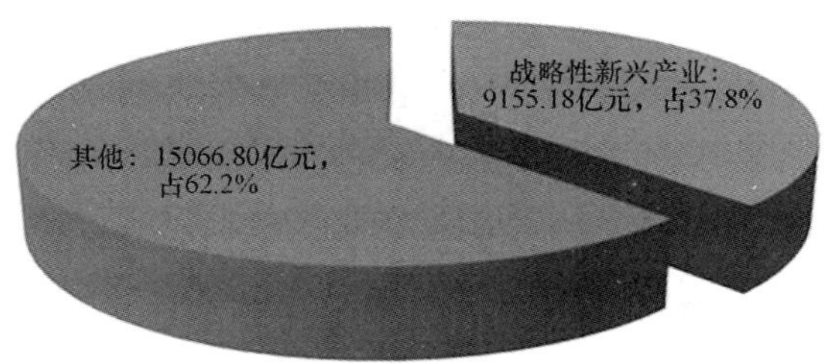

图4－5　2018年深圳GDP及战略性新兴产业增加值比重

资料来源：2018年深圳统计公报。

表 4－3　　2018 年深圳战略性新兴产业的行业结构及增加值

	行业	增加（亿元）	比重（%）
01	新一代信息技术	4772.02	52.12
02	数字经济	1240.73	13.55
03	高端装备制造	1065.82	11.64
04	绿色低碳	990.73	10.82
05	海洋经济	421.69	4.61
06	新材料	365.61	3.99
07	生物医药	298.58	3.26
合计	战略性新兴产业	9155.18	100%

资料来源：2018 年深圳统计公报。

近年来，随着产业规模的扩大，一批具有市场竞争力的企业不断涌现。2018 年，深圳新增国家高新技术企业超过 3000 家，累计超过 1.4 万家。拥有华为、腾讯等世界 500 强企业，比亚迪、创维、研祥等中国 500 强企业，及以大疆、优必选、云天励飞等众多创新型企业为代表的雁阵型企业梯队。其中，华为 2019 年上半年实现销售收入 4013 亿元，同比增长 23.2%；腾讯 2019 年上半年营收 1743 亿元，同比增长 18%；平安科技等平台型企业不断成长，影响力日渐提升。

特别是在改革开放和“一带一路”倡议的推动下，华为、中兴、光启、中集、大疆等企业凭借高质量的技术产品和高水平的管理服务，不断“走出去”，在跨国经营大项目、国际并购、新兴市场和新兴产业的竞争中，屡屡抢得先机，投资不断向价值链高端延伸，并且在境外投资设立研发机构，提高了深圳品牌的国际影响力。如华为在国际通信市场竞争中不断拓展，实现了从“跟跑”“并跑”向“领跑”的华丽转变，多年来，积极布局海外技术研发和建设，逐渐占据了全球产业价值链的高端，成为民营企业海外投资的领头羊；光启积极探索融入世界产业链，2016 年投资 3 亿美元在特拉维夫设立光启全球创新共同体基金与孵化器，成为中国科技企业在以色列设立的首个科技基金及孵化器，2017 年在以色列特拉维夫设立国际创新总部，向英国吉洛集团投资 3000 万美元，致力于发动机创新技术研发及制造，共同研发与提升未来空间技术，加快相关技术与产品的商业化与产业化；中兴通讯在日本东京设立研发中心；柔宇科技也在硅谷开设研发中心。在“走出去”过程中，深圳企业的国际科技合作投入显著增长，合作能力显著提高，科技合作支撑和引导企业“走出去”初见成效。

（二）产业创新能力不断提升

近年来，深圳不断加大科技研发投入，战略性新兴产业科技研发能力发生了重要转变，产业创新能力有了较大飞跃。2018 年，深圳 R&D 研发经费支出超过 1000 亿元，是 2009 年的 3.9 倍，占 GDP 比重超过 4.4%，较 2009 年增加了约 1.1 个百分点（见图 4－6）。

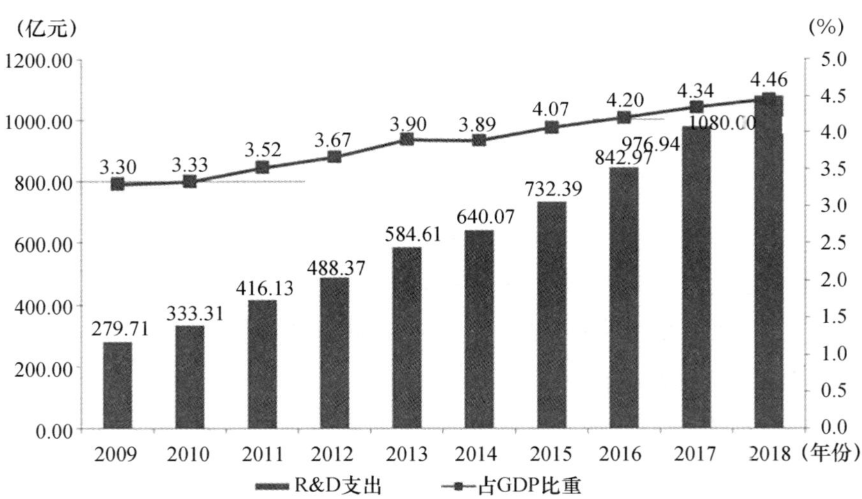

图 4－6　历年深圳 R&D 经费支出及其占 GDP 比重

资料来源：《深圳统计年鉴（2018）》，2018 年深圳统计公报。

各类创新成果密集涌现。2018 年，深圳专利申请量 22.86 万件，授权量 14.02 万件，同比增长 29.1% 和 48.8%，继续保持着较高的增长速度（见表 4－4），PCT 国际专利申请量 1.8 万件，连续15年位居全国大中城市第一。深圳高校、科研机构及企业主持或参与的10多个项目获得2018年国家科技奖，大疆灵眸口袋云台相机获得2019北京国际广播电影电视展览会年度产品奖；海思半导体开发全球款5G SoC芯片麒麟990，在工艺制程、AI性能及5G能力方面全球领先。

表4-4 历年深圳专利申请量与授权量 单位：件

年份＼分类	申请量		授权量	
	数量	其中：发明专利数量	数量	其中：发明专利数量
2009	42279	20520	25894	8132
2010	49430	23956	34951	9615
2011	63522	28823	39363	11826
2012	73130	31075	48662	13068
2013	80657	32208	49756	10987
2014	82254	31077	53687	12040
2015	105481	40028	72120	16957
2016	145294	56336	75043	17666
2017	177103	60258	94250	18926
2018	228600	70000	140200	21300

资料来源：《深圳统计年鉴（2018）》，2018年深圳统计公报。

通过构筑一系列创新载体和服务平台，吸引了大量创新人才集聚。2018年新增国家、省、市级重点实验室、工程研究中心、企业技术中心等各类创新载体189家，累计建成创新载体2190家；已组建9个诺贝尔奖科学家实验室和13家基础研究机构；深圳国家基因库（二期）、未来网络试验设施、合成生物、材料基因组等重大科技基础设施规划建设紧张有序推动，鹏城实验室和深圳湾实验室建设加快推进，“深圳智能网联交通测试示范区”正式启用。在各类创新载体和服务平台的支持下，2018年新引进人才28.5万名，新增全职院士 12 名，新认定高层次人才 2678 名，进一步夯实了深圳战略性新兴产业创新发展的基础。

（三）产业核心竞争力有待增强

深圳战略性新兴产业仍然面临着一系列的问题。

一是新旧动能转换面临压力。深圳目前正处在新旧动能接续转换的过程中，由于制造业企业陆续外迁，传统动能对经济增长产生的作用正持续减弱，新兴产业虽然呈现快速发展的态势，但动能释放不平稳，对经济增长产生的作用仍然有限，新能源汽车、无人机产业目前面临快速增长瓶颈，人工智能等尚未形成产业集群。

二是基础研发实力不足。虽然深圳整体研发规模在国内大中城市中排名靠前，但是，由于基础研发投入不足、重大科技创新载体缺乏、高端顶尖人才紧缺等多方面原因，深圳的基础研发实力整体偏弱。深圳的高校、科研机构整体实力与北京、上海、广州还有较大差距，企业主要研发投入都集中在产业价值链下游环节的产品创新上，对产业价值链前端的应用基础研发投入严重不足。

三是核心环节受制于人。深圳的重点行业关键领域和核心技术仍有待突破，关键基础材料、核心基础零部件（元器件）、先进基础工艺和产业技术基础等多个领域仍依赖于进口，受制于人。通信行中，深圳市华为和中兴分别为世界第一大和第四大通信设备商，且分别占据了 PCT 国际专利申请人第一名和第二名的位置，但是 DSP、FPGA、射频等高技术芯片仍然依赖于进口。新型显示行业，尽管已形成相对完整的平板显示产业链，部分上游产业拥有比较成熟的生产技术和生产能力，但偏光片、高世代大尺寸玻璃基板等仍依赖进口。激光制造行业，大族激光是深圳市本土成长的先进装备制造企业代表，在国内市场占据较大份额，但其核心光源控制芯片等仍只能依靠进口。在中美贸易冲突日益加剧的当前，核心环节受制于人等于脖子被掐在别人手上，成为经济发展的一大忧患。

（四）聚焦全球科技前沿，建设综合性国家科学中心

在党的十九大后，深圳深入贯彻落实产业高质量发展的方向，

特别是在习近平总书记视察广东讲话后，深圳市委六届十一次全会提出，深圳要大力发展新一代信息技术、高端装备制造、绿色低碳、生物医药、数字经济、新材料、海洋经济等战略性新兴产业，打造新兴产业发展高地，朝着建设中国特色社会主义先行示范区的方向前行，努力创建社会主义现代化强国的城市范例。《中共中央国务院关于支持深圳建设中国特色社会主义先行示范区的意见》对深圳发展战略性新兴产业提出了更高要求，要在未来通信高端器件、高性能医疗器械等领域创建制造业创新中心。因此，根据相关规划与政策要求，深圳推动战略性新兴产业发展主要有以下几方面。

1. 加快建设具有全球竞争力的战略性新兴产业集群

围绕七大战略性新兴产业，瞄准集成电路、人工智能、5G移动通信等重点领域及柔性电子、石墨烯等前沿领域，研究和出台支持战略性新兴产业持续发展的规划与政策，促进产业向世界科技前沿领域集聚发展（见表4－5）。聚焦战略性新兴产业重点领域和龙头骨干企业共性需求，探索创新项目组织实施机制，针对产业链缺失、薄弱和关键环节，积极谋划培育和引进一批重大产业项目，突破“卡脖子”核心技术。

2. 加快建设一批科技创新平台载体

贯彻落实《粤港澳大湾区发展规划纲要》，以建设光明科学城为核心，积极引进国家级实验室和基础研究机构、诺贝尔奖科学家实验室，推进重大科技基础设施集群建设，增强基础研究能力，为粤港澳大湾区打造国际科技创新中心提供支持。并且进一步密切科技基础设施和产业发展的联系，加大基础研究支持力度，加强创新载体对战略性新兴产业的支撑作用。

3. 着力降低制造业企业生产经营成本

重点探索产业用地使用方式创新路径，降低企业初始用地成本，完善最低工资标准调整机制，落实国家降低企业社保缴费比例要求，降低企业人工成本。加大信贷资金对制造业企业的支持力度，降低融资中间费用，减少企业的融资成本。

表 4－5　　深圳战略性新兴产业发展方向与关键领域

	行业及关键领域	发展内容
1	新一代信息技术	以产业跨界融合和智能化发展为主攻方向，建设全球领先的电子信息产业基地。实施集成电路产业跨越发展工程，完善涵盖设计、封装测试、晶圆制造、产业配套等全产业链，打造集成电路集聚发展高地。抢抓人工智能发展先机，加快计算机视听觉、新型人机交互等应用技术产业化，建设全球领先的人工智能产业示范区。抢抓第五代移动通信（5G）发展的窗口期，推进核心技术、标准以及关键产品研制，加大应用推广力度，打造5G产业发展引领区
	集成电路	以应用为牵引，依托深圳集成电路设计和集成优势，大力发展物联网、智能终端、汽车电子等领域专业芯片，提升装备材料、先进封装测试等配套服务能力，加快布局第三代半导体产业，构建协同联动的产业生态系统，支撑深圳市新一代信息技术产业优化升级
	人工智能	发挥深圳人工智能硬件终端制造、用户数据资源储备、应用模式创新等比较优势，加快突破芯片、算法等人工智能核心基础，发展智能家居、图像识别等人工智能产品，推动人工智能特色应用示范，促进技术攻关、产品应用和产业培育“三位一体”发展，建设全球领先的人工智能产业高地
	#5G移动通信	抢抓5G发展的窗口机遇，支持龙头企业推进核心技术、标准以及关键产品研制，建设5G试验网络，开展典型场景应用，打造5G产业集聚区，持续巩固深圳在全球通信行业的引领地位
	#新型显示	夯实高世代大尺寸面板制造基地优势，加快突破柔性显示、激光显示、3D显示、超高清显示核心关键技术，推动新型显示技术在消费类电子产品领域的广泛应用，依托行业龙头企业促进资源集聚，构建配套便捷、产业链完整的支撑体系，推动新型显示产业发展成为深圳市电子信息产业新的增长极

续表

	行业及关键领域	发展内容
1	#物联网	顺应万物互联发展新趋势和新要求，加速构建基于第六版互联网协议（IPv6）、5G、大数据、云计算等新一代信息技术的物联网商用网络，建立行业标准，强化政府引导，瞄准带动性强、关联度高的重点领域，大力推进物联网典型示范应用，形成产业链上下游联动、协调可持续的良好发展格局
	#智能网联汽车	明确技术发展路线，构建跨产业协同创新机制，加大环境感知、智能决策、协同控制等核心关键技术攻关，建立完善的智能网联汽车自主研发、检测验证、示范应用与生产配套等体系，建设智能网联汽车应用示范区
	#柔性电子	面向可穿戴设备应用需求，开发柔性电子关键材料，攻关核心工艺技术，开发柔性传感器、电子皮肤、柔性电池等柔性器件，推动柔性电子产品示范应用，抢占下一代电子信息制造业制高点
2	高端装备制造	以支撑和引领产业转型升级为重要方向，加强自主研发、设计、制造及系统集成能力，着力提升核心竞争力。加快突破减速器、高性能伺服电机等核心零部件以及传感器、控制系统等核心产品，大力培育发展工业母机、智能机床、先进成型装备、增材制造设备、机器人、可穿戴设备等，提升精密制造技术和装备产品、智能电子制造成套设备、智能检测与装配装备等水平。加快发展无人机、航空电子元器件、微小卫星、通信卫星、卫星导航等航空航天装备和产品
	#增材制造	加快建设3D打印制造业创新中心，面向生物医疗、电子制造、航空航天、汽车、文化创意等领域重大需求，形成覆盖产品设计、材料、关键部件、装备及应用等环节的完整产业链，有力支撑高端制造和精密制造
	#智能装备	持续推进新一代信息技术与制造业深度融合，聚焦机器人、可穿戴设备、航空航天装备等领域，攻关先进感知与测量、高精度运动控制等产业关键共性技术，鼓励智能制造技术、工艺及产品在制造业领域的深入应用，打造智能制造示范区，引导制造企业向现代制造服务企业转型

续表

	行业及关键领域	发展内容
3	绿色低碳	以绿色低碳技术创新和应用为重点，加快推进绿色低碳产业体系建设。积极发展新能源汽车、先进核电、可再生能源、高效储能、智能电网及智慧能源等领域，推动产业向价值链高端发展。加强节能关键技术攻关，提升节能设备及其关键零部件开发能力，加快节能技术系统集成。支持先进适用环保技术装备研发和产业化，推动在生态建设和治理等领域的应用示范。发展汽车零部件、办公耗材、家用电器等再制造技术，促进废弃物资源综合利用
	#节能环保	在电机、半导体照明、家电、环境治理等优势领域，持续提升节能环保装备技术水平，推进节能环保装备产业化，开展节能环保技术系统集成及示范应用，强化节能环保技术支持和服务体系建设，打造节能环保产业基地和创新中心
	#氢燃料电池	围绕航天、飞机、汽车、军工等应用领域，开展氢燃料电池关键材料、电堆制造、系统集成、动力总成、测试诊断等关键技术攻关，以氢燃料电动汽车示范应用为突破口，加快完善产业链条，持续培育发展氢能经济
4	生物医药	打造全球知名生物医药产业基地。紧扣生命科学纵深发展、生物技术与信息技术融合的主题，提升生物医药、生物医学工程等优势领域发展水平，创新发展精准医疗、数字生命等前沿交叉领域，打造世界领先的生命经济高地
	#精准医疗	落实“健康中国”战略，针对精准医疗发展和应用的源头性和关键性问题，开展科技原始创新，实现基因检测和个体化治疗技术领域重大突破，建设国际一流的精准诊疗平台和临床转化体系，搭建生命健康大数据平台，发起组织生命健康“大科学计划”，打造国际领先的精准医疗示范区
5	数字经济	深圳市数字经济产业重点领域有云计算、大数据、电子商务、金融科技、共享经济、人工智能共性技术研发及产业化等
	#金融科技	加快设立金融科技研究机构，突破数字货币钱包、智能合约验证及管理、金融大数据智能分析等关键技术，围绕区块链、智慧金融、金融风险管理等重点方向，加强金融科技创新应用，积极探索新技术应用场景，建设世界领先的金融科技中心

续表

	行业及关键领域	发展内容
6	新材料	以战略性新兴产业和重大装备、重大工程建设需求为导向，强化协同创新，突破重点领域关键材料制备技术，加强前沿材料战略布局，提升新材料产业化应用水平。大力发展显示材料、先进照明材料、关键微电子材料等电子信息材料，推进融入高端制造供应链。强化高性能储能、新型太阳能、先进节能环保等材料技术创新能力，全面推进绿色低碳材料快速发展。加快推进生物医学材料临床应用，加强生物基材料研发及推广。发展高分子材料、高性能功能陶瓷和硬质合金等结构材料和功能材料，前瞻布局石墨烯、新型二维材料、微纳米材料、超硬材料等新兴领域，构建日趋完善的新材料基础支撑体系
	#石墨烯	坚持以应用为导向，建设高水平创新平台，重点发展石墨烯在电子信息、新能源等领域的应用技术，开展终端应用产品示范推广，推动石墨烯快速发展
	#微纳米材料与器件	加强基础研究与应用研究衔接，提高微纳米自主创新能力，大力发展微纳米材料与器件，加快规模产业化，带动和支撑信息、材料、能源、制造等相关产业向更高水平迈进
7	海洋经济	建设全球海洋经济发展高地。坚持创新引领、陆海统筹，进一步增强深圳海洋经济综合实力，提升海洋科技创新能力，加快建设具有国际吸引力、竞争力、影响力的全球海洋中心城市。大力发展海洋卫星导航、通信、深海观测和生态监测等海洋电子信息领域。支持海洋生物产业创新发展，延伸和拓展远洋渔业产业链。开展海洋新能源应用技术研究，加快推进海上风电、潮汐能等海洋新能源产业化进程。推进建设深圳市智能海洋工程制造业创新中心，提升新型海工装备与特种船舶、高附加值钻井平台、深海探测设备和海洋环保装备等海洋高端装备发展水平，拓展邮轮游艇上下游产业链。积极构建以航运金融、船舶保险为代表的现代航运服务体系，协同周边打造世界级港口群。开展海水淡化、天然气水合物、深海矿产、海藻生物质能等前瞻领域研究

资料来源：根据深圳市政府网站（http://www.sz.gov.cn/cn/zjsz/fwts_1_3/zdcy/zlxxcy/）资料整理。

二　金融业

金融是深圳的优势产业，经过40年的发展，深圳金融业形成了以银行、证券、保险、基金为主体，其他多种类型金融机构并存，结构合理，功能完备的现代金融体系，影响力逐渐由珠三角辐射到全国，为深圳市建设金融中心打下了扎实的基础。特别是在2008年国际金融危机后的十年里，面对严峻复杂的内外部形势，深圳在市委、市政府的正确领导下，深入贯彻党的十九大、中央经济工作会议、全国金融工作会议精神和习近平总书记系列讲话精神，坚持稳中求进工作总基调，坚持新发展理念，坚持防风险、促发展并重，努力营造良好环境，为金融业健康发展提供服务支撑，综合实力和竞争力已经位居全国前列。

（一）金融发展规模不断扩大

在过去的十年里，金融业稳步发展，保持着较高的增长速度，是推动深圳经济发展的重要支柱产业。2018年，金融业增加值达到3067.21亿元，较2010年增加了1750.14亿元，是2010年的2.3倍，占GDP的比重为12.6%，始终保持着较高的比重（见图4－7）。2018年，深圳新引进分行级以上持牌金融机构26家，其中法人持牌金融机构8家，截至12月末，全市共有持牌金融机构总数465家，其中法人金融机构196家。从全国范围内来看，深圳金融业增加值位居第三位，仅次于北京和上海（见表4－6），拥有较大规模的总资产、金融从业人员数量，接近国际先进金融中心发展水平。

表4－6　2018年深圳、北京、上海、广州金融业发展比较

	增加值（亿元）	增速（%）	占GDP比重（%）
深圳	3067.21	3.6	12.6
北京	5084.60	7.2	16.8
上海	5781.63	5.7	17.7
广州	2079.46	6.4	9.1

资料来源：《广东统计年鉴（2019）》，2018年深圳统计公报，2018年北京统计公报，2018年上海统计公报。

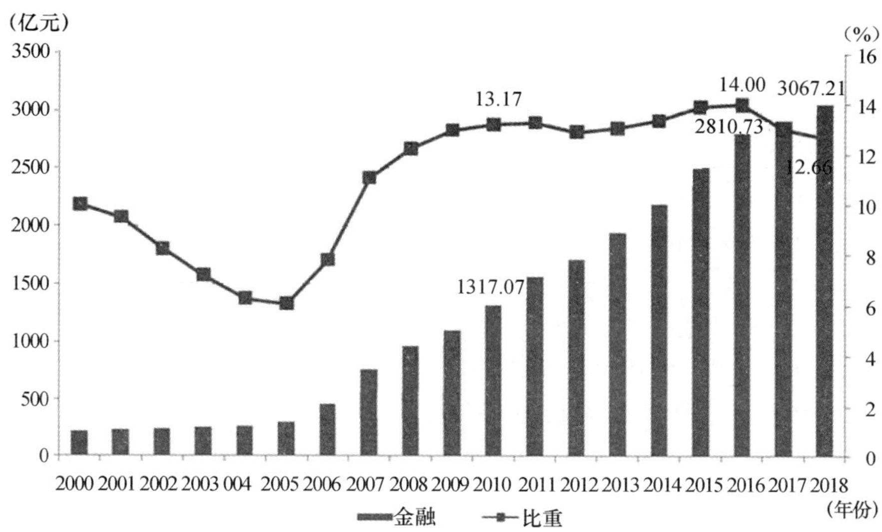

图 4－7　2010—2018 年深圳金融业增加值及其占 GDP 比重

资料来源：《深圳统计年鉴（**2018**）》，**2018** 年深圳统计公报。

税收贡献能力不断提高。2018 年，金融业实现税收（不含海关代征和证券交易印花税）1314.8 亿元，同比增长 17.5%，占全市总税收的 22.4%，较 2013 年增加了 3.7 个百分点，金融业对全市税收的贡献超过制造业（20.30%），成为全市纳税第一的产业。

多层次资本市场体系建设取得突破性发展。2004 年，中小企业板市场启动；2006 年，OTC（非上市公司股份报价转让系统）市场启动；2009 年，创业板市场启动。深圳逐步构建起了以主板市场、中小企业板市场、创业板市场和 OTC 市场为核心的多层次资本市场架构。

对实体经济支持能力不断增强。深圳上市公司数量由 2003 年的 76 家，上升到 2018 年的 285 家，其中主板 80 家、中小板 116 家、创业板 89 家，上市公司总市值 4.60 万亿元，排名全国第二位，仅次于北京；新三板挂牌公司 642 家，占全国的 6.01%，其中创新层 50 家。2018 年全年，深圳辖区新三板挂牌公司交易成交额 74 亿元，仅次于北京、上海，其中创新层挂牌公司交易成交额 44 亿元，仅次于北京。2018 年末，全市银行业小微企业贷款余额 9439.35 亿元，同比增速16.08%，比各项贷款增速高2.38个百分点；小微企业不良贷款67.94亿元，比年初减少8.5亿元，不良率（0.72%）比年初下降0.22个百分点，达到“两增两控”[①]新要求。

其中：

（1）银行业信贷规模效益全国领先。2018年末，深圳银行业资产余额8.02万亿元，同比下降4.37%。全市银行业本外币各项存款余额5.58万亿元，同比增长1.36%；本外币各项贷款余额5.33万亿元，同比增长13.70%。2018年全年，深圳银行业实现净利润1212.10亿元，同比增长5.74%。

（2）证券业规模效益全国领先。截至2018年底，深圳22家证券公司总资产14601.58亿元，净资产3962.40亿元，净资本3216.35亿元，均居全国第二位，仅次于上海。实现营业收入548.58亿元、净利润186.85亿元，位列全国第一，但分别同比下降9.80%和18.23%。

（3）保险业规模效益全国领先。截至2018年12月末，深圳市场共有保险法人机构27家，较去年增加2家，法人机构数量位居全国大中城市第三，法人机构总资产位居全国第二。全市实现原保险保费收入1191.51亿元，同比增长15.71%，超过年初预估值（15%），但增速不及去年全年（23.41%）。其中，财产险保费380.35亿元，同比增长23.35%；人身险保费811.16亿元，同比增长12.44%。与全国对比来看，保费增速较全国平均水平（3.92%）高11.79个百分点。

（二）金融集聚功能不断增强，辐射带动能力不断提升

1. 资源集聚能力增强

近十年来，为了吸引优质金融资源集聚，深圳努力加强金融生态建设，无论是在硬件还是软件方面，都为金融资源集聚创造了良好的环境。一是大力推进金融集聚区建设，有序推进福田中央商务区、罗湖蔡屋围和南山前—后海三大金融总部集聚区的规划建设，完

① “两增”指单户授信总额1000万元以下（含）小微企业贷款同比增速不低于各项贷款同比增速，贷款户数不低于上年同期水平；“两控”指合理控制小微企业贷款资产质量水平和贷款综合成本。

成了招商银行深圳分行大厦、中信银行大厦、国信证券大厦、招商证券大厦、中国资本市场学院等一批金融业重点项目建设；二是出台优化吸引金融资源集聚的政策措施，推动前海金融改革试验区发展，相继在财税、办公、土地等方面给出了极具吸引力的条件，着力为前海金融集聚发展创造更有利的环境。

2. 辐射带动影响提升

经过多年的发展，深圳集聚了一批金融总部企业，在形成金融集聚发展的同时，也为周边地区的产业发展提供服务支持，形成了较强的辐射带动作用，如招商银行、平安银行等商业银行在全国经济发展中产生越来越大的影响力，本地法人证券公司总资产在全国排名第一，国信证券、南方基金管理公司、博时基金管理公司、中国国际期货经纪公司等一批法人证券类机构实力排名行业前列；本地法人保险公司资产规模在国内位居前列。

特别是在资金方面，深圳已经成为珠三角地区发展的重要资金来源地。2018 年，深圳银行贷款中有近 40% 的资金投向珠三角地区及内地城市；货币市场上，深圳金融机构已成为资金的净拆出方；资本市场上，以深交所为核心的资本市场规模，十年间几乎翻了几番，2018 年深交所上市公司数量超过了 2000 家，大量来自全国的企业在深圳筹集资金。

3. 全球金融中心凸显

在国内，根据 2018 年发布的《第十期中国金融中心指数》报告，深圳金融业发展迅速，区域影响力不断提高，全国性金融中心地位日益巩固，金融中心综合竞争力位居全国第三，仅次于上海和北京。在国际上，在 2019 年 9 月英国智库 Z/yen 集团发布的第 26 期“全球金融中心指数”排名中，深圳由上期的第 12 位上升至第 9 位，在国内城市中仅次于香港（第 3 位）、上海（第 5 位）和北京（第 7 位）。截至 2019 年，中国内地城市入选该评价榜单的城市依旧只有上海、北京和深圳这三个城市，深圳金融中心综合实力继续保持前列。

（三）深圳金融业面临的问题

一是金融市场规模体量仍显不足。从国际看，深圳对标全球知名金融中心还存在较大差距，如金融业增加值仅相当于纽约的1/6、伦敦的1/2，金融衍生品市场尚处于起步阶段，国际市场对深圳金融业的认知度有待提高。从国内看，相较北京作为金融监管决策中心和金融机构总部集聚地，上海建设国际金融中心是国家战略，深圳在中国金融发展全局中的定位尚不明晰，发展水平存在差距。例如，北京金融业总资产超130万亿元，约是深圳市的10倍；上海持牌金融机构近1500家，是深圳市3倍多。特别是除深交所外，深圳缺少债券、期货、黄金、外汇、保险等重点领域的国家级交易平台，金融市场价格发现和避险功能缺失。

二是金融支持创新发展有待增强。深圳是国家自主创新示范区，拥有高新技术企业超1万家，PCT国际专利申请量连续14年居各城市首位。近年来，深圳市大力促进科技与金融深度融合，但仍存在不足：传统银行重抵押等授信理念，与科技创新型企业轻资产、技术专用性强、评估难度大等特点不适应，普遍缺乏相应技术手段、风险分担机制及跨领域的综合型人才；2017年全市高新技术企业贷款余额3360.5亿元，占信贷总量比例不足8%；中小企业融资成本居高不下，普遍高于基准利率5—10个百分点。此外，深圳市科技保险、上市培育、信用再担保、引导基金等职能分散在多个部门，缺乏政策合力，支持科技研发转化的配套体系还不健全。

三是金融人才队伍建设还待加强。初步统计，深圳金融人才总量约相当于伦敦1/3、纽约1/4、上海和北京的一半左右，特别是高级复合型金融人才、具有国际视野的境外高端人才、领军型金融企业家、顶尖经济学家等较为紧缺，与深圳建设国际化金融创新中心的战略目标不匹配。与京沪等地较早出台金融人才专项政策、设立“金融发展服务中心”等专门载体相比，深圳市尚未建立统一的金融人才归口管理和服务制度，政策力度相对有限，对高端金融人才吸引力不足，也缺乏全市金融人才数据库等平台抓手。此外，深圳市金融人才深造、生活、就业等配套环境，如金融院所、高端智库、博士后工作站、品牌财经媒体、金融实训基地等相对不足，人才交流平台缺乏，影响金融人才的整体素质。

四是地方金融治理需持续改进。当前，新兴金融领域风险有所暴露，且呈现线上线下交织、多领域交叉渗透、跨区域关联转移等新特征，风险防控形势严峻。根据市委市政府部署，深圳挂牌成立“市金融监管局”，落实统一归口管理职责。但当前市区两级金融工作部门在编干部仅 70 余人，相较 20 余万家监管对象，人员力量仍严重不足，“小马拉大车”。同时，新兴金融的风险特征客观要求监管重心下移、关口前移，而各区（新区）金融工作机构建设严重滞后，大多由 1—2 人兼职金融工作，人员编制、经费保障、干部金融专业素质和经验十分欠缺，不利于构建条块结合、无缝衔接、高效运转的区域金融风险防范体系。

五是金融国际化水平严重不足。国际性金融机构少，全市仅 5 家外资法人银行，不足上海的 1/5，北京的 1/2。具有全球较高知名度的本土金融机构不多，世界 500 强金融机构仅 2 家，少于纽约 11 家、伦敦 7 家、北京 11 家。大型多边国际金融组织、全国性的金融协会及联通国际市场的基础平台缺失，具有国际影响力的高端金融论坛缺乏，海外高层次金融人才规模有限。此外，缺乏全局性的金融空间布局规划，各区金融发展定位不清晰，金融资源在原特区内外的分布差距较大，没有形成诸如纽约华尔街、伦敦金融城、北京金融街、上海陆家嘴等核心集聚区品牌。

（四）大力推进金融高质量发展

推进金融高质量发展是深圳深入贯彻落实党的十九大报告精神的重要举措，也是未来重要的发展方向。深圳市委六届十一次全会明确强调，深圳要提升金融中心集聚辐射功能，为科技创新和实体经济的发展提供支持。从粤港澳大湾区的未来发展来看，《粤港澳大湾区发展规划纲要》明确提到，深圳要发展以深圳证券交易所为核心的资本市场，加快推进金融开放创新，支持深圳建设保险创新发展试验区，推进深港金融市场互联互通和深澳特色金融合作，开放科技金融试点，加强金融科技载体建设。特别是在建设社会主义现代化强国的城市范例，落实先行示范的框架下，深圳金融的发展更要走在全国前列。《中共中央国务院关于支持深圳建设中国特色社会主义先行示范区的意见》要求深圳促进与港澳金融市场互联互通和金融（基金）产品互认，在推进人民币国际化上先行先试，探索创新跨境金融监管，以更高的视野、更宽的格局推进高质量发展，为全国各地提供示范和经验。

1. 进一步提升金融服务实体经济的能力

深圳要围绕科技金融、绿色金融、黄金金融和供应链金融等重点产业的发展，进一步完善专项支持政策，发挥政策导向作用，引导金融机构集聚发展，优化金融服务流程与服务环境，引导金融更好地服务实体经济。一是重点关注降低中小微企业融资成本环节，要研究出台相关政策和方案，进一步发挥各类创新创业金融服务平台的作用，缓解中小微企业流动性融资难题；二是要进一步完善金融产业政策支持体系，研究出台强化重点领域金融支持、优化金融环境的相关政策，确保各项金融优惠政策落实到位；三是要推进多层次资本市场体系建设。着眼创业投资、募资渠道、产业空间、投资监管、市场环境等多个层面，制定出台相关政策，推进多层次资本市场建设，促进科技创新成果转化，助推深圳国际化创新型城市建设。

2. 深化金融领域的开放与合作

重点落实《粤港澳大湾区发展规划纲要》和《中共中央国务院关于支持深圳建设中国特色社会主义先行示范区的意见》关于深圳推进金融创新发展的要求，加快金融领域开放力度，深化跨境金融创新。继续谋划研究深港、深澳金融合作中长期规划，推动三地金融合作早日形成长效机制，协调推动落实《粤港澳大湾区发展规划纲要》关于深港和深澳关于金融合作的相关要求，密切协调香港金管局、澳门金管局等机构合作，落实深港两地在金融科技等方面的协作交流与具体合作项目，进一步推动深港澳金融合作形成常态化机制，促进深圳金融持续健康发展。

三　传统优势产业

（一）黄金珠宝产业

黄金珠宝行业是深圳时尚产业的标志性代表产业之一，已经在国内外形成了具有巨大影响力和凝聚力的产业集群，在中国仍然处于绝对领先的龙头地位。

深圳珠宝首饰业起步于20世纪80年代，代加工业务让深圳珠宝企业赚到了第一桶金。1990年深圳市黄金珠宝首饰行业协会正式成立，此后，大量民营企业异军突起，并在罗湖水贝形成了集聚。如今的水贝街头，集合了14个珠宝国际交易中心，1500多家黄金珠宝个体户商店。产业环节从黄金、铂金到钻石、翡翠，从镶嵌、焊接到设计、展示，从批发到零售，从检测到认证，一应俱全，构成完整产业链，产生了大量国内知名珠宝品牌，如“中国铂金第一家”宝福珠宝、“中国黄金制造第一家”百泰首饰、“中国K金第一家”甘露珠宝、“中华第一钻”缘与美珠宝等。据统计，深圳现有黄金珠宝企业3000多家，从业人员20余万人，2016年行业制造加工总值约1500亿元。全年黄金、铂金制造加工量占全国实物黄金交易量的90%；制造珠宝首饰成品钻的用量占全国成品钻石一般贸易进口量的90%。深圳已经成为中国珠宝首饰制造交易中心和物料采购中心以及信息交流中心。

在国际舞台上，深圳珠宝品牌已陆续亮相瑞士巴塞尔国际钟表珠宝展览会、意大利维琴察珠宝展、美国拉斯维加斯JCK珠宝展等全球性大型珠宝展会。深圳国际珠宝展已跻身国际八大专业珠宝展览会之列。

（二）服装产业

经过30多年的发展，深圳服装行业实现了从原来的出口到自主品牌，从单一的出口加工向出口和内需两个市场双向并进，从服装的制造业向服装时尚创意产业、文化创意产品发展的转变。目前，深圳已发展成为国内原创品牌最集中、产业配套最完善、规模集群效应最显著的时装产业基地之一，全行业经济总量名列全国大中城市前茅。

据统计，深圳现有2500多家服装企业，30万从业人员，服装品牌800多个，2016年销售额超2000亿元，出口近百亿美元。在中国重点城市的一线商场占有率超过60%，涌现出玛丝菲尔、影儿、歌力思、马天奴、娜尔思、珂莱蒂尔、粉蓝衣橱、卡尔丹顿、梵思诺等一大批全国知名品牌，并在国际时尚舞台崭露头角。

其中，深圳女装在中国处于绝对领先的龙头地位。深圳女装品牌有大众奢侈品品牌雏形“玛丝菲尔”，首家中高端女装“珂莱蒂尔”，智本家与资本的统一“歌力思”，坚持生态品牌观的“天意”，塑造美好女人一生的“淑女屋”等。在产业转型升级的推动下，深圳女装品牌开始了结构调整，众多女装品牌开始进军全国开店办厂，实现深圳设总部，内地办生产基地，销售加盟连锁网络化。

对于服装产业，深圳鼓励企业“以设计为灵魂，以品牌为生命，以市场为导向”，开拓海外市场，扩大对外出口，积极推动企业自创品牌和名牌产品。经过多年发展，深圳服装产业逐渐开始登上国际大舞台。

（三）钟表产业

钟表产业是深圳重要的时尚产业。30 多年来，深圳钟表业的发展经过了多轮调整和转型，从来料加工到专业化制造，到应用高新技术和先进制造进行技术改造提升，再到创建自主品牌和智能穿戴产品兴起，实现了从深圳制造到深圳创造的转型。目前，深圳钟表业拥有了比较完整的产业链。在基础零部件和外观设计上占有优势，已经发展成为全球最大的钟表业生产和产品配套基地，产量已占到全球 40% 以上，是中国的“钟表之都”。近十年，致力于以“瑞士钟表业为标杆”，不断通过国际化推动品牌的发展，在“深圳手表”区域品牌建设上取得了一定的成绩，被国家工信部视为“三品工程……增品种提品质创品牌”上的领军行业。据统计，深圳现有钟表企业 1000 家左右，大、中型企业近 100 家。拥有自主品牌 100 多个，全国 12 个驰名商标深圳就占 8 个，中国十强钟表企业深圳就有 6 家。2016 年产值 650 亿元，出口值 30 亿美元，无论是产值、出口值、产量还是出口量均占中国的 50% 以上（见图 4－8）。

深圳钟表业发展经历了多次转型。自 2003 年开始，深圳市钟表业开始策划“应用高新技术和先进制造技术改造钟表行业”，提出建立“钟表产业集聚基地”和“行业公共服务平台”，促进企业从制造向创造发展，促进国内品牌向国际品牌发展。2015 年开始，可穿戴设备开始大量涌现，国内厂商纷纷布局可穿戴智能设备，从上游的传感器、芯片、材料、显示等生产厂商，到中游的交互解决方

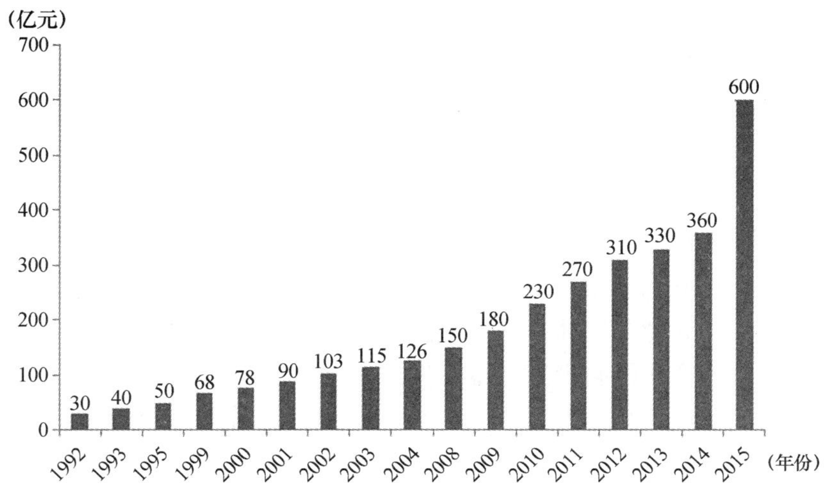

图4－8　深圳钟表产业年总产值历年数据

资料来源：《深圳钟表白皮书（2017）》。

案包括语音交互、体感技术厂商，乃至下游的终端设备厂商，纷纷涉足可穿戴领域。传统钟表业开始了新一轮转型发展，进入创新和整合发展阶段，开始从追求数量转型向质量发展，更注重品牌的附加值，深圳钟表业进一步强化在国内的领先地位。特别是在2008年国际金融危机影响下，许多行业受经济形势影响，而钟表行业发展态势迅猛，呈现整体高速发展的趋势，除了几个领先品牌持续高歌猛进之外，还涌现了一批销售过亿甚至达到五六亿的二三线品牌，深圳钟表业正沿着精密制造与先进技术、文化传承关联的都市时尚产业战略方向持续健康发展。

第三节　深圳整合湾区城市产业链的发展路径

一　以科技创新打造大湾区先进制造产业链龙头

大湾区是中国乃至全球重要的制造业集聚中心，拥有完整的产业链条，产业基础雄厚，产业配套能力突出。特别是各城市产业发展具有较强的互补性，如香港通过发达的生产性服务业带动大湾区制造业发展，深圳和广州在科技研发和总部经济方面具有相对优势，佛山、东莞、惠州、中山、江门、肇庆等城市的生产加工和产业配套能力更加突出，各城市的产业发展能力为优化分工、加强协作提供了有利条件。

（一）深圳打造推动大湾区先进制造业发展的科研成果转化中心

深圳作为大湾区的经济中心城市，科技研发能力突出。特别是在多年的改革和发展中，深圳围绕科研成果转化，不断融合企业、高校和政府等多个主体，产学研资紧密结合，逐步建立起了完整的产业生态环境和体制机制环境，即在政府建立科技成果信息平台和公共技术平台的基础上，为社会公众提供科研成果转让服务，并且吸引各类风险投资基金参与进来，为科研成果转化提供资金支持。当前，中国的人口红利逐渐消失，面临的外部竞争压力日益加剧，大湾区产业结构开始转型升级，向高端化和智能化发展，珠江口东岸知识密集型产业带、珠江口西岸技术密集型产业带和中部健康产业带正逐步形成，通信设备、新一代信息技术、生物医药、汽车、海洋工程及装备、高端装备制造、光电装备、健康医疗器材等产业转型迅速，并且在互联网和智能化的基础上，与传统产业融合发展，催生了一系列新兴产业和新型业态。深圳可以提供更多的科技研发和技术转化，为大湾区制造业转型升级提供动力支撑。

一是依托“广州—深圳—香港—澳门”科技创新走廊建设提升深圳科技成果转化的辐射带动作用。依托大湾区建设国际科技创新中心的机遇，完善科研成果转化的路径和制度体系，在深圳建设科研成果转化中心，为大湾区建设国际科技创新中心提供支撑。同时，结合大湾区其他城市发展智能制造和现代产业体系的需求，以“广州—深圳—香港—澳门”科技创新走廊为轴线，在现有高新技术产业开发区、高技术产业基地和各种特色产业园区的基础上，承接深圳的科技成果转化，开发新产品或实现最终的产品应用，从而增强珠三角企业的科技研发能力，为培育新一代信息产业、生物医药、新材料、新能源汽车等高科技产业集群提供支撑。

二是依托科技研发合作平台建设推动大湾区产学研深度融合。大湾区各城市在科技研发、科技成果转化和产品应用等方面存在着较强的互补性，深圳可以与其他城市合作构建产学研深度融合的科技研发合作平台，充分发挥香港和广州的高校科研优势，吸引各类高水平科研人员和科研机构集聚，促进知识创新与技术研发。同时，也要发挥东莞、惠州、佛山、中山等城市制造业发达的优势，将科技创新产品投放生产，通过大力推进企业与高校合作，实现科学、技术、生产的一体化整合，实现科研成果的产业化。这种多方联动的发展路径实现了深圳科技研发与大湾区制造业企业的有效对接，既可缓解深圳科技研发缺大学和科研机构的问题，还有利于东莞、惠州、佛山、中山等城市引进新型技术，带动产业转型升级。

（二）深圳通过产业转移带动大湾区先进制造业发展

深圳产业转移已经进入到新的发展阶段，根据深圳市政府2011年的调查显示，自“十二五”以来，深圳企业向外转移的原因已经发生了重要转变：开拓市场已经成为促使企业向外转移的最重要原因，占41.3%的比重；其次是降低成本和利用资源，分别占29.1%和14.8%的比重。[①] 目前，深圳企业向外转移的趋势不断增强，相对于深圳引进外资数量的缓慢增长，深圳对外投资的数量呈现出了爆发式增长的态势，其中，深圳企业向内地投资的需求越来越强烈，截至2017年11月，过去五年的向内地投资总额达到1317.03亿元，最高峰值的2015年达到598.7亿元。[②] 有研究表明，深圳制造业企业向周边城市转移，带动了深莞、深惠边界地区增长，边界地区的小型工业园、洼地区域正在成为新的机会空间，呈现去边界化的趋势。[③]

深圳可以通过产业向外转移带动周边城市的制造业转型升级。硅谷的发展表明，大企业发展的溢出效应是带动产业链上下游企业发展的重要来源，深圳的大型企业对外投资与合作有利于推动当地的产业投资和人才集聚。目前，大湾区已经形成以通信设备、电气机械及器材制造、金属制品、纺织业、交通运输等为主导的多个产

---

① 深圳市经信委：《深圳产业转移调研报告（2011）》。

② 根据深圳市经信委调研材料整理而成。

③ 李郇、周金苗等：《从巨型城市区域视角审视粤港澳大湾区空间结构》，《地理科学进展》2018年第12期。

业集聚区，深圳通过产业向外转移，与周边城市形成产业链上下游合作关系。

一是可以大力推进大湾区先进制造业发展。深圳在产品设计智能化、关键工序智能化、供应链优化管控等方面已经形成了较好的产业基础，在与周边城市产业合作的进程中，可以推进重点行业智能制造单元、智能生产线、智能车间、智能工厂建设。

二是可以培育新型生产方式。重点依托汽车、通信装备、船舶及海洋工程装备、电子信息、新能源装备、节能环保装备、光电装备等跨区域优势产业链，推进重点行业智能制造应用示范，不断探索大规模个性化定制、云制造等新型制造模式。推动制造业绿色改造升级，重点推进石化、建材、印染、五金、灯饰等传统制造业的绿色改造，支持家电、消费电子等行业开发绿色产品，构建绿色供应链。①

（三）深圳建设大湾区科技研发开放合作的重要平台

“一带一路”倡议是中国现在的重要战略，这也意味着中国正在“走出去”，为顺应经济全球化的发展，中国开始与“一带一路”沿线的国家和地区开展更广阔、更紧密、水平更高的合作。深圳作为中国最早对外开放的城市，一直以来就和“一带一路”沿线国家和地区有着密切的经贸往来与合作，在依托粤港澳大湾区，建设成为“一带一路”的枢纽城市，支持企业“走出去”方面，有着特殊的地缘、商缘和人缘优势。

大湾区经过40年的发展，已经具备了突出的产业链配套能力，并且拥有了一批覆盖产业链各个环节的高科技企业，但由于历史发展的原因，在高等教育和科技研发方面有所欠缺，高水平人才培养方面仍然不足。香港虽然拥有国际一流的高校和科研机构，但由于产业空心化，缺乏产业化能力。大湾区各大城市在产业发展、科技发展、教育发展等方面具有很强的互补性，深圳可以通过集聚香港、澳门和大湾区其他城市，乃至周边地区城市的创新资源，打造大湾区科技创新中心，为吸引全球创新人才、团队、机构、成果、

---

① 向晓梅、杨娟：《粤港澳大湾区产业协同发展的机制和模式》，《华南师范大学学报》（社会科学版）2018年第2期。

资金落户发展提供支持。同时，深圳可以进一步深化与发达国家和地区，以及与“一带一路”沿线国家和地区的产业合作、科技合作，为形成新时代对外开放合作的新格局提供支持。

目前，在粤港澳大湾区已形成大量的产业集聚区中，通信设备等电子制造业集中在深圳龙华、观澜、厚街以及惠州等地区；汽车制造业集中在广州花都、佛山南海等地区；电气机械及器材制造业集中在顺德、南海等地区；纺织业等集中在广州增城、东莞等地区。这些产业集聚区是大湾区具备竞争优势的功能区块，将代表大湾区参与全球性产业竞争。① 深圳可以发挥毗邻香港和国际市场的优势，鼓励和支持大湾区企业利用各自优势向发达国家和地区投资，“抱团出海”，或者通过海外并购的方式拓展企业发展空间和市场空间。深圳可以借鉴韩国、新加坡、中国台湾等亚洲地区国家和城市的成功经验，加强企业对外投资和海外布局的积极引导和支持，完善相关体制机制，如健全“走出去”战略支持服务体系，优化深圳驻海外办事处网络布局，建立境外合作信息共享机制，完善贸易摩擦应诉工作机制，加强海外领事保护，推广 APEC 商务旅行卡等，打造新时代支持企业“走出去”的升级版。

二　以服务创新推动大湾区产业服务功能升级

深圳现代服务业发展迅速，正逐步发展成为辐射珠三角地区乃至更广阔华南地区的现代服务业中心。自 21 世纪初以来，在加工贸易企业转型升级带动下，深圳现代服务业发展迅速，规模不断扩大。2017 年三次产业比例为 0.08∶41.30∶58.62，服务业规模不断壮大，成为推动经济发展的核心力量。其中，现代服务业增加值达到 8278.31 亿元，占第三产业的 62.94%，占全市 GDP 的 36.89%。② 继 20 世纪 80 年代制造业北迁后，香港服务业亦出现了北扩之势，中国内地自 2000 年超越美国成为香港服务业最大输出地，而香港输往内地的服务又以珠三角为主，且逐步在珠三角本地

① 李郇、周金苗、黄耀福、黄玫瑜：《从巨型城市区域视角审视粤港澳大湾区空间结构》，《地理科学发展》2018 年第 12 期。

② 《深圳统计年鉴（2018）》。

提供相关支援服务。调查显示，珠三角港资企业对香港的服务业一度形成高度依赖，但经过10年的发展，伴随香港服务业的北扩，这种依赖程度明显降低，这表明，珠三角港资企业所需服务业正日趋本地化，而香港相关服务业亦正北迁珠三角。深港两地服务业合作提升了深圳现代服务业在珠三角的辐射带动地位。

（一）金融服务创新

深圳要加快推动金融服务创新，增强金融对科技研发的支持力度，包括在资本市场融资的过程中，要探索多种上市路径，如探讨技术专利、知识产权等无形资产如何在企业上市中发挥更大作用；建立和完善股权交易市场，让投资者能为科技型小微企业提供有效支持；扩大创投的辐射力度，加大对种子期和初创期的创业创新企业的金融支持，吸引更多民间资本进入创投行业，加快技术创新与金融创新的融合，实现产业链、创新链、资金链的有序发展。

粤港澳大湾区要打造经济高度活跃的国际化大湾区，需要有多元化资本市场力量支持。因此，完善金融服务体系是服务大湾区建设的内在需求。大湾区建设需要进一步优化金融规模、金融效率和金融结构，利用香港的国际金融中心优势，以及深圳经济规模和“金融＋科技”的优势，促进金融业态多样化发展，如科技保险、天使投资和创投基金等多种方式，为科技企业提供资金支持。

加快深圳、香港和澳门的金融市场相互开放和相互融合。进一步完善深港通机制，让更多海外资金通过深港通进入内地市场支持企业技术创新。进一步放宽香港金融机构进入深圳市场的条件，让深圳企业可以获得香港专业化的金融服务，推动企业开展国内外兼并重组和跨界并购。香港有全球竞争力极强的银行、保险、评级金融机构，以及符合国际标准的建筑、会计、法律、咨询等专业服务业。基于港澳服务业机构和人才对内地市场的长期合作经验，以及内地和港澳在CEPA框架下对服务业准入的成熟管控经验。在深圳“先行先试”继续扩大广东对港澳敏感服务业的开放，是湾区产业互补的必然要求，也是助力新时代全面扩大金融对外开放、扩大创新能力开放合作、加快构建开放型新体制、形成全面开放新格局的核心路径。[1]

（二）营商环境创新

在新的国际经济竞争形势下，中国经济环境发生了深刻变化，对外开放进入了新的发展阶段，改善营商环境已经成为中国当前经济发展的迫切需要，特别是在全球产业价值链分工向产品内分工深化的过程中，抢占产业价值链高附加值环节已经成为中国重要的战略目标，如何优化市场经济环境，吸引更多优质产业要素落户发展，是中国加快实现经济转型的重要选择。深圳是中国对外开放的前沿城市，参与全球产业价值链分工程度最深，正处于产业发展从要素驱动向创新驱动的转型过程中，需要有针对性地提高知识和管理等要素在产业投入中的比重，以质量效益为核心，向产业价值链高附加值环节转变，在经济区位、产品标准、行业规则等方面建立起自己的优势，不断提升在全球价值链中的地位。需要大力改善营商环境，完善政府监管体制和提高执法水平，营造公正诚信的市场环境，要打破市场中的垄断行为，减少市场失灵行为的产生，保障市场机制的有效性。

深圳要与香港和澳门加强营商规则衔接。在粤海港大湾区中，香港是全球金融中心、航运中心和贸易中心，拥有金融、航运和贸易的优势，在与国际贸易和投资规则的对接中具有先天优势。深圳与香港和澳门加强营商规则衔接是进一步深化对外开放，与国际市场衔接的重要举措，有助于内地在安全可控的前提下全面学习、借鉴、测试相关国际贸易投资新规则，在竞争中立、权益保护等敏感议题方面取得突破，为中国对接新一代国际贸易投资规则、强化在新一轮全球经济治理中的话语权提供支持。[2]

一是要营造更有利于外商投资的政策环境。创新招商引资机制和方式，围绕创新链布局招商链、引资链，开展创新产业招商、园区特色招商、网络媒介招商，提高外资利用水平。加大创新产业引进力度，推动创新产业优质化、高端化、国际化。创新国际高端创

① 荣健欣：《新时代粤港澳大湾区的开放使命》，《中山大学学报》（社会科学版）2019 年第 2 期。

② 同上。

新人才引进机制，提升外国专家比例，聚集一批具有世界水平的科学家和研究团队。大力发展总部经济，积极吸引著名国际组织、跨国企业落户深圳。

二是要构建与国际贸易规则相衔接的制度框架。用好蛇口自贸片区窗口期，加快国际贸易体制机制创新，学习借鉴发达国家制定负面清单的成功经验，有序扩大现代服务业对外开放，构建与国际投资贸易基本规则相衔接的制度框架。

三是要创新国际化城市治理体制机制。以开放创新带动综合配套改革的全面深入，推进城市治理体系和治理能力现代化。建设市场化、法治化、国际化营商环境，通过体制机制的持续创新，率先构建符合国际惯例和促进商业文明的运行规则和制度体系。创新现代城市管理模式，按照“以人为本”的发展理念提高城市精细化管理水平，建设整洁优美的市容环境、可持续发展的生态环境、安全稳定的社会环境、宁静舒适的生活环境。提升城市供给水平，完善交通、教育、医疗等公共服务体系，提升对高端创新人才的吸引力。①

（三）平台载体创新

前海是深圳建设面向世界开放新格局的重要平台。按照“依托香港、服务内地、面向世界”的要求，高质量推进前海开发开放，让更多港人、港资、港服务通过前海对接内地市场，让更多内地产业和创新成果通过前海引入国际市场，打造国内领先、国际一流的综合开放创新平台。以前海为平台，大力引进香港法律、会计、设计、物流等高端专业服务机构和创新人才，深化与香港在教育、环保、城市建设、质量标准等领域合作，促进深港两地共同繁荣发展。

以跨境基础设施互联互通提升深港创新合作的便利化水平。加快推进落马洲河套地区开发建设，以“创新＋教育”模式，重点发展科技创新、高等教育和文化创意等产业，打造成为深港一体、互联互通、融合发展的特别合作区。加大电子口岸建设力度，促进深

① 宋晓东：《新时代全面开放新格局与深圳实践》，海天出版社 2019 年版，第 195—196 页。

港创新要素自由流动、人员往来更加便利、服务市场深度融合。①

三　以制度创新促进大湾区要素配置的市场融合

粤港澳大湾区有着特殊的社会制度和经济体制结构，在“一国两制”框架下，拥有“两种社会制度、三种货币、三个独立关税区”，资源要素流动在制度层面存在较强的约束，能否实现三地间的制度对接，直接决定粤港澳大湾区的经济要素流动，以及能否形成新的对外开放格局。深圳需要继续深化对外开放和市场经济改革，发挥市场在资源配置中的决定性作用，减少政府职能部门对市场的直接干预，发挥积极的引导和服务作用，明确企业的市场主体责任，建立政府依法监管和社会广泛参与的管理机制，实现内外市场深度融合、要素跨地区无障碍流动，有效扩大市场开放。

（一）完善大湾区科技产业创新协调体制机制

深圳需要加强与粤港澳大湾区各城市的联系与合作，成立专门的大湾区科技产业创新合作专职机构，建立常态化的科技创新协调机制，整合大湾区内创新和科技合作事项。

一是要在“一国两制”的前提下，做好粤港澳三地协同创新的顶层设计，由独立城市形态向统筹协调的城市群形态转变，消除画地为牢的行政分割，加强各城市的协调与沟通，打造创新的利益共同体。深圳要积极承接香港市场经济的辐射带动作用，建立自由有序的湾区市场体系，减少政府职能部门对经济的直接干预，让市场在资源配置中起决定性作用。

二是要在《粤港澳大湾区发展规划纲要》基础上，继续完善三地合作的常态化机制，逐步统一市场准入和市场监管制度，统一技术研发、使用、考核等标准，推动大湾区一体化发展。②

三是要立足深圳、香港和澳门三地战略性新兴产业发展基础，系统梳理三地在知识生产、知识转化和产品应用等方面的优势和需

---

① 宋晓东：《新时代全面开放新格局与深圳实践》，海天出版社 2019 年版，第 196—197 页。

② 黄群慧、王健：《粤港澳大湾区：对接“一带一路”的全球科技创新中心》，《经济体制改革》2019 年第 1 期。

求，发挥比较优势，促进生产要素合理流动和创新资源优化配置，推动形成新兴产业协同发展格局，实现深圳与香港创新要素和创新成果的有效对接，以协同研发和市场的共同开拓为重点，实现大湾区产业竞争力的全面提升。①

（二）实现大湾区科技创新人才跨境便利流动

深圳要制订更加主动的人才引进计划，包括建立完善的国外专家引进机制和技术移民制度，提升深圳的人才吸引力。

一是要在粤港澳大湾区的框架下，探索实施人才负面清单和“大湾区人才绿卡”制度，推动深圳、香港和澳门人才资质互认，引进与产业发展相匹配的创新型人才，推动湾区内部人才的充分流动，完善港澳居民在深圳工作和就业的配套措施，推动港澳创新人才与境内居民享受同等待遇。② 依托前海—蛇口自贸区设立国际人才特区，探索建立海外科技人才进入粤港澳大湾区的绿色通道以及绿卡制度，简化外籍科技人才办理就业签证的程序，放宽入境时长，增加技术移民签证数量，高效有力地落实人才政策，实施高层次人才居住证制度，妥善解决引进人才的户口、医疗、子女教育等问题。③

二是要加快湾区内职业资格互认，推进职业资格一体化，突破制约人才流动的体制壁垒，搭建人才发展平台。建立创新人才激励政策和科研成果转化金融扶持机制，降低创新创业成本，切实解决创新创业型人才住房、场地等问题，加大对创新所需公共服务的支持，提供低成本的众创空间。

三是要鼓励国内有实力的院校与国际知名高校在深圳联合办学，打造高质量、国际化的湾区高校群，培养一批国际化创新型人才。如深圳北理莫斯科大学等都是国内与国际高校联合办学，有利于大湾区引进国外优质的教育资源，加快大湾区教育国际化进程，培养

---

① 向晓梅、杨娟：《粤港澳大湾区产业协同发展的机制和模式》，《华南师范大学学报》（社会科学版）2018 年第 2 期。

② 陈广汉、谭颖：《构建粤港澳大湾区产业科技协调创新体系研究》，《亚太经济》2018 年第 6 期。

③ 辜胜阻、曹科梅、杨嵋：《构建粤港澳大湾区创新生态系统的战略思考》，《中国软科学》2018 年第 4 期。

复合型国际化人才。同时，可以进一步探索湾区内转学和学分互认机制，搭建跨区域人才交流平台，推动粤港澳大湾区的高校开展多层面、多领域的交流。①

（三）促进资金和设备等科研要素跨境便利流动

深圳、香港和澳门可以共同探索建立科研经费跨境使用的制度，便于科研人员跨境开展科研活动。

一是大湾区内科研资金、科研材料等科研要素应该和普通要素区别对待，通过设定特别监管方式和通关模式，实现科研项目经费在大湾区内自由流动，科研设备通关便利化。在粤港澳大湾区框架下，进一步放宽高新技术产业港澳投资者在大湾区内投资的门槛，吸引港澳资本进入。②

二是推动深圳建设一批重大科技基础设施，支持建设一批新兴产业创新中心、制造业创新中心和技术创新中心，推进原创性、颠覆性、支撑性、关键性技术开发，促进信息技术、智能制造、生物医药、新材料等领域技术创新，立足粤港澳三地战略性新兴产业发展基础，发挥比较优势，促进生产要素合理流动和创新资源优化配置，推动形成新兴产业协同发展格局。③

---

① 黄群慧、王健：《粤港澳大湾区：对接“一带一路”的全球科技创新中心》，《经济体制改革》2019 年第 1 期。

② 陈广汉、谭颖：《构建粤港澳大湾区产业科技协调创新体系研究》，《亚太经济》2018 年第 6 期。

③ 向晓梅、杨娟：《粤港澳大湾区产业协同发展的机制和模式》，《华南师范大学学报》（社会科学版）2018 年第 2 期。

第五章　生态文明涵养

自党的十八大首次提出建设美丽中国的宏伟目标以来，统筹推进“五位一体”的中国特色社会主义事业总体布局，建设生态文明成为中华民族永续发展的千年大计。2019 年 2 月印发的《粤港澳大湾区发展规划纲要》，用“推进生态文明建设”专章，提出体现“五位一体”总体布局中的美丽湾区建设目标；[①] 8 月颁布的《关于支持深圳建设中国特色社会主义先行示范区的意见》提出“可持续发展先锋”的战略定位，要求深圳牢固树立和践行“两山”理念，打造良好的生产空间、生活空间、生态空间，在世界美丽湾区建设中走在前列。[②] 大湾区和先行示范区文件精神将美丽湾区、美丽中国典范作为发展目标体系的重要组成部分予以明确，均体现了“五位一体”的总体发展布局，并在粤港澳大湾区和建设深圳先行示范区战略上赋予了大湾区生态文明建设新的内涵，迫切要求大湾区建设要以习近平生态文明思想为指导，科学把握人与自然和谐共生的发展规律，努力打造宜居宜业宜游的优质生活圈，不断拓展粤港澳大湾区生态文明建设涵养，为国内国际社会可持续发展提供先进经验和中国方案。

第一节　大湾区生态文明建设现状

粤港澳大湾区规划辖区总面积约 5.6 万平方公里，截至 2018 年

---

① 中共中央国务院：《粤港澳大湾区发展规划纲要》，人民出版社 2019 年版。

② 中共中央国务院：《关于支持深圳建设中国特色社会主义先行示范区的意见》，人民出版社 2019 年版，第 3 页。

底，大湾区总人口数量已经达到7000万，2018年区域生产总值约为10.867万亿元，约占全国国内生产总值的12%，其经济总量在世界湾区格局中也名列前茅，区域国际综合竞争力不断提升，为建设成世界一流湾区和城市群打下了坚实基础。党的十八大后，粤港澳大湾区各地普遍加强了生态文明建设的步伐，不断致力于加快构建绿色循环经济体系，提升区域内污染联防共治成效，强化区域生态环境保护和生态修复工程，深化区域内生态环保合作体制机制建设，在生态文明建设上取得了一定成效，并不断走向纵深，力争在低碳示范试点建设工作上走在全国前列。

一　大湾区产业结构持续协同创新升级

创新是第一动力，是推动一个国家、一个民族向前发展的重要力量。经过近40年的开放创新发展，粤港澳大湾区已经形成了城市群集中布局、产业高效集聚、港口高度集中的世界级大湾区经济形态。截至2018年底，粤港澳大湾区内已发展形成20家世界500强企业、3万多家国家级高新技术企业。

近年来，粤港澳大湾区各城市按照“五大发展理念”精神要求，积极推动技术创新、政策体制改革、优化营商环境，逐步培育形成了以高新技术产业为主导的产业格局，产业结构创新升级合力不断增强。在强市场和强政府的双重作用下，广东全省的第一、第二及第三产业比例由2001年的5.8∶49.6∶44.6升级为2018年的4.0∶41.8∶54.2，呈现出传统制造业向现代高新制造业转变、传统服务业向现代服务业转变且比重不断提高的态势。以互联网、大数据、人工智能等为代表的新兴技术方兴未艾，各行各业发展迎来新契机，政府大力推动互联网经济、大数据经济、人工智能新技术经济与实体经济深度融合，促进传统制造转型升级。通过逐步夯实基础研究，推进新兴技术的研发，推动技术成果转化，从而推动产业结构深入调整，努力实现现代化、绿色发展，使制造业企业不断增强自身的关键零部件生产供给能力、新兴技术研发能力和系统合力。

粤港澳大湾区经济发展总体上仍处于工业经济向服务经济转型

阶段，大规模的传统制造业正在探索走经济、社会和生态三者协调发展之路。推进产业发展与生态文明的协调发展较大程度上取决于经济发展方式和科技支撑水平，为逐步建设成高质量的世界一流的美丽湾区，着力构建现代产业体系，发展服务型经济、创新型经济成为有效路径。目前，粤港澳大湾区大部分城市已瞄准新兴产业发展方向，纷纷谋篇布局高新技术产业链和发展平台，抢占未来产业竞争制高点。如深圳早在 2008 年就出台了《关于加强自主创新促进高新技术产业发展的若干政策措施》，提出要发展新一代信息技术、互联网、新材料、生物、新能源、节能环保、文化创意产业等七大战略性新兴产业，近五年来，深圳战略性新兴产业增加值年均增长 17.4%，其中 2016 年新兴产业对 GDP 增长的贡献率约达 53%，已成为稳定深圳经济增速的强大动力。粤港澳大湾区科技进步对经济增长的贡献率处于 30%—50% 的区间，尚低于其他三大湾区 70%—90% 的水平，科技创新水平仍有着较大的提升空间。粤港澳大湾区的第三产业比重为 62%，而纽约湾区、东京湾区、旧金山湾区的第三产业比重均处于 80% 以上水平。粤港澳大湾区各城市之间的产业发展具有多元性、多层次性特征，总体呈现出梯形形态结构，既有接近世界硅谷的高端智造产业，也有相对低端的传统制造业，制造业是粤港澳大湾区的产业底色，制造业优势是粤港澳大湾区产业体系的压舱石，推进传统制造业向先进制造业转型升级是当前粤港澳大湾区产业发展的主要任务。

科技进步与生态文明程度有着密不可分的关系，从创新驱动发展角度看，粤港澳大湾区国际 PCT 专利发明情况总体上呈现出良好的发展态势。从 2013 年到 2017 年，粤港澳大湾区发明专利总量由 71037 件增加到 258009 件，年增长幅度分别为 15.01%、45.85%、49.67%、24.92%、33.19%，总体上保持上升发展趋势，但在年际增幅上波动较大，技术创新稳定性有待提升。根据近五年发明专利数据来看，大湾区东岸 PCT 国际专利数量多于湾区西岸和港澳地区，但湾区西岸的 PCT 专利数增长率呈现平稳增长态势，大湾区东岸年均增长率为 27.47%，大湾区西岸为 54.10%，港澳两地为 7.33%，其中 2017 年大湾区东岸发明专利总量高达 15 万件，约为大湾区西岸（接近10万件）的1.5倍。同时，粤港澳大湾区与世界三大湾区在发明专利总量上的差距正在逐步缩减。2017年，粤港澳大湾区的发明专利增长率为33.19%，高于同期纽约湾区、东京湾区、旧金山湾区的-3.73%、-0.38%、-1.86%，创新驱动优势进一步凸显，这对进一步构建现代产业体系，拓宽绿色低碳发展路径，提升大湾区生态文明建设成效具有强大的支撑作用。

二　大湾区空气质量不断改善

在中国经济率先高速发展的区域格局中，珠三角区域是人口高度集中、经济活力最高的区域之一，其工业化、城镇化水平也相对较高，但受传统增长方式的影响，珠三角区域也较早地出现了环境污染问题。在经济发展与环境污染之间矛盾日益突出的情况下，珠三角区域大胆探索，开拓创新，将大气污染治理作为发展的突破口，自2004年开启了广东省大气污染防治的历程，努力探寻经济发展先行区大气污染防治之路。

做好顶层体制机制建设，建立环境保护制度体系。因大气污染现象地域之间关联度较高，仅仅注重少数城市的大气污染防治效果将十分有限。为努力克服此难题，广东省不断加强区域联防联控机制和环境保护制度建设，促使不同城市间形成生态文明建设合力。一是探索建立珠三角污染联防联控机制。积极密切对港澳合作，并与香港建立了粤港合作联席会议制度，《珠江三角洲地区空气质素管理计划（2011—2020年）》《粤港澳区域大气污染联防联治合作协议书》等大气污染防治合作成果相继出台。二是不断加强污染治理、环境保护修复制度建设。党的十八大后，广东省根据新时代要求对《珠江三角洲环境保护规划纲要（2004—2020年）》《广东省珠江三角洲大气污染防治办法》等文件做了进一步更新，并积极响应中央决策部署，率先出台了《珠江三角洲区域大气重污染应急预案》《广东省大气污染防治行动方案（2014—2017年）》《广东省打赢蓝天保卫战实施方案（2018—2020年）》等制度成果，使环境保护的制度笼子越扎越牢。三是打造环保执法铁军，对破坏环境违法行为零容忍。制定了重点污染行业企业清单名单，动态监控排污耗能情况，敦促部分企业改善锅炉、火电、油气回收等技术设施，对部分不达标企业进行停业整顿或关停处理。

粤港澳大湾区在经济快速发展的同时，空气不断净化，近年来空气质量持续争优，取得了阶段性的防治成果。大湾区推出了包括加大能源与产业结构升级调整力度的大气控制导向路线，工业向道路交通、船舶和农业多领域转化的控制路线，除二氧化硫、氮氧化物和颗粒物外，增加有毒污染物的控制因子路线，并积极推动治理模式由政府主导为主向政府为主、市场科技和公众多方面参与转变。在大气污染防治高位推动和长期坚持下，珠三角已不再是全国大气污染防治三大重点区域之一，从 2015 年起全域空气环境质量连续四年整体达标。2018 年，珠三角九市 PM2. 5 年均浓度有效降低到了 32 微克/立方米，仅肇庆市 11 月 PM2. 5 为良，空气质量继续呈现向好趋势（见图 5－1）。

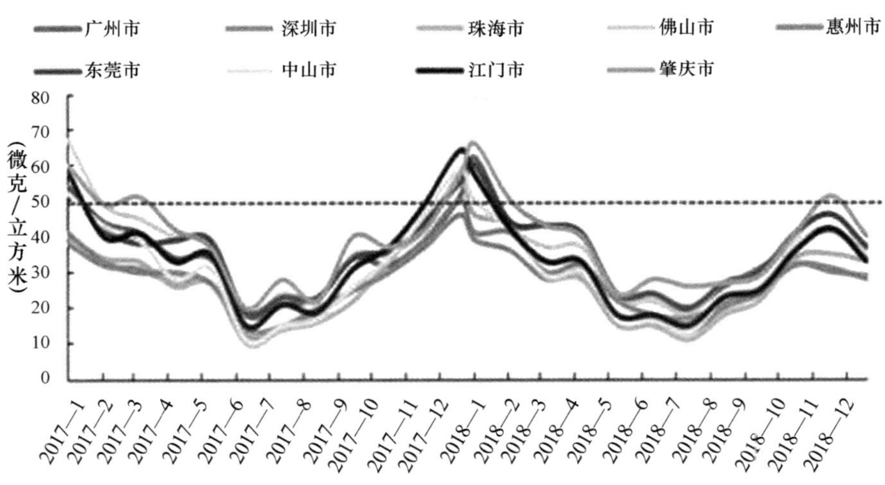

图 5－1　大湾区 PM2. 5 浓度情况

三　大湾区固体废弃物处理能力稳步提升

随着粤港澳大湾区经济的稳步增长和人口的长期净流入，区域内的固体废弃物处理压力和垃圾清运量与日俱增，产生了大量的垃圾焚烧投资需求。由于大湾区内垃圾焚烧、具备填埋资质的企业机构较为稀缺，采取无害化危废处置方式便成了主要发展方向。目前，中国危废处置方式主要以无害化处置和资源化利用为主，无害化处置主要包括焚烧、填埋、医废处置和水泥窑协同处置，其中焚烧处置可大幅度减少固体废弃物量，同时能节省出更多的土地，故垃圾焚烧处置是中国未来主要的发展方向。资源化利用主要通过回收有价值废物，提纯再利用生产为资源化产品并销售。

《粤港澳大湾区发展规划纲要》指出，要加强危险废物区域协同处理处置能力建设，强化跨境转移监管。粤港澳大湾区近年来一直致力于提升固体废弃物无害化、减量化、资源化水平，并努力向原生生活垃圾“零填埋”方向转变。2018 年，大湾区所产生的危废弃物总产量约为 240 万吨，其中，焚烧处理量占 3.21%，填埋处理量占 3.63%，物化处理量占 20.92%，资源化及其他处理量占 72.25%。大湾区核准资质企业处理能力已达 366 万吨/年，其中，焚烧资质总量为 11.74 万吨/年，填埋资质总量为 13.28 万吨/年，未来大湾区的重点处理处置方向是危废焚烧、填埋建设。

为了加强区域危废物焚烧处置能力建设，粤港澳大湾区严格贯彻落实中央相关指示精神要求，加强了区域垃圾废弃物处理的顶层设计。2016 年，国家发改委出台了《“十三五”全国城镇生活垃圾无害化处理设施建设规划》。该规划明确指出，到 2020 年底，中东部地区设市城市生活垃圾焚烧处理能力要占无害化处理总能力的 60% 以上。2017 年，广东生活垃圾无害化处理率达 97.98%，生活垃圾无害化处理能力已经处于全国范围内较高水平，其中城市垃圾焚烧处理能力为 3.34 万吨/日，处理量占比达 42.77%，但与同期上海的焚烧处理比率 53.96% 相比仍存在较大的差距，与 2020 年规划目标仍有 7.23% 的差距，在垃圾焚烧能力建设和实现垃圾处理“零填埋”上任务较重。

目前，在大湾区所布局的垃圾焚烧企业主要有两大类：一类是本土成长企业，如深圳能源、长青集团、中山公用、瀚蓝环境等；另一类是全国性企业，如中国光大国际等。从成长规模上看，本土企业运营处理量远高于省外企业。在大湾区建设快速发展的背景下，土地资源将日益成为稀缺资源，这对固体废弃物的无害化、减量化、资源化处理形成了强大的倒逼压力，垃圾焚烧方式将更易得到普遍推广应用。

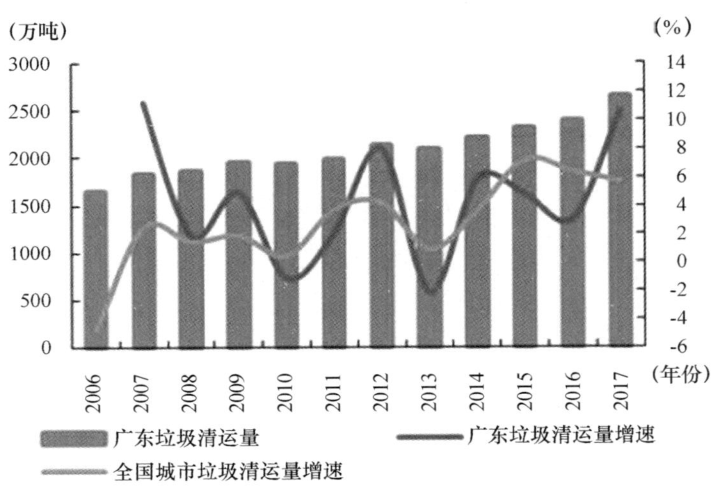

图 5－2　广东省城市垃圾清运量平均增速

预计到 2022 年，粤港澳大湾区城市群需要新增加的垃圾焚烧能力为 1.5 万吨/日，垃圾清运量年均增速将保持在 4% 以上，随着粤港澳大湾区环保基础设施建设水平的逐步提升，未来垃圾处理有望快速向“零填埋”转变，并积极朝着“无废”湾区方向发展。

四　大湾区水环境、水安全形势逐步改观

从地理形态分布来看，粤港澳大湾区向南面向广阔的南海，三面环山，横跨三个省域，流经粤西北的西江、流经粤北地区的北江和流经粤东北的东江三条大江在大湾区汇聚，并在磨刀门注入南海。拥有广阔的海域面、狭长的海岸线、河岸线和良好的港口群，航运水网可辐射广阔内陆地区。从水量上讲，大湾区水资源相对丰富，但水污染和用水安全一直是影响大湾区可持续发展的两个重要问题。

2017 年，广东省的水资源总量为 1786.6 亿立方米，比常年水

平减少2.4%。全省地表水资源量为1777.0亿立方米，比常年减少2.4%；地下水资源量为440.7亿立方米，比常年减少2.1%。全省374座中大型水库年末蓄水量为201.8亿立方米，相比上年减少22.9亿立方米。全省平均降水量为1739.2毫米，较2016年减少26.2%。全省供水总量为433.5亿立方米，在用水量上，农业用水约占50.8%，工业用水约占24.7%，生活用水约占23.3%，生态补水约占1.2%。全省人均综合用水量为391立方米，每万元GDP耗水量为48.2立方米，每万元工业增加值耗水量为29.8立方米，农村耕地灌溉每亩耗水量为756立方米，城镇居民人均每天用水量为0.189立方米，用水效率逐步提升，农业、工业、生活用水结构不断优化。

从河流水质上看，大湾区内水污染排放物形势不太乐观，珠江水域、重点河流污染严重，跨市河流和重点河流成为大湾区水污染治理的重点难点问题。据广东省环保厅公布的数据信息，2017年7月至9月，全省近60个跨地级以上城市河流的交接断面总达标率为79.4%，相比上个季度提升0.5个百分点。在全省22条重点整治河流中，重度污染河流有16条，中度污染河流有4条，轻度污染河流有2条，其中污染最为严重的前5条河流均位于珠三角，分别是茅洲河（莞深地域）、石井河（广州）、独水河（肇庆）、深圳河（深圳）和观澜河（深圳）。从全省22条重点整治河流的35个断面检测数据来看，大部分断面均受到了不同程度的污染，其中地表水质优Ⅰ类、Ⅱ类的断面占1.0%，水质良好Ⅲ类的断面占3.8%，水质轻度污染Ⅳ类的断面占5.7%，水质中度污染Ⅴ类的断面占16.2%，水质重度污染劣Ⅴ类的断面占73.3%，主要污染物质成分为COD、氨氮和总磷。

从用水安全上看，大湾区春夏季雨水量大而且集中，秋冬季雨水十分稀少，水资源在时间和空间上的分布极不平衡，也与产业、人口布局状况不匹配，总体上南少北多、相对不足的用水安全格局，成为制约大湾区经济社会健康发展的因素之一。东江流域的人均水资源供应量仅为全国平均水平的1/3，该流域的水资源开发利用程度已经接近国际上40%的安全警戒线标准，供应了香港、广州东部、深圳、东莞、惠州、河源等市约5000万人的生产生活的主要水源，水资源供应较为紧缺。西江的流量仅次于长江，目前其水资源开发利用程度仅占3%左右，存在着巨大的开发空间。为构建平衡有序的大湾区水资源供应格局，2019年珠三角水资源配置工程在国家水利部、广东省委省政府的推动下顺利全面动工，总投资额约为354亿元，预计建成后年均引水量为17.87亿立方米，能为广州东部、东莞、深圳、香港等大湾区城市生产生活用水提供有效支撑。

目前，在中央、省、市各级政府以及水务相关部门的高度重视和强力推动下，大湾区部分河流水质已经出现改善和好转，水污染治理已经取得阶段性成效。截至2019年5月，大湾区范围内有154条黑臭水体已完成治理达到优良标准，尚有15条黑臭水体处在治理过程中，部分湾区城市已提出2019年末将全面消除黑臭水体的目标，后期龙岗河、深圳河等珠江流域的水污染治理将成为未来水治理的重点方向（见表5-1）。

表5-1　大湾区内黑臭水体治理已接近尾声（2019年5月）

	黑臭水体个数	制订方案个数	治理中	完成治理
广东	243	3	38	202
	—	大湾区0条	大湾区内15条（惠州10，东莞3，江门2）	大湾区154
全国	2100	91	264	1745

五　大湾区土壤污染加重趋势得到初步遏止

粤港澳大湾区耕地资源较少，但后备土地土壤资源较为丰富。根据广州海洋地质调查局的调查数据，粤港澳大湾区耕地面积总量较少，约为7820平方公里，但拥有较为丰富的滩涂和浅海区等土地资源，面积可达7225平方公里，可供大湾区工程建设、城市建设后备用地。大湾区内部分区域土壤环境质量较好，富硒土壤资源尤其丰富，主要分布在惠州、江门、佛山、肇庆等市，分布面积约为 35830 平方公里，占大湾区陆地总面积的 64%，适合积极发展富硒农产品特色产业。

经过改革开放 40 余年来的发展，珠三角城市群均不同程度地参与了世界产业链分工格局上多个环节的生产制造，先后经历了加工装备、规模制造和创新智造三种不同发展阶段。由于环保科技支撑水平相对不足，早期的重化工业、冶炼、火电等企业生产带来了一些重金属污染问题，主要表现为铅、锌、砷、镉等元素污染物，对周边的城市土地、耕地、河流等均造成了不同程度的污染，给后期的治理造成了较大的困难。近年来，粤港澳大湾区部分区域土壤污染形势依然较重，农用耕地土壤环境质量堪忧，广东省有关部门对珠三角地区土壤抽样检测数据显示，因为土壤污染问题的存在，珠三角多个地区所种植的蔬菜重金属超标率达到 10%—20%，耕地受到重金属污染的问题较为突出，而且有日益加重的趋势，如果未能得到及时有效的解决，将会引致农产品质量安全、人民健康等其他突出的安全问题。

土壤污染治理是一项长期而又十分艰巨的任务，需要国土、环保、农业、立法执法等部门的密切协作，更需要全民的支持和参与。2017 年 12 月，广东省环保厅印发了《关于土壤污染治理与修复的规划（2017—2020 年）》，提出要开展受污染耕地安全治理利用试点，大湾区内的佛山市和江门市是治理重点。2018 年 8 月，十三届全国人大常委会第五次会议通过了《土壤污染防治法》，提出要进一步加大对土壤污染违法行为的惩处力度，严惩重罚，形成法治威慑，并于 2019 年 1 月 1 日开始实施。2019 年 7 月，广东省生态环境厅印发了《广东省 2019 年土壤污染防治工作方案》，针对土壤修复提出了明确的时间表，其中涉及大湾区内重点土壤修复项目 9 个，总投资额约为 8679 万元，极大地推动了大湾区土壤修复治理技术交流合作，有效防控了农业污染面源，有效扭转了大湾区土壤污染形势加重的势头，有效保障了大湾区农产品质量和人居环境安全。

六　不断强化以清洁能源为主的能源利用结构

推进能源供给侧结构性改革，逐步提升能源消耗利用的效率和绿色低碳能源使用的比重，实现节能减排是粤港澳大湾区近年来一直共同努力的方向。纵观纽约湾区、东京湾区、旧金山湾区等世界一流湾区能源开发利用轨迹，可发现注重对清洁能源和可再生能源的使用是其共同特征。在电力能源生产供应上，2018 年纽约湾区的清洁能源发电占比为 27%，东京湾区为 17%，旧金山湾区为 42%，其中旧金山湾区的可再生能源发电量占比为 30%，并提出到 2030 年要将可再生能源发电的比重提高至 60%，其清洁电力发展实践成了世界各大湾区不断优化能源利用结构的标杆。

电力生产供应是粤港澳大湾区经济发展和民生保障的基础，大力发展绿色低碳能源，加大对可再生能源和天然气的利用比重，实现湾区经济绿色发展是大势所趋。粤港澳大湾区大规模的人口集聚、产业集聚、城市集聚对电力能源的需求十分旺盛，但在目前大湾区能源供应结构上仍以石化能源为主，煤炭供应依然占据着主要的地位，石油、天然气等能源对外依赖程度较高，区域内部电力能源供应存在着较大缺口，超过 30% 的电力供应来自于中国西电东输工程，能源开发利用幅度尚存在较大的提升空间。在大湾区可供选择的绿色低碳能源种类中，天然气供应因受制于高昂的输送建造成本仍较为紧缺，大范围普及推广使用仍面临较大困难。光伏发电、风电、生物质能等新能源开发应用受制于大湾区区域地理资源禀赋和技术条件，投资回报期相对较长，对政府财政支持存在着长期依赖。唯独核电作为大湾区基荷能源，具有较强的经济性、稳定性、能量密度大和安全性特征，能与大湾区的能源需求特征实现良好匹配。

要建设世界一流的湾区和城市群，稳固绿色的低碳能源供应是基础保障。为打造以清洁能源为主的高效能源体系，粤港澳大湾区城市群近年来分别在核电利用、燃油治理、绿色交通等方面共同发力，在优化能源结构上取得了长足进展。截至 2019 年 2 月，广东省共拥有在运行核电机组 12 台，总装机容量为 1330 万千瓦，约占全省电力装机总量的 10% 以上。同时，中广核集团每年为香港供电超 100 亿千瓦时，提供了香港 1/4 的总用电量。深圳大亚湾核电站共拥有 6 台核电机组，年发电量超 450 亿千瓦时，提供了深圳近 70%

的年用电量，核电正为粤港澳大湾区提供着源源不断的动力支持。2018 年，广东省通过实施“煤改气”工程，累计完成对锅炉、建筑、陶瓷等行业生产线改造共计 329 条，淘汰燃煤锅炉共 4132 台，合计 1.6 万蒸吨，整治生物质锅炉 2557 台。[①] 同年，广东省以推进公交电动化为重点推进移动能源治理，全省共投放使用电动公交车 56127 辆，使得公交电动化率上升至 81%，有效减少了二氧化氮、二氧化硫等废气排放浓度，并率先实施了机动车国Ⅳ、国Ⅴ、国Ⅵ排放标准，全面加强在购车、用车上的标准监管，建立了国家、省、市三级机动车遥感监测信息系统。采取了清洁油品行动，提前实现供应国Ⅵ柴油和年蒸汽压少于 60 千帕的国Ⅵ汽油，并划定黄标车限行区域，实行黄标车闯限行区域电子执法，2014—2017 年四年内广东省共淘汰黄标车和老旧车合计 200.6 万辆。

七　大湾区海岸带生态保护进一步增强

粤港澳大湾区海岸带约长 1547.2 公里，横跨大亚湾、大鹏湾、深圳湾、黄茅海、广海湾、镇海湾等海湾群，包含内伶仃岛、三角岛、万山群岛、高栏列岛等岛屿。珠江口区域是中国鸟类重要的分布区，深圳福田、广州新造、佛山三水、珠海琪澳等沿海区域和出海口均位于国际候鸟迁徙线路中，该区域也是中国一二级保护动物中华鲟、白海豚、黄唇鱼的产卵场。此外，红树林湿地兼有海洋和陆地生态特质，滨海湿地生态系统物质与能量循环运行较快，丰富的动植物种类为维持大湾区生物多样性提供了坚实的后盾。

改革开放以来，粤港澳大湾区大幅增强了对海洋资源的开发力度，海岸线发生了较大的变化，岸线结构趋于复杂，长度也相应增加，主要用途类型为填海造地、围垦养殖、港口建设等，总体呈现珠江口西岸变化显著，珠江口东岸变化相对较小的特征。受人口扩张、经济发展、交通建设等因素的影响，近年来，大湾区自然岸线持续缩减，海岸带生态景观碎片化程度加重。1973 年至 2015 年，大湾区的人工海岸线长度增加了 575.1 公里，致使部分海洋生物失

---

① 中华人民共和国生态环境部官网美丽中国先锋榜（25）：《广东打赢蓝天保卫战——珠三角大气污染防治启示》，2019 年 9 月 23 日。

去繁衍栖息空间，城市生态服务功能削减，生物多样性保护压力增加。自2010年国家海洋局提出要加强海域海岛海岸带整治修复保护的工作要求后，大湾区城市群纷纷启动了海岸带整治修复性工作，大幅强化了近岸海域的环境治理，划定了海洋生态红线，通过强力整治陆域入海排污口，严控港区和船舶污染入海，严格执行围填海制度，加大了对红树林、珊瑚礁等滨海湿地、海岸景观等滨海生态区域的保护力度，使得近年来大湾区海岸带生态破坏势头快速扭转，多个美丽滨海黄金岸带正在形成。

八　大湾区生态环境保护合作机制加速调整

为推进区域经济社会均衡协调发展，在国家和广东省的战略部署和引领下，珠三角区域自1989年开始先后展开了6轮规划，分别就城镇体系规划、经济区城市群规划、空间结构规划、协调发展规划、全域长远规划、大湾区发展规划进行了部署。2008年国家发改委颁布了《大珠江三角洲城镇群协调发展规划》，粤港澳三地2012年出台了《共建优质生活圈专项规划》等，这些规划均以深化区域合作、解决共性公共问题为出发点，为粤港澳三地探索建立区域污染联防联治机制、制定环保框架协议、建立环境监测与预警制度体系、攻坚跨区域生态保护区打下了坚实的基础。特别是2019年中共中央国务院联合印发的《粤港澳大湾区发展规划纲要》单列两个章节，明确提出要推进生态文明建设和建设宜居宜业宜游的优质生活圈，为打造大湾区天蓝、地绿、水净的优美生态环境提供了全方位的顶层设计。

在不断完善区域合作发展顶层战略设计的同时，粤港澳大湾区也在不断夯实生态环保合作的协议基础。在合作框架协议成果上，2004年6月，内地9市与港澳共同签署了《泛珠三角合作框架协议》，提出了包括环境保护在内的十大领域的全面合作。2009年2月，深莞惠三个城市在深圳签订了《推进珠江口东岸地区紧密合作框架协议》，指出了包括能源保障、水资源及城市防洪、环境生态等在内的十项重点合作内容。2009年6月，广佛肇三个城市在肇庆签订了《广佛肇经济圈建设合作框架协议》，明确三市将生态环境监控预警体系融为一体，并将建立广佛肇旅游一体化合作机制。在专项环境合作协议上，粤港澳三地分别签署了《珠澳环境保护合作协议》《粤港环保合作协议》《港澳环境保护合作协议》《2017—2020年粤澳环保合作协议》《关于改善珠江三角洲空气质量的联合声明》《区域大气污染联防联治合作协议书》等环保协议，为大湾区生态文明建设提供了全面的操作蓝本。

第二节　大湾区优质生活圈建设

《粤港澳大湾区发展规划纲要》指出，要建设宜居宜业宜游优质生活圈，积极拓展粤港澳大湾区在教育、文化、旅游、社会保障等领域的合作，共同打造公共服务优质、宜居宜业宜游的优质生活圈。[①]这给大湾区加快建设优质生活圈并成为世界人居环境的标杆提出了明确的发展方向，集中体现了创新、协调、绿色、开放、共享五大发展理念，深深关系着粤港澳三地人民参与生产生活的根本利益与民生福祉，能够有效增进大湾区人民的获得感、幸福感和安全感，对努力打造国际一流湾区和世界级城市群具有重大意义。

一　建设教育优质生活圈

教育是大湾区部分城市发展的短板，也是进一步深化粤港澳三地合作的重点领域。从2003年至今，中国内地与港澳相继签署了《关于建立更紧密经贸关系的安排》（CEPA）和其他一系列补充协议，在协议框架下，粤港澳三地深化了教育上的交流合作，取得了一定的进展。大湾区教育资源分布相对不均衡，单从大学办学质量国际排名来看，大湾区共有5所世界100强大学，但均位于香港，各城市间教育基础设施和教育质量差距较大，具有较强的互补性。面对两种不同体制、三个独立关税区带来的体制机制障碍，粤港澳三地深度挖掘教育合作潜力，加速了多层次教育办学合作进程。

① 中共中央国务院：《粤港澳大湾区发展规划纲要》，人民出版社2019年版。

2010 年以来，粤港澳三地普遍采取了有力举措，促进了教育质量的有效提升。一是逐步深化高等教育合作办学机制建设。在粤港澳高效联盟的引领下，粤港澳三地高等院校广泛展开了交换生员安排、课程学分互认、科研成果转化等方面的合作，设立了联合共建优势学科、实验室和科研院所，并积极兴办特色学院，引进剑桥大学、莫斯科大学等世界知名大学开展中外合作办学。二是加强基础教育、职业教育交流合作。内地少数中小学与港澳中小学结成了姊妹学校，广州、深圳等城市设立了专门的港澳同胞子弟学校，并试点放开港澳中小学教师通过考试获取内地教师资质任教，推进三地共建职业教育基地和园区，并广泛展开招生就业、教育培训、校企对接等方面的合作。三是努力实现优质的教育资源合作共享。为推进教育进一步融合发展，广东省对来自港澳的学生实行与内地学生同等待遇的政策，吸引了一些港澳学生到内地就读创业，逐步扩大能为港澳居民子女提供义务教育和高中教育的学校覆盖面，多方位构筑优质的教育生活圈。

二　建设人文优质生活圈

粤港澳三地文化同源，在地理、历史、语言、血缘等方面有着极大的相似性，粤港澳大湾区战略的实施为继续弘扬岭南优秀传统文化优势、塑造共享人文湾区提供了广阔契机，能更好地彰显中华民族优秀传统文化深远魅力。建设粤港澳大湾区既要建设好一流经济湾区，也要建设好先进文化湾区。一是广泛搭建民间人文交流合作平台。目前，港珠澳大桥已经建成通车，连接深圳湾东西岸的深中通道、深珠通道正在部署建设过程中，一小时交通圈的形成逐步打通了大湾区人文交流的“桥”与“路”，粤港澳大湾区文化产业联盟、粤港澳大湾区国际论坛、同乡联谊会等为深化内地与港澳人文交流往来搭建了广泛平台，有效增进了各界人士间的同胞情感和国家认同感。二是盘活大湾区重大文化遗产资源，夯实跨区域信仰文化、民俗文化共同根基和基础。挖掘大湾区世界文化遗产、非物质文化遗产以及文物古迹，弘扬醒狮、武术、龙舟、粤剧等岭南文化，开展文化艺术、文化遗产展览展演活动，促进粤港澳文化交融和创新发展。三是倡导举办以爱国主义教育为主题的湾区青少年文化交流活动。为增进港澳青少年对国家历史、民族文化的认知，培育大湾区青少年共同形成正确的中华民族文化价值观，定期举办“粤港澳青年文化之旅”联欢会活动，推出了多个澳门千人计划、香港青年内地交流资助计划等项目。四是逐步健全大湾区公共文化服务体系和现代文化产业体系。整合大湾区内现有文娱艺术旅游等资源，扶持文化创意、动漫设计等产业发展，促进大湾区艺术院校、博物馆、美术馆、戏曲中心等机构间合作交流，努力推动国家音乐产业基地建设，协力打造人文精神内涵丰厚的现代魅力湾区。

三 建设人才集聚生活圈

人才的集聚流动是粤港澳大湾区高质量发展至关重要的环节，也是实现创新发展的第一驱动力。从纽约、东京、旧金山三大湾区的发展历程来看，世界著名湾区的经济产业的快速壮大发展均离不开高等教育院校基础和科技创新人才的强力支撑，其人才吸纳、培育、使用、管理的实践经验具有较大的借鉴意义。自 2015 年国家发改委、外交部等部门共同发布的《推动共建丝绸之路经济带和 21 世纪海上丝绸之路的愿景与行动》中首次提出要打造粤港澳大湾区以来，粤港澳区域人才开始加速流动集聚，大湾区教育和人才高地正在加速形成。一方面，大湾区加紧制定和推出一系列关于人才“引进来”“留得住”的优惠政策，加大了对基础研究人才、科技领军型人才、“卡脖子”环节技术攻关人才等的引进培育力度，促进技术、人才、资本等要素的集聚叠加。深圳前海、广州南沙、珠海横琴三大国家自贸区都制定了吸引港澳青年来内地创新创业的创业资助、税收补贴、住房优惠等政策。在这些人才政策的牵引下，截至 2018 年底，深圳前海青年梦工场已成功吸引到 300 多家深港创业团队进驻，其中香港团队占据半数以上，并在个人所得税上为前海创新创业人才提供的财政补贴已达到 1.35 亿元。另一方面，大湾区注重人才培育引进服务平台的搭建，部分区域正积极探索以人才聘任和法定机构等形式面向全球招贤纳士，加紧了对创新型、服务型人才的引进，带动了大湾区人才结构的不断提升。目前，大湾区已经建立多个企业孵化器和创新创业平台，并在澳门设立了月球与行星科学、智慧城市物联网国家重点实验室，积极部署大湾区人力资源服务产业园建设，都为人才发挥才智提供了有力支撑。

四　建设就业创业生活圈

推动个人价值实现和提供更好就业机会是有效提升人民生活水平的根本之道，为粤港澳大湾区广大居民和多层次人才就业创业提供优越的工作环境是有效提升大湾区软实力的又一重要任务。粤港澳大湾区战略的推出，吸引着越来越多的国内外人才来到大湾区就业创业。从 2015 年开始，中国流动人口的规模由持续上升变为缓慢下降，但广东省统计局公布的数据显示，广东省人口流入规模连续 4 年超过百万，2018 年广东常住人口新增 177 万人，香港、澳门的常住人口数量同样维持正增长态势，许多省外高校应届毕业生、技术职校毕业生、归国华侨华人专业人士等都选择在广东省就业创业，其中绝大部分流入珠三角区域，为大湾区不断增添新动力。近年来，粤港澳大湾区从促进粤港澳大湾区居民就业入手，不断拓展就业创业空间，为“大众创业、万众创新”提供了广阔舞台。一是在内地与港澳合作共融发展区域设立就业创业试验区，不断解决港澳青年关心关切问题，探索取消就业证制度，降低了港澳优秀人才到大湾区就业执业的门槛，推动职业资质标准互认互通，通过打造前海青年梦工场、横琴青年创业谷、南沙青年创新工场、澳门青年创业孵化中心、粤澳创新创业合作区等就业创业平台，促进湾区居民就业生活水平稳步上升。二是不断完善大湾区公共就业服务体系，制定便利港澳青年和省外高校毕业生就业生活的政策措施，提供公共就业综合服务平台。2019 年 5 月，广东省政府发布了《关于加强港澳青年创新创业基地建设实施方案的通知》，明确了到粤创业就业的港澳青年与本地青年同等享受一次性创业资助、创业培训补贴、创业带动就业补贴、租房补贴和创业孵化补贴等优越的扶持政策，并组织联合各界大湾区青年领袖设立了大湾区共同家园青年公益基金，主要用于为大湾区青年交流成长提供有利条件，帮扶青年解决在学业、就业、创业和生活等方面遇到的实际困难，积极为各界大湾区居民成长发展提供良好的社会环境。

五　建设旅游休闲生活圈

进入新时代后，中国的社会主要矛盾已经发生了根本转变，人们对职住空间、休闲旅游、交通出行等服务质量的要求与日俱增，建设旅游休闲生活圈成为增强湾区人民幸福感、提升现代工作生活品质、共享大湾区发展成果的重要途径。近年来，粤港澳大湾区利用海岸线狭长、滨海生态资源丰富、开放程度较高的优势，加强公共交通、绿化廊带等基础设施建设供应，努力打造高质量旅游休闲宜居乐土。一是努力建设大湾区世界级旅游目的地。依托大湾区国际港口群、城市群集中优势，面向国际社会构建滨海旅游、中医养生、文化创意等多元化的旅游产品体系，不断拓展国际旅游航线，提供高铁“一程多站”式旅游服务。港珠澳大桥建成通车后的 7 个月内已累计通过 1000 多万人次游客，港澳游客人数不断增长，大湾区高速互达“一小时交通圈”的建设也为居民提供了便利的通勤条件。二是提升旅游休闲服务质量。改善湾区范围内国境免签政策，组建大湾区城市间旅游合作联盟，支持香港向国际城市旅游枢纽和澳门向世界旅游休闲中心方向发展，统筹整合大湾区内旅游资源，逐步提升大湾区旅游品牌价值。三是探索实施自由行举措。从 2019 年 5 月 1 日开始，广东省正式实施了外籍人士 144 小时内过境免签的政策，探索简化游客游艇邮轮出入境行政手续，有效吸引了越来越多的外国人到广东省区域访问，带来了广阔的市场契机。目前，经过与香港方面协商，深圳湾口岸已实现现货通检查通道 24 小时通关，预计在 2020 年底前全面实行 24 小时通关，皇岗口岸已实现 24 小时通关，莲塘口岸也在积极部署 24 小时通关举措。四是完善滨海旅游基础设施服务体系。粤港澳大湾区沿海城市围绕连通港澳滨海旅游发展轴带布局逐步深化合作，完善城市间旅游合作机制，促进滨海旅游资源立体开发，滨海景观公路和一批特色文旅小镇正在部署形成。

六　建设健康安全生活圈

随着大湾区经济社会在更深层次上转型发展，因工业化、城镇化和人口老龄化带来的交通安全、食品药品安全、职业安全和环境污染等问题对湾区居民的健康影响较为明显，医疗卫生资源条件和食品用品安全与居民健康水平密切相关。为了有效增进居民健康质量，粤港澳各城市分别在发展健康产业、医疗合作、人才培育、中医药综合改革试点等方面采取了有益的尝试，使大湾区促进健康的能力稳步提升。在具体实践上，粤港澳三地强化了优质医疗卫生领域的合作，2019 年 2 月 27 日，粤港澳三方共同签署了《粤港澳大湾区卫生健康合作共识》，指出将要在医疗技术、科技创新、人才培养、疾病防控等62 个健康合作项目上展开合作，协同构建高质量的健康湾区。发挥港澳医疗卫生水平相对先进的优势，引导港澳医疗卫生服务机构在内陆九个城市以相对灵活的投资体制设立医疗机构，共建区域性医疗高地。培育发展本土生物医药产业，助力大健康服务产业发展，2015 年 6 月，粤港澳医药产业协同创新联盟在广州正式成立，形成了由三方高校、企业和科研院所组成的非营利性、开放式协同创新组织，集聚了近 200 家医药企业加入。继续深化粤港澳中医药领域的合作，建设粤澳中医药产业园，并推动中医药企业走向“一带一路”国际市场，部署中医药检测中心、质量研究国家重点实验室，共同研究制定让国际认可的中医药品质量标准，并促进其国际化、标准化。开展医疗卫生人才合作培养，逐步放宽境外医师到湾区内陆九市执业的限制，并推动医生资质标准对接。建立完善大湾区食品药品安全制度和监管体系，利用信息化手段实现食品药品原产地追溯和安全事故应急联动，并积极推动“三医联动”的多层次医疗保障体系建设和医疗保障水平改革，多方位切实保障居民健康质量，为健康大湾区建设筑牢了安全堤坝。

第三节　引领粤港澳大湾区优质生活圈建设

深圳是伴随中国改革开放进程快速崛起的一座国际化现代化创新型城市，城市建立和经济特区成立以来，一直比较重视生态环境建设。近年来，在习近平生态文明思想指引下，深圳更为注重经济、社会和生态三者协调发展，在经济创新发展的同时，城市居民赖以生存的社会环境、生态环境逐渐提质。按照粤港澳大湾区和深圳先行示范区“双区驱动”要求，深圳将进一步牢固树立和践行绿水青山就是金山银山的理念，努力打造安全高效的生产空间、舒适宜居的生活空间、碧水蓝天的生态空间，并在美丽湾区建设过程中走在前列，引领粤港澳大湾区优质生活圈建设。

一　推动生态文明建设

为了快速转变经济发展方式，实现高质量发展，深圳推出了系统性的举措推进绿色发展和污染治理，较好地实现了经济发展与环境保护的互促双赢，获得了国际国内社会的广泛肯定。

（一）发挥创新优势持续推进生态修复

发挥创新优势，努力减少人类经济活动对生态环境的损害，并持续加强重大生态基础设施建设，使得城市发展不断增添新绿，其主要做法如下：（1）持续推进产业结构优化升级。过去的 30 年中，深圳的产业结构几乎不到十年就完成一次产业升级，主要由原先的以火电、化工、电解铝、煤炭、造纸、纺织、皮革、石化等重污染行业为主逐步转变为以新一代信息技术、新能源、新材料、节能环保、高端制造、金融、生物医药、文化创意、互联网等新兴产业行业为主，深圳当前已发展成为国内战略性新兴产业规模最大、集聚性最强的城市，单位能耗和排放强度均大幅降低。（2）持续提升山水林田湖草等自然资源绿色覆盖率。2005 年，深圳市率先划定全国第一条生态控制线，要求生态绿地面积不得低于全市面积的 49%。2017 年，深圳自提出了“建生态城市，圆绿色梦想”的倡议后，森林覆盖率面积已达到 43.4%，其中盐田区的森林覆盖率高达 65.7%，能与以“绿色王国”著称的日本相媲美。（3）持续优化能源利用结构。2015 年，深圳全市已累计关停小火电机组 2288 万千瓦，全部完成了燃油发电机组“油改气”工程，核能供电、燃气供电已达全市用电量的 90.5%，并积极向光伏发电、垃圾焚烧发电方向拓展。（4）持续推进低碳交通和燃油治理。截至 2018 年 5 月，深圳全市公交车和出租车 100% 实现了纯电动化，全年公共交通客运总量高达39亿人次，地铁运量获得了大幅提升，成为全球纯电动出租车规模最大、应用最广的城市，并于2018年与多家国际航运企业共同签署了《深圳港绿色公约》，实行燃油硫排放限制。（5）持续推广绿色建筑建设。自2008年开始，深圳先后发布了《关于打造绿色建筑之都的行动方案》《深圳市可持续发展规划（2017—2030年）》《绿色建筑评价标准》等技术规范文件，大大减少了建筑资源浪费和能耗排放。（6）持续加强生态文明制度建设或规划。深圳市委市政府高度重视生态文明体制完善与设计工作，深圳市国民经济和社会发展第十一个五年规划、第十二个五年规划、第十三个五年规划均对生态文明建设专设章节进行规划部署，广泛涉及循环经济、绿色低碳、环境保护、节能减排等方面内容，运用特区立法权，先后颁布特区循环经济条例、碳排放权交易管理暂行办法等多部法律法规，并于2007年起推出《深圳市环境保护实绩考核试行办法》，在国内率先实施领导干部生态实绩考核。

（二）狠抓重点领域污染防治

党的十八大召开以来，深圳市政府将环境保护放到与经济发展同等重要的地位来抓，每年召开环境形势分析会议，先后对城市环境质量、大气污染治理、水环境治理、固体废弃物治理、土壤环境保护等工作进行专题部署，为全面建成小康社会和打好污染防治攻坚战打下了坚实基础。

1. 持续推进大气污染整治，坚决打好蓝天保卫战

从2000年至今，深圳先后实施了燃煤电厂脱硫、机动车燃油国标、淘汰黄标车、扬尘污染防治、大气环境质量提升等举措，成为国内大气污染治理措施最严、创新最多的城市。经过长期坚持不懈的大气污染防治，2018年，城市大气颗粒物PM2.5浓度有效降低至27.7微克/立方米，居全国大中城市第五位，灰霾天气也由2004年的189天降低至2018年的27天，空气质量不断稳固提升。

2. 持续决战水污染治理，力争全面消除水体黑臭

深圳城市河流普遍径流较短、缺乏生态基流，大江大河与深圳擦肩而过，水污染形势较为严峻。据统计，深圳310条河流中曾有159个黑臭水体，在全国36个重点城市中数量最多。截至2017年

底，全市310余条河流的402个监测断面中，水质达到地表水Ⅳ类以上标准的断面占33.4%，地表水Ⅴ类断面占3.2%，劣Ⅴ类断面占63.4%，主要污染物为氨氮和总磷。2016年以来深圳举全市之力打响水污染治理攻坚战，形成以河长制为抓手、以完善管网系统为核心、以污水收集处理提质增效为重点的治水决战决胜格局。4年来持续投入1200亿元，探索实施多种形式的合作治水模式，压实河长责任，按照源头预防、过程控制原则，加大污水管网、雨水管网、污水处理厂、海绵城市给排水工程等重大基础设施建设力度，使水污染防治能力持续增强。2019年5月，深圳被国务院评为水环境质量改善最明显五城市之一，10月入选全国黑臭水体治理示范城。截至2019年10月底，全市159个水体全部达到不黑不臭，在全国率先实现全市域消除黑臭水体。

3. 持续加强城市固体废弃物处置能力建设，着力创建“无废城市”

随着经济社会发展规模的不断壮大，深圳城市固体废弃物处置压力越来越高。2018年，深圳共收集处理居民生活垃圾671.7万吨（约1.84万吨/天），均以焚烧发电和填埋方式全部处理；共产生建筑废弃物约10157万立方米，主要用于土地整备、生态修复、周边城市填海等工程；共产生工业固体废物116.49万吨，其中综合回收利用87.64万吨，无害化处理29.26万吨；共产生医疗废物1.51万吨，全部得以无害化焚烧处置；共产生市政污泥106.68万吨，27.3%得到无害化处置，72.7%的污泥需外运处置。为有效应对固体废弃物治理，深圳正在探索“垃圾发电+工业旅游+科普教育+休闲娱乐”四位一体的固废处理路径，努力实现生产系统与生活系统无缝对接，力争早日建成“无废城市”。

4. 持续推进土壤环境治理，确保居民健康生活

由于深圳工业化发展起步较晚，已经形成了以高新技术产业为主体、重污染企业较少的产业形态，除少数地块存在铅、锌、镉等重金属污染外，其他大部分土地未出现突出的耕地污染和污染地块再开发利用安全事件。

目前，深圳着力从管理制度、技术规范、标准制定、监测网络

等维度不断完善城市土壤环境管理体系，并于2016年12月在全省范围内率先出台了城市土壤环境治理方案，提出了40条具体措施，将全市建设用地、农用地、水源地、生态用地均纳入土壤环境治理范畴。近年来，深圳市也在大力推进国家森林城市、“世界著名花城”、“千园之城”建设，在打造美丽家园上不断先行先试，走出了一条符合深圳发展实际的生态建设之路。

二　引领湾区优质生活圈建设

当好可持续发展先锋、引领粤港澳大湾区宜居宜业宜游优质生活圈建设，既是中央对深圳未来发展提出的重要任务，也是深圳增强在粤港澳大湾区核心引擎功能和发挥核心引擎作用的必然要求。努力为湾区城市居民提供优质的幸福生活环境是推进经济高质量发展与社会建设高度结合的具体体现，坚持以人民为中心，建设好深圳优质生活圈能让居民更好地共享改革发展红利，增强实实在在的获得感、幸福感、安全感，才能够更好地巩固和升级深圳的湾区核心引擎和示范引领作用，带动大湾区加快形成共建共治共享社会治理新格局。

近年来，港珠澳大桥、广深港高铁、高速路网、城际轨道等大型交通基础设施相继建成通车，深圳连接大湾区西岸城市群的深中通道、深珠通道等重大工程正在规划筹建，城市互联互通的交通体系进一步完善，大湾区城市群“一小时生活圈”正在加快形成，深圳市民与香港、广州、中山等湾区城市的工作生活空间距离不断拉近，人们的职住交往生活条件大幅提升。

随着城市居民对健康生活的要求不断提高，深圳根据国家战略相关部署，不断在提升城市健康水平上下功夫，致力于为居民提供全方位全生命周期的健康服务，积极推动“以治病为中心”向“以人民健康为中心”转变，力争让市民尽量少生病、少负担、看好病。2017年9月，深圳市委市政府发布了《健康深圳行动计划(2017—2020年)》，提出了要打造“健康中国”深圳样板的宏伟目标，并分别从普及健康生活方式、优化健康服务、改善健康环境、提升健康保障、发展健康产业等方面提出了具体实施举措。经过多年来的不懈努力，深圳已经建立起了具有中国特色的基本医疗卫生制度、医院管理制度、医保制度和优质高效的医疗卫生服务体系，人们看病难、看病贵的问题得到有效缓解。

在有效增进居民健康生活水平的同时，深圳也高度重视为居民提供更加优质的生态旅游休闲环境，不断加强滨海岸带、生态湿地、森林植被、绿色管廊、主题公园等生态基础设施建设力度，持续推进大气、水、土壤等污染联防共治，使得滨海旅游度假区形象更加彰显。截至 2019 年 9 月，深圳已建成国家 A 级旅游景区 16 家，星级酒店 102 家，规划建设湾区旅游休闲海岸线近 260 公里，蛇口半岛自贸区邮轮游艇旅游区、大鹏半岛滨海生态旅游度假区两大增长极正在加速形成。

总之，深圳近年来分别在教育供给、人文素养、人才集聚、就业创业、绿色发展、旅游休闲、健康保障等多方面充分发力，绘就了更加优质的宜居宜业宜游新画卷，极大地丰富和诠释了美丽幸福深圳的新内涵。

三 推进美丽幸福深圳建设的路径

建设粤港澳大湾区和深圳中国特色社会主义先行示范区是推进深圳高质量发展的又一次重大时代性开启。深圳需勇担使命，统筹推进“五位一体”总体布局，协调推进“四个全面”战略布局，以“双区驱动”为引领，采取系统性实质举措，率先形成共建共治共享共富的民生发展格局，率先打造人与自然和谐共生的美丽中国典范，努力促进经济、社会与生态三者协调发展，为美丽幸福深圳建设不断增添新力。

（一）构建城市绿色发展新格局

深入理解和践行绿水青山就是金山银行的发展理念，加快建立绿色低碳循环的经济体系，加快绿色环保知识的传播教育，开发绿色发展文化服务，促进城市居民快速形成人与自然和谐共生的生态素养，不断增加城市绿地、优质水、洁净空气、健康食物等生态产品的供给。探索试点“生态经济 + 市场经济”融合发展模式，明确自然资源资产产权，培育生态要素、生态产品或生态劳务交易市场，探索试行节能量交易、排污权交易、生态补偿、征收排放税等经济手段，筑牢“两山”创新实践基地根基。深化生态文明建设体制改革，制定完善鼓励绿色生产、绿色生活、绿色消费的管理体制、产业扶持政策。发挥深圳创新驱动优势，促进产业结构不断优化升级，加强绿色人才培养和研发投入，构建绿色技术创新体系，大力发展高新技术、新能源、环保科技、节能循环利用等产业，实施工业企业提标升级改造。加大氢能、页岩气、可燃冰、核能、地质生物能等清洁能源的开发利用程度，构建安全清洁高效的新型能源体系。深入推进“无废城市”创建，开展节约型企业、机关、学校、医院、社会建设，倡导节水节电，减少危废、水、气、重金属污染排放，加强污水处理厂、垃圾发电厂等基础设施供应，实现生产系统与生活系统循环对接和利用。加强海陆统筹，实施一批重大生态保护和修复系统工程，保护自然滨海岸带岸线，打造现代美丽滨海景观带。加强与周边城市在减灾防灾、治污环保等领域的协作，共同打好三大污染攻坚战。

（二）完善城市生态文明建设管理制度

以最严格的制度和最严密的法治保护环境，制定完善领导干部环境保护责任制度和责任终身追究制度，不唯 GDP 论，加强领导干部在任和离任审计，落实环境保护“党政同责、一岗双责”，探索建立生态环境建设奖惩机制，促进城市多部门共同形成齐抓共管的“大环保”工作格局。探索建立包含增长质量、资源利用、环境治理、环境质量、生态保护、公众满意、绿色生活等在内的绿色发展指标体系，不断完善包含创新驱动、经济发展、环境提升、社会发展等在内的考核指标体系，提升考核指标设计的科学性，使生态文明建设成效考核更易操作、更加标准、更加规范。建立健全全市土地空间规划和用途管控制度，严守生态红线，划定耕地和永久基本农田范围，确保山水林田湖草海等自然资源资产得到合理保护利用。用好用足特区立法权，以促进绿色发展和培育绿色消费模式为导向，出台企业绿色生产促进条例、社会绿色消费管理办法、环境损害赔偿管理办法等法律法规，实现环境保护依法治理。建立资源节约高效利用制度，探索建立生态系统服务价值标准，实行自然资源总量管理、垃圾分类、资源节约利用制度，对能源消耗总量和强度进行控制。建立健全城市生态环境保护和修复制度，推进全市生态湿地、滨海岸线、绿色廊带、森林、公园等生态资源一体化保护和修复制度化建设，以制度建设带动城市绿色增量建设。

（三）打造更优质的民生幸福家园

坚持以人民为中心的发展思想，继续推动城市公共服务、宜居宜业宜游水平再上新台阶，切实为城市居民生产生活营造更加舒适、便捷、安全的幸福家园氛围，让深圳这座城市更具魅力、活力、动力和创新力。优先增加优质教育资源供给，妥善解决城市教育资源供需之间存在的突出矛盾，建立教育用地用房保障机制，增加义务教育阶段学位供给，加强与香港、世界知名大学开展合作办学，创建国际一流大学和一流学科，促进校企对接合作，完善现代职业教育体系。大力培育和发展更具影响力的文旅产业，加强与港澳、西欧地区在数字经济、影视文化、创意设计上的合作，不断完善城市公共文化服务体系、文化创意产业体系，开发建立多元化的国内国际旅游产品体系，推动城市港口、口岸等基础设施升级建设，增开国际航线，简化出入境审批许可程序。探索实施更加优越的人才待遇和自由流动政策，对港澳人才来深就业创业实行市民待遇，不断完善收入分配制度，扩大中等收入群体的比重。构建国际一流的优质医疗服务体系，推进医疗保障综合改革，加强与湾区内其他城市在医疗卫生领域的合作。推动与湾区内其他城市在社会保障领域的合作，促进与港澳社会保障和公共服务的有序衔接，科学引导居民参与城市社会治理，使城市居民合理权益均获得充分保障，成为引领大湾区全方位发展的民生幸福高地。

第六章　人文理念聚力

粤港澳大湾区是中国最有实力对标世界三大湾区的经济体。虽然粤港澳三地存在着“一国两制”“三个关税区”等诸多差异，但三地同根同源，同属开放包容、兼容并蓄的岭南文化。良好的人文环境可以弥合制度差异，增强文化认同，推动粤港澳大湾区融合发展。因此，文化建设在大湾区建设中肩负着至关重要的责任和使命。2019 年 2 月出台的《粤港澳大湾区发展规划纲要》（以下简称《纲要》）中提出“共建人文湾区”。2019 年 8 月，中共中央国务院在《关于支持深圳建设中国特色社会主义先行示范区的意见》（以下简称《意见》）中提出大力弘扬粤港澳大湾区人文精神。未来，人文因素将是大湾区交流合作中最重要的无形力量，也是最高的竞争力。

第一节　粤港澳大湾区的文化建设

“湾区”一词已成为当今最具时代感的地缘符号，它不仅是一个经济概念，更具有深刻的文化内涵。环顾当今世界三大湾区，纽约、旧金山、东京等都有着各具特色的人文特征，不但经济发达，更是世界文化艺术中心，文化与经济相互促进，融合发展。因而，粤港澳大湾区的文化建设尤为重要。

一　塑造湾区人文精神

党的十八大以来，习近平总书记多次指出文化自信是“更基础、更广泛、更深厚的自信”，提出了以文化自信支撑道路自信、理论自信、制度自信，开创文化繁荣发展新局面。经历了百年屈辱的中国社会从站起来、富起来到强起来，从文化自觉走向文化自信。《纲要》中提出“塑造湾区人文精神”和《意见》中提出“大力弘扬粤港澳大湾区人文精神”，就是文化自信的体现。“人文湾区”的提出，不仅是经过高速经济发展后中国开始对人的存在、人的价值以及人的生存意义的思考，更是对人如何“全面发展”的重新定义。

（一）人文精神与人文湾区

何谓人文精神？通常学界对人文精神有三种不同理解：一是从西方“人文主义”来界定它的内涵；二是把人文精神归结为中国古代的人文传统；三是立足于人类来理解。粤港澳大湾区人文精神应当是综合以上三种理解，在中国古代人文传统的基础上，融合西方人文精神理念，立足马克思主义关于人的自由全面发展思想，结合当今社会发展，突出创新理念和创新文化，以促进社会可持续发展。

何谓人文湾区？依托粤港澳大湾区的建设而共建的“人文湾区”可以理解为在大湾区建设发展过程中坚持对共同文化记忆、社会认知、道德规范及价值观体系的认同与发扬，从而在大湾区范围内依靠文脉相亲而促进人心互通，形成一个既保留共同文化特质与内涵又实现不同文化元素相互交流与沟通的和谐湾区。[①]

（二）粤港澳大湾区的人文特征

第一，开放包容。作为中华优秀传统文化的重要组成部分，岭南文化是粤港澳大湾区人文精神的根基与源泉，构成了湾区的人文底色。岭南文化包括广府文化、客家文化、潮汕文化等，是土著文化、各时期的移民文化以及海外文化在交流、碰撞、激荡、整合的过程中形成的。[②] 岭南文化的形成与特殊的地理位置密不可分，背靠五岭，面向大海，处于山海之间的过渡地带。面朝大海，自古就有海上丝绸之路，意味着有人远道而来，带来西洋文化，也有很多

① 金凯：《建设“人文湾区”展现“文化自信”》，《深圳特区报·理论周刊》2019年4月9日第B06版。

② 徐南铁：《岭南文化的兼容特征和现代性审视》，《探求》2000年第6期。

背井离乡、漂洋过海的华侨，带回南洋和西洋文化，形成了多姿多彩的岭南文化。背靠五岭，意味着随着数代移民而来的中原文化与广东本土文化融合而成了开放而包容的广府文化。

第二，兼容并蓄。历史上的岭南文化一直是南北交融，中西合璧。特别到近代，还曾为中西文化的交流起了重要的桥梁作用，广东几乎是中国对外交往的正轨、唯一的通道，所以接受西方的东西比较快，比较直接。近现代岭南文化的基本走向是中西文化交汇，它与西方异质文化形成了一种“相倚”“相成”“相辅”的关系，夸张点说，它开通了中西文化交流的风气，导致了中国从传统的文化架构变为中西文化结合的新的架构。[①] 看似庞杂、变动不居的岭南文化体系对各种文化形态极为敏感，始终抱以开放的态度，勇于吸收各种文化营养，充实发展自身，形成了既传统又年轻的文化形态。[②]

第三，敢为人先。岭南历史上出现过许许多多影响深远的著名人物，这里既是近现代中国革命的策源地，也是新中国改革开放的先行者。岭南大地曾涌现出一大批影响深远的人文与科技巨擘，如星河灿烂，若出其里，孙中山、康有为、梁启超、詹天佑、冯如、唐国安、陈垣、陈寅恪、饶宗颐、萧友梅、郑正秋、林风眠、马思聪、李惠堂、李小龙等，这些先贤“敢为人先、开放兼容、求真务实”的精神光耀华夏，启迪后人。对于今天塑造湾区人文精神，他们是一座座激励我们前行的灯塔。[③] 改革开放后，广东大地涌现出任仲夷、袁庚、吴南生、梁湘、李灏、厉有为、任正非、任克雷、马福元、马志民、马明哲、马化腾等一大批敢闯敢试的先锋人物，是他们突破了思想观念和体制机制的樊篱，为实现中华民族伟大复兴的中国梦而不懈奋斗。

第四，开拓创新。学者梅钢将岭南文化的特征总结为：博采众长的开放兼容精神、敢为天下先的开拓进取精神、义利并重的务实

① 张磊：《岭南文化的演变走向及其基本特征》，《史学集刊》1994 年第 4 期。

② 陈寅：《秉承亲和务实创新理念，共塑湾区人文精神》，香港商报（http：//www. hkcd. com/content/2019 - 05/19/content_1138539. html）。

③ 同上。

精神、持之以恒的创新精神、机敏灵活的善变精神。[①] 可以说，岭南文化的关键词是与开放、兼容、务实、创新、善变、重利等文化特征联系在一起的。因此，兼容并蓄、开拓创新一直是岭南文化的特色。不同历史时期，创新的内容不同。当前，在《纲要》和《意见》的背景下，“双区驱动”效应赋予人文湾区建设以更高的使命，特别是深圳在创新文化中要更多担负起核心引擎作用。

（三）如何塑造湾区人文精神

如何塑造湾区人文精神？《纲要》中指出，坚定文化自信，共同推进中华优秀传统文化传承发展，发挥粤港澳地域相近、文脉相亲的优势，联合开展跨界重大文化遗产保护，合作举办各类文化遗产展览、展演活动，保护、宣传、利用好湾区内的文物古迹、世界文化遗产和非物质文化遗产，支持弘扬以粤剧、龙舟、武术、醒狮等为代表的岭南文化，彰显独特文化魅力。增强大湾区文化软实力，进一步提升居民文化素养与社会文明程度，共同塑造和丰富湾区人文精神内涵。吸收中华优秀传统文化精华，大力弘扬廉洁修身、勤勉尽责的廉洁文化，形成崇廉尚洁的良好社会氛围，共同维护向善向上的清风正气，构建亲清新型政商关系，推动廉洁化风成俗。[②]

与世界其他湾区相比，粤港澳大湾区“9＋2”城市的文化形态非常丰富，文化要素非常复杂，既存在岭南文化，又存在中西文化的冲突和融合。即使在岭南文化的内部，也有广府文化、潮汕文化、客家文化，以及侨乡文化、移民文化等其他亚属的文化形态，这就显然比其他几个湾区的文化形态要丰富。[③] 但从世界级湾区的文化构成来看，单纯地强调岭南文化是不够的，世界级的湾区需要有世界级的文化支撑，而世界级的文化支撑必须是面向现代的，面向世界的，

---

① 梅钢：《基于岭南文化背景的广东创新文化建设探讨》，《当代经济》（下半月）2008年第12期。

② 《粤港澳大湾区发展规划纲要》，人民出版社2019年版，第37页。

③ 李凤亮：《一流湾区期待一流文化》，2019年9月24日，读创文化广场（https：//appdetail.netwin.cn/web/2019/09/7df7434f224cf7b45f7f8471b03b0bdc.html？from＝singlemessage&isappinstalled）。

面向未来的，是地方和全球、传统和现代、植根性与流动性的冲突与融合。[①] 从根本上说，共建人文湾区最重要的是实现文化认同，加强中华文化的凝聚力，不断融合东西方先进文化，注重创新文化，不断增强文化自信。

二　共同推动文化繁荣发展

粤港澳大湾区应如何共同推动湾区的文化繁荣发展？《纲要》中指出：完善大湾区内公共文化服务体系和文化创意产业体系，培育文化人才，打造文化精品，繁荣文化市场，丰富居民文化生活。推进大湾区新闻出版广播影视产业发展；加强国家音乐产业基地建设，推动音乐产业发展。加强大湾区艺术院团、演艺学校及文博机构交流，支持博物馆合作策展，便利艺术院团在大湾区内跨境演出。支持新建香港故宫文化博物馆、西九文化区戏曲中心等重点文化项目，增强香港中西合璧的城市文化魅力。支持香港通过国际影视展、香港书展和设计营商周等具有国际影响力的活动，汇聚创意人才，巩固创意之都地位。支持深圳引进世界高端创意设计资源，大力发展时尚文化产业。支持香港、澳门、广州、佛山（顺德）弘扬特色饮食文化，共建世界美食之都。共同推进大湾区体育事业和体育产业发展，联合打造一批国际性、区域性品牌赛事。推进马匹运动及相关产业发展，加强香港与内地在马匹、饲草饲料、兽药、生物制品等进出境检验检疫和通关等方面的合作。[②]

目前，人文湾区建设已进入落实阶段，广东省已出台《广东省推进“粤港澳大湾区文化圈”建设三年行动计划（2019—2021）》。实现大湾区的协同发展、共建“人文湾区”，关键在于实现文化认同。湾区“9+2”城市同根同源，人文湾区建设有着先天优势。冯天瑜在《中国文化生成史》中谈到，中华民族从来不是单一的族裔，而是多元、多系复合体。包罗万象的中国文化由中华民族共同

① 王为理：《人文湾区建设更重要的是要返本开新》，2019 年 10 月 4 日，读创文化广场（https://appdetail.netwin.cn/web/2019/10/cef46cf7beed4b90fca184462a2ee1c7.html?from=singlemessage&isappinstalled=0）。

② 《粤港澳大湾区发展规划纲要》，人民出版社 2019 年版，第 37—38 页。

创造，它又是中华民族实现民族认同的坚实根基。粤港澳大湾区虽有着制度的差异，但却同属岭南文化圈，地域相近、文脉相亲，有天然的文化认同感和亲切感。特别是改革开放40年来，粤港澳三地文化交流活动非常密切，为共建人文湾区、塑造湾区人文精神奠定了良好的基础。

首先，应充分发挥文化建设的引领支撑作用，岭南文化是粤港澳大湾区文化的共同底色、共同财富，应以岭南文化为纽带，促进粤港澳三地传承发展中华优秀传统文化，推动中华优秀传统文化创造性转化、创新性发展。其次，全方位开展文化交流合作，切实增强港澳同胞对国家的向心力和对“一国两制”的认同感，为共建富有活力和国际竞争力的一流湾区和世界级城市群做出积极贡献。[①]再次，充分利用三地优质丰富的文化资源，面向新时代，打造湾区的文化精品，要有湾区的代表作。最后，三地要共同面向世界讲好中国故事，讲好湾区故事，做好文化的传播。[②]

人文湾区是一个多层次、开放性的，有着巨大创新力，且可持续的发展目标。人文价值、大众认同相亲相近，可以通过整合三地的文化资源优势，以文化的同源性和形式上的多元性，丰富大湾区的居民文化生活，营造大湾区的良好人文氛围，共同推动文化繁荣发展。

三 加强粤港澳青少年交流

《纲要》中强调要加强粤港澳青少年交流，并提出支持“粤港澳青年文化之旅”、香港“青年内地交流资助计划”和澳门“千人计划”等重点项目实施，促进大湾区青少年交流合作。在大湾区为青年人提供创业、就业、实习和志愿工作等机会，推动青年人交往交流、交心交融，支持港澳青年融入国家、参与国家建设。强化内地和港澳青少年的爱国教育，加强宪法和基本法、国家历史、民族

① 《广东出台三年行动计划推进粤港澳大湾区文化圈建设》，《深圳商报》2019 年 7 月 5 日第 A2 版。

② 《广东省委常委、宣传部长傅华：共建人文湾区》，http：//static. scms. sztv. com. cn/ysz/zx/zw/28207666. shtml。

文化的教育宣传。开展青少年研学旅游合作，共建一批研学旅游示范基地。鼓励举办大湾区青年高峰论坛。①

“粤港澳青年文化之旅”以岭南文化、传统文化为主题，以粤港澳三地青年大学生为对象，由国家文化和旅游部支持，广东省文化厅、香港特区政府民政事务局、澳门特区政府高等教育辅助办公室联合主办，是加强内地与港澳青年文化交流的重要品牌。从2009年开始，已连续举办11届，目的是加强粤港澳青少年对中国传统文化的理解，增进民族认同。这项活动有上千名青年学生通过香港、澳门、广东、广西、福建、江西、湖南、贵州等地的文化之旅，共同了解岭南文化传统，感受中西方文化的碰撞与交流，目睹大湾区文化创新蓬勃发展。

澳门“千人计划”于2016年启动，是澳门特区政府青年政策的重要举措。每年组织1000名澳门青年学生赴内地各省市进行多元学习交流，开阔眼界，深入了解中华民族五千年的悠久历史和优秀传统文化及中国40年改革开放的辉煌成就。让澳门青年学生对祖国有更直观、更感性的认识，提升素质和能力，传承爱国爱澳精神，将个人发展与国家发展及澳门特区建设结合，为澳门未来发展储备英才。

多年来，深圳不遗余力，通过多种途径加强粤港澳青少年交流。首先，搭建港澳青年来深创新创业的战略平台。深圳前海深港青年梦工场在深港青年文化交流中发挥了重要作用。2014年深圳市在前海设立深港青年梦工场，成为深港合作的国家级战略平台，重点工作是深港青年合作，为港澳台青年融入大湾区、拓宽发展路径提供理想平台。迄今为止，累计孵化创业团队388家，其中港澳台及国际团队190家，累计融资总额超过15亿元。② 现在，前海已成为香港青年内地发展第一站。

深圳前海不仅为香港青年提供创新创业平台，也为他们搭建接轨香港的生活环境，让深港两地人才能够双向流动。例如，注册税

① 《粤港澳大湾区发展规划纲要》，人民出版社2019年版，第38—39页。

② 《前海打造港澳台青年发展理想平台》，新闻动态—前海门户网站（http://qh.sz.gov.cn/ehub/gg/201910/t20191011_18316578.htm）。

务师、注册会计师、房屋经理等10多类香港专业人士可以在前海直接执业[①]，挂牌成立“前海深港博士后交流驿站”“前海留学人员创业园”，人才保障住房优先面向港籍人才配租，让区内创业就业港人“住有所居”[②]。

目前，深圳13个深港澳青年创新创业基地中，先后有4578人次入驻，其中港澳创业青年336名，403个创业项目在此孵化，已经成为港澳青年来深创业首选的落脚点之一。据深圳数据，福田岗厦基地目前共有8个团队进驻，其中6个是港澳团队；罗湖区尚创峰基地200个工位已经有138个团队入驻，其中105个是来自香港的团队；南山智园基地目前有12个团队入驻，汇聚来自港澳台的创业青年，已经孵化团队达到45个。[③]

其次，出台多项政策帮助港澳青年融入大湾区建设。2019年7月，深圳市政府的《深圳市加强港澳青年创新创业基地建设工作方案》中出台诸多优惠政策。例如，将推动更多港澳青年创新创业基地纳入香港“粤港澳大湾区创新创业基地体验资助及创业资助计划”。符合条件的港澳居民在深圳创办企业可享受社保补贴、场租补贴、初创企业补贴、创业带动就业补贴等各项创业扶持政策。建设更多港人子弟学校，合作发行三城通信专属卡，港澳青年来深创业就业可申请人才房等。[④]

2019年8月，前海出台了支持香港青年在前海发展的36条措施及实施细则，每年提供2亿元资金支持港澳青年在前海创业发展。优惠措施贯穿港澳青年实习、就业、创业初期、企业发展期等全过程，切实发挥前海促进港澳青年来深创新创业的战略平台作用，为港澳青年施展才能搭建舞台，促进香港、澳门融入粤港澳大湾区发

① 参见《前海着力打造粤港深港合作新平台》，http：//www.sohu.com/a/128158810_487447。

② 参见《深圳逐步取消市内高速收费》，大粤网—腾讯网（https：//gd.qq.com/a/20180301/007724.htm）。

③ 《深港澳青年创新创业基地，助港澳青年筑梦深圳》，《南方日报》2019年7月11日。

④ 参见《港澳青年来深圳创业就业可申请人才房》，广东省人民政府门户网站（http：//www.gd.gov.cn/gdywdt/dsdt/content/post_2529669.html）。

展大局。[①]

2019 年 9 月，中央广播电视总台粤港澳大湾区中心落户前海，以“一流湾区、一流生活”为传播定位。前海深港设计创意产业园正式开园，该项目旨在充分挖掘深港文创设计产业合作的巨大潜力，为香港文创设计产业拓展空间，将前海打造成为国际一流的文化创意基地，为香港企业和香港青年发展创造更好条件、营造一流环境。[②] 此外，深港青年梦工场二期、粤港澳青年创业区、深港文创小镇等项目也在加快推进。

最后，深港澳共建一批研学旅游示范基地。为强化内地和港澳青年的爱国教育，关注青年愿望、帮助青年发展、支持青年创业，深圳市及各区创办了一批研学旅游示范基地。粤港澳青年福田研学旅游示范基地目前由 5 个阵地组成，包括粤港澳青年创新创业工场、华强北电子第一街和华强北双创基地、水围集体股份公司、平安国际金融中心等，涵盖创新创业、砥砺奋斗、民族文化教育、交流发展和时代责任等 5 个主题研学点。[③]

龙华区举办“湾区少年行”2019 年龙华区粤港澳青少年研学营活动，青少年们参观了“大潮起珠江——广东改革开放四十周年展览”和“中国文化名人大营救纪念馆”。既了解了抗战期间日军占领香港后，深港两地东江纵队如何在艰难困苦的环境下营救爱国民主人士和文化名人的历史，又通过展览感受了广东改革开放的发展。

深圳的企业也积极主动承担粤港澳青少年交流的社会责任。2017 年和 2018 年全国两会，腾讯公司董事会主席兼首席执行官马化腾两度建言，建议国家和粤港澳政府着眼于促进大湾区青年人交流、沟通、理解和融合，进一步整合提升青年活动项目，出台政策鼓励大湾区知名企业、公共机构投入资源，为优秀青年提供实习和

① 《前海打造港澳台青年发展理想平台》，新闻动态—前海门户网站（http：//qh. sz. gov. cn/ehub/gg/201910/t20191011_18316578. htm）。

② 《历时 8 个月！总投资 1.2 亿元！前海深港设计创意产业园竣工》，深圳新闻网（http：//news. sznews. com/content/2019 - 04/24/content_21695545. htm）。

③ 《助力粤港澳青年交流，粤港澳青年福田研学旅游示范基地揭牌》，读特新闻客户端（http：//www. dutenews. com/futian/p/180108. html）。

工作机会。①

2019年2月，腾讯发起了一个开放式共建项目，也是“腾讯粤港澳大湾区青年营”的升级版——“粤港澳大湾区青少年研学交流计划”。该项目由腾讯发起，湾区企业、大学和社会机构自愿申请、持续加入，成员单位都能尽己所长，服务大湾区青少年成长，大湾区青少年也都能从这一开放平台上找到适合自己的研学体验项目，形成了大湾区企业和社会机构、优质资源与大湾区青少年，以及大湾区青少年彼此之间的三重连接，以更加开放普惠的形态，深入推动大湾区青少年交往交流、交心交融，预计未来三年将服务超过1万名中学生。腾讯、香港新世界发展集团、深圳万科、优必选、南方科技大学、长江商学院、雅昌艺术中心、MINDPARK创意大会、NFL职业橄榄球大联盟、中国杯帆船赛等20余家企业和机构已首批加入计划。②

四　推动中外文化交流互鉴

岭南是中西文化交流最早的地方之一。从秦汉到近代，从最初的香料、犀象贸易，到丝绸、瓷器和绘画等。历代相沿的与外商做生意的传统习惯，使岭南成为华夷杂处、声气相通之地。近代以来，岭南对外文化交流也进入了一个划时代的新阶段。不光是地域交流上达到一个新阶段，而且在交流程度上也达到一个新阶段。古代与近代的文化交流，其不同点首先是交流的范围从东南亚、非洲东岸扩大到了欧洲、美洲；其次是交流的内容从封建时代文化转入资本主义时代文化；最后是交流的结果从同化别人到被人局部同化。近代中国在对待外来文化的态度上，也发生了巨大的转折，从敌视、抗拒、被动吸收到关注、欢迎、主动学习，以外来文化改造中国文化。在这个新阶段中，岭南无疑是最先进和最有代表性的地

① 《腾讯发起粤港澳青少年研学交流计划　面向大湾区中学生开放申请》，https://baijiahao.baidu.com/s?id=1626449872084799891&wfr=spider&for=pc。

② 《腾讯发起粤港澳青少年研学交流计划，面向大湾区中学生开放申请》，https://www.sohu.com/a/297866339_100016389。

区之一，它是近代中国对外文化交流的一个缩影。[①]

建设粤港澳大湾区的过程中，如何继续推动中外文化交流互鉴？《纲要》中指出，发挥大湾区中西文化长期交汇共存等综合优势，促进中华文化与其他文化的交流合作，创新人文交流方式，丰富文化交流内容，提高文化交流水平。支持广州建设岭南文化中心和对外文化交流门户，扩大岭南文化的影响力和辐射力。支持中山深度挖掘和弘扬孙中山文化资源。支持江门建设华侨华人文化交流合作重要平台。支持澳门发挥东西方多元文化长期交融共存的特色，加快发展文化产业和文化旅游，建设中国与葡语国家文化交流中心。鼓励香港发挥中西方文化交流平台作用，弘扬中华优秀传统文化。[②]

改革开放以来，深圳作为中国对外交流的窗口，在中外文化交流中发挥着至关重要的作用。新的历史时期，中央在先行示范区建设中提出深圳的发展目标是：到 2025 年，深圳建成现代化国际化创新型城市；到 2035 年，深圳成为我国建设社会主义现代化强国的城市范例；到 21 世纪中叶，深圳成为竞争力、创新力、影响力卓著的全球标杆城市。这一系列目标的实现都离不开文化的支撑，更离不开与世界的交流互鉴。今后，深圳将举办一系列国际大型体育赛事和文化交流活动，打造一批国际性的中国文化品牌，举办重大主场外交活动，不断扩大城市影响力。过去，世界是通过华为、中兴、腾讯、大疆等企业开始了解中国深圳。未来，世界将通过文化艺术、创意产业来了解深圳，认识粤港澳大湾区。

目前，中国（深圳）国际文化产业博览交易会（以下简称“文博会”）是深圳在打造对外文化交流的文化品牌中最突出的成果之一。2004 年，文博会落户深圳。15 年来，文博会不断发展壮大，已成为中国文化产业领域规格最高、规模最大、最具实效和影响力的展会，成为促进中国文化产业发展的重要引擎、推动中华文化“走出去”的重要平台和扩大文化对外开放的重要窗口。在推动中华文化“走出去”过程中，文博会突出深化中外文化交流互鉴，不断拓展合作领域、完善国际文化交流合作机制，让世界近距离感受

① 刘圣宜：《试论岭南近代对外文化交流的特点》，《开放时代》1995 年第 6 期。

② 《粤港澳大湾区发展规划纲要》，人民出版社 2019 年版，第 39 页。

中华文化的迷人魅力。①

“一带一路”国际音乐季也正在成为深圳对外文化艺术交流的一张名片。近年来，为响应国家“一带一路”倡议，深圳市政府联合中国音乐家协会共同主办了以“弘扬丝路精神，促进文明互鉴”为着眼点，以“联接中外，沟通世界”为主题的“一带一路”国际音乐季。2019 年的“一带一路”国际音乐季继续秉持高规格、高水准、国际化的原则，邀请了 41 个国家和地区的 809 位世界知名音乐家。通过音乐开展不同文化之间的对话、沟通和认同，为消除歧解、凝聚共识、增进友谊、营造共同繁荣发展的环境发挥作用、做出贡献，一定意义上是深圳作为改革开放前沿城市，在贯彻国家倡议上的一种文化担当。②

尽管有号召力、有品牌影响力的大型国际活动有所欠缺，但文化“走出去”和国际文化交流仍是深圳城市发展中的重要内容。在深圳城市文化菜单中，超过 2/3 的活动名称含有“国际”字样，几乎所有活动都有国内外文化交流的内容。③ 虽然城市文化底蕴和市民文化素质制约着城市文化软实力的提升，深圳仍虚心向全球一线城市学习，努力打造自己的城市文化品牌，既连通世界，又涵养市民，为城市发展提供内生动力。

此外，为持续增强城市文化的对外辐射力，市委市政府积极构建大外宣格局，提升城市英文门户网站“EYESHENZHEN”的影响力，打造外宣新阵地，推进国际传播能力建设，讲好中国故事、传播好中国声音。落实“一带一路”重大倡议，重点推进与联合国教科文组织、友城、创意城市网络、世界文化名城之间的交流合作，举办“深圳国际文化周”等一批重点活动，在重要城市、国际航班、著名地标等平台推广深圳形象，向世界展现真实、立体、全面

① 李小甘：《打造国际一流展会品牌，助力文化产业创新发展》，中新网（http：//www. chinanews. com/sh/2019/05 - 16/8838729. shtml）。

② 《从“让世界听深圳”到“在深圳听世界”》，深圳新闻网（http：//www. sznews. com/news/content/2018 - 05/02/content_19021278. htm）。

③ 《文化菜单相约四季　市民乐享文化大餐》，深圳市文化广电旅游体育局（http：//www. sz. gov. cn/wtlyjnew/xxgk/qt/gzdt/201910/t20191015_18322931. htm）。

的中国。[1] 深圳越来越重视通过对外文化交流，扩大城市影响力，提升城市文化软实力。目前，深圳已有83座国际友城，116个创意伙伴城市。

第二节　深圳创新文化的丰富内涵

习近平总书记在2018年两院院士大会上强调："科技领域是最需要不断改革的领域。""科技体制改革要敢于啃硬骨头，敢于涉险滩、闯难关，破除一切制约科技创新的思想障碍和制度藩篱，正所谓'穷则变，变则通，通则久'。"[2] "穷则变，变则通，通则久"这句话出自《周易·系辞下》，意思是事物一旦到了极限就要进行改变，改变就能通达，通达方能长久。改革开放以来，中国创新文化在深圳体现得最为淋漓尽致。那么，深圳这块创新热土上人们又是如何定义创新文化的？

一　何谓创新文化

中国传统文化原本是强调革新、创新，《诗经·大雅·文王》中讲："文王在上，于昭于天。周虽旧邦，其命维新。"意为周虽是旧的邦国，但使命在革新。儒家经典《礼记·大学》中讲："苟日新，日日新，又日新。"这是商朝开国君主成汤的警词，激励自己自强不息，创新不已。

中国古代历史上的繁盛时期都比较重视创新，鼓励经济增长，促进贸易往来。古代中国的诸多发明创造、技术革新不但繁荣了经济，还为人类社会进步做出了杰出贡献。然而创新在社会发展过程中并非一直得到重视，一旦创新的脚步停止，中国也就进入了衰落阶段。近代中国闭关锁国、唯我独尊后，就陷入落后挨打的境地。

---

① 李小甘：《坚定文化自信，推动深圳文化繁荣兴盛》，https://baijiahao.baidu.com/s?id=1612275348913934290&wfr=spider&for=pc。

② 谷业凯等：《破除一切制约科技创新的思想障碍和制度藩篱》，《人民日报》2018年6月1日第01版。

2005 年 5 月 22 日《纽约时报》刊登了著名专栏作家克里斯托夫（Nicholas D. Kristof）的评论文章——《从开封到纽约——辉煌如过眼烟云》[①]，文中谈到古代中国的繁荣很大程度上得益于采取了促进经济增长、促进贸易往来的政策，鼓励技术创新，如铁铧犁、印刷术、纸币等方面的技术革新。等到后来中国重农抑商，它的个人所得便不再增长了，一停就停了 600 年。今天中国的崛起正是依靠不断创新，依靠勉力进取、发奋向上的坚定意志，再次走向经济社会的繁荣。[②]

创新是民族进步的灵魂，决定着国家的兴旺发达。习近平总书记在会见探月工程嫦娥四号任务参研参试人员时发表重要讲话强调："实践告诉我们，伟大事业都基于创新，创新决定未来。建设世界科技强国，不是一片坦途，唯有创新才能抢占先机。"创新如此重要，因此，需要大力加强创新文化建设，营造有利于自主创新的文化氛围。

究竟该如何定义"创新文化"？目前国内学界尚在探索中，王平聚、曾国屏根据"创新"和"文化"的基本含义尝试将"创新文化"界定为：创新文化是指促使可支配资源和力量得以进行重新组合的理想、信念和价值观。[③]

早在 2008 年，深圳就开始注重总结创新的文化基础，深圳创新文化研究课题组在调研报告《深圳创新文化基本要素与内部循环》中提出，深圳创新文化具体体现为以创新为导向、激励创新活动的价值理念、制度安排、社会评价系统和舆论环境，其基本内核是"鼓励创新、宽容失败、脚踏实地、追求卓越"，支撑着这一基本内核的是革新、求异、竞争、忧患、先锋、开放、多元、宽容等八大

---

① 参见《纽约时报发表中文标题评论提醒美勿自大》，河北新闻频道（http://news.hebei.com.cn/system/2005/05/24/006157411.shtml）。

② 《北京是天下，上海是世界，深圳是未来》，ZAKER 新闻（http://www.myzaker.com/article/5d6f251532ce40df11000020/）。

③ 王平聚、曾国屏：《深圳创新文化系统初探——从历史性形成角度的一个考察》，《特区经济》2014 年第 11 期。

基本要素。[①]

创新文化在当代发展研究中受到高度重视，过去人们很少研究硅谷成功中的文化因素。事实上，正是硅谷独特的创新文化、创新精神将其打造成为创新栖息地。《硅谷百年史》中谈道："硅谷处于一个珍视创造性的地区，这里的人们有挑衅、破坏和漠视权威的处世态度。别样的生活方式和乌托邦式的反传统文化似乎一直根植于湾区的基因中，它们始于早期的诗人和视觉艺术家，后来延续到嬉皮士一代。学术著作倾向于过多地讨论抽象模型，而忽视了所有事实中最为重要的部分：创造性。硅谷一直以拥有高度的创造性为荣。我们可以说，除了创造力，其他一切都属于细枝末节。"[②] 此外，还有一种张扬敢于冒险、离经叛道、独立个性的"西大荒"的精神，这种精神可以追溯至"西大荒"的开拓者们。

关于如何营造创新的文化氛围，美国麻省理工学院著名教授尼古拉斯·尼葛洛庞帝指出："创新如何发生？新想法源自何方？最通常的答案是：提供良好的教育体制，鼓励不同的观点，培养协作精神。"此外，还有两个因素也很重要：一是鼓励冒险，容忍失败；二是鼓励心态的开放和观念的分享。[③]

从以上三点看，深圳的创新文化氛围是比较浓厚的。首先，深圳一直以来非常重视青少年创新教育。到 2019 年止，已举办 35 届深圳学生创客节暨深圳市青少年科技创新大赛。2017 年设立"粤港澳大湾区青少年创新科学教育基地"，旨在推动"高端科研资源科普化"，同时参与、开展双创教育活动与研学活动，切实推进大湾区青少年爱科学、爱生活、爱国家的"三爱"教育。[④] 2019 年 3 月，深圳与以色列合作举办了中国首届"世界青少年创新创业教育峰会"，大会的主题是"打造全球教育命运共同体、共创未来教育

① 深圳创新文化研究课题组：《深圳创新文化基本要素与内部循环》，《马克思主义研究》2008 年第 3 期。

② ［美］阿伦·拉奥、皮埃罗·斯加鲁菲：《硅谷百年史——伟大的科技创新与创业历程》，人民邮电出版社 2014 年版，第 3 页。

③ 转引自金吾伦《文化为什么对创新很重要?》，《创新科技》2006 年第 8 期。

④ 《粤港澳大湾区青少年创新科学教育基地在深圳成立》，人民网深圳频道（http：//sz. people. com. cn/n2/2017/0521/c202846 - 30215980. html）。

新生态”，围绕“全社会为教育服务、打造创新型的学习型社会”展开探讨、碰撞和交流。[①] 创新教育在深圳的大学和中小学已蔚然成风，为创新文化形成和创新人才培育营造了良好的教育环境。

其次，鼓励冒险，容忍失败。习近平总书记在中国科学院第十九次院士大会、中国工程院第十四次院士大会上指出：“创新从来都是九死一生，但我们必须有‘亦余心之所善兮，虽九死其犹未悔’的豪情。”“鼓励创新，宽容失败”是深圳十大观念之一，可以说宽容失败本身就是创新。深圳打破传统观念中“成王败寇”的束缚，释放创新的热情，鼓励人们不甘平庸，敢于创新，大胆探索，宽容失败。正是在这样的深圳精神激励下，有了华为、中兴、腾讯、大疆等一批创新企业在深圳取得成功。

最后，鼓励心态的开放和观念的分享。深圳的城市文化一向是崇尚自由、鼓励竞争、环境开放、敢于创新。腾讯公司董事会主席兼首席执行官马化腾在深圳成长、读书、创业，他谈到感受最深的就是深圳开放、包容，以及鼓励创新创业的浓厚氛围。正是在这样的氛围下，腾讯才成长为世界500强企业。

二 深圳创新文化引领湾区发展

特区成立以来，“创新”就成为城市文化的基因，一直是深圳最宝贵的城市精神。从蛇口招商局的“时间就是金钱，效率就是生命”这句口号开始，深圳就开启了从观念层面到实践层面的创新之路。在“敢为天下先”“改革创新是深圳的根，深圳的魂”“鼓励创新，宽容失败”等创新文化的激励之下，深圳创造了一个又一个经济奇迹、文化奇迹。

深圳虽然是移民城市，但地处岭南文化带，吸纳了广府文化、客家文化、潮汕文化等深厚的岭南历史文化渊源。近代以来，由于特殊的地理位置，又融汇了多样性的海外文化。这些异质文化突出的共性是闪耀着海洋文化色彩、熔铸着敢闯敢拼敢向未知处要未来

---

① 《世界青少年创新创业教育峰会在深圳顺利召开》，国际在线（http://talk.cri.cn/n/20190326/a5f04770-402b-81ef-faa0-ef668ce91982.html）。

的创新精神。[①] 这种精神延续到改革开放后，就成为城市文化的底色，形成城市发展中的最强动力。

深圳是首个国家创新型城市，20 世纪 90 年代末深圳就重点发展高新技术产业作为增创新优势的突破口，初步形成较大规模的自主创新企业群，也形成了以革新、求异、竞争、忧患、先锋、开放、多元、宽容为内涵的具有深圳特色的创新文化。

在深圳，企业创新特别是民营企业在研发和创新方面的活跃性是深圳经济特区成功的关键因素之一。多年前，人们总结深圳的自主创新体现在“4 个 90%”：90% 以上的研发机构设立在企业，90% 以上的研发人员集中在企业，90% 以上的研发资金来源于企业，90% 以上的职务发明专利出自于企业。[②] 现在，“4 个 90%”已经升级为“6 个 90%”，成为深圳协同创新体系建设的主要亮点：90% 以上的创新型企业是本土企业，90% 以上的研发机构设立在企业，90% 以上的研发人员集中在企业，90% 以上的研发资金来源于企业，90% 以上的职务发明专利出自于企业，90% 以上的重大科技项目发明专利来源于龙头企业。[③]

西城数据有一篇网文《沪港深，各自拥有七家世界 500 强，谁才是中国未来的经济中心？》分析了上海、香港和深圳各自拥有的 7 家世界 500 强企业的数据后，得出的结论是：“深圳在三个城市中最具竞争实力，并且拥有其他两地都相对欠缺的科技实力，华为、腾讯也是深圳的两张名片，未来的成长空间最为有利。”[④] 从中美贸易战带来的思考也可以看出，未来中国进一步改革开放中，最关键的因素必须依靠科技创新才能突破发展局限。而在大湾区所有城市中，深圳在科技创新领域是核心引擎。

---

① 《“先行示范区”助力创新文化生态建设》，中青在线（http://news.cyol.com/app/2019-08/26/content_18128335.htm）。

② 邵汉青、查振祥、郭万达、刘斐：《创新文化：深圳成功企业的最重要基因》，《开放导报》2010 年第 5 期。

③ 《深圳高科技产业崛起靠的是什么?》，新华社客户端（https://baijiahao.baidu.com/s?id=1622158821355698760&wfr=spider&for=pc）。

④ 《沪港深，各自拥有七家世界 500 强，谁才是中国未来的经济中心?》，http://baijiahao.baidu.com/s?id=1639922312275202845&wfr=spider&for=pc。

在分析深圳在粤港澳大湾区科技创新中发挥核心引擎作用时，综合开发研究院研究员宋丁谈道："让深圳做大湾区的核心引擎，未来的大湾区必然成为中国最重要的高科技创新基地，可以说是直接对标美国旧金山硅谷的意图。我认为大湾区在未来超越硅谷难度非常大，但这是必然趋势。大湾区在深圳的'核心引擎'作用下，必然走出一条坚实的高科技国际创新之路，成为全球高科技创新最大基地。在这个过程中，大湾区必然成为引领全中国参与国际高科技创新竞争的核心地带，这是大湾区既定的神圣历史使命。"①

创新的活力还来自于年轻城市的年轻人，根据《2018全国城市年轻指数》数据，深圳已连续三年成为"最年轻一线城市"。深圳常住人口平均年龄为32.5岁，其中13.4%为0—14岁的儿童，另外约76%为15—44岁青壮年。深圳最大的吸引力就在于各种文化在这里交融汇聚，海纳百川、开放包容、多元互补的区域文化，为创新提供了很好的土壤。青年们在这里创新创业，城市中到处都洋溢着活跃的创新氛围，诞生了众多具有自主知识产权和核心竞争力的创新型企业。

卜凡在《21世纪经济报道》上有篇文章《深圳创客崛起：山寨底子为其赢得先机》谈道，创客之所以聚集在深圳，除了强大的硬件产业链可以满足绝大部分的需求以外，更因为这套完备的生态系统，已经将创新的成本拉得极低。在这里，只要你有想法，人人都有条件成为创客，创新已经不是组织化的，而是分散到每个个体的主动行为，这就是驱动深圳成为创客之城的底层逻辑。② 的确，如同《21世纪经济报道》点评的那样，创客，在深圳重新定义了创新。

浓厚的创新文化氛围创造了优异的创新成就。目前，深圳市聚集中国电子信息前10强的企业总部或区域总部；全社会研发投入超过1000亿元，国家级高新技术企业预计新增3000家以上，总量超

---

① 《深圳做大湾区核心引擎，五个问题来了》（https://baijiahao.baidu.com/s?id=1622334696399774628&wfr=spider&for=pc）。

② 《创客，在深圳重新定义创新》，《21世纪经济报道》（http://www.mgov.cn/complexity/info1501.htm）。

过 1.4 万家，战略性新兴产业增加值增长 9.1%。[①] 根据《深圳市政府工作报告（2019）》，深圳全社会研发投入占 GDP 比重、PCT 国际专利申请量全国领先，国家级高新技术企业数量居全国第二，数字经济发展走在全国前列。光明科学城、鹏城实验室、深圳湾实验室等重大创新平台启动建设。深圳获批国家可持续发展议程创新示范区，成为中国最具创新力的城市，在全球创新体系中的地位不断提升。[②] 此外，2017 年，深圳 PCT 国际专利申请量已达 2.04 万件，以一城之力超过德国（1.89 万件）和韩国（1.57 万件），仅次于东京位列全球第二，是中国第二名北京（0.51 万件）的 4 倍。[③] 2018 年，深圳市 PCT 国际专利申请量达到 18081 件，连续 15 年全国第一，约占全国总量的 34.6%，其中华为公司以 PCT 国际专利申请 5405 件居全球企业第一。[④]

三　解码深圳创新文化的基因密码

为什么深圳能够形成如此强大的创新能力，短短 40 年能取得令世人骄傲的成就？深圳创新文化的基因和密码是什么？学者们在对华为、中兴通讯、比亚迪、中集、万科、招商银行、平安、华侨城等深圳成功企业调研后发现，虽然深圳成功企业所处的行业不尽相同，创业和成长的时间有先有后，领军人物的背景和性格也有不小差别，但是，这些成功企业都有一个共同点，那就是拥有极为活跃的创新文化基因。[⑤]

深圳并不具备其他科技领先城市的先天优势，产业基础相对薄弱、科技资源较为贫乏、大学科研院所稀缺。但深圳有着海纳百川、开放多元、兼容并蓄的城市文化，有着敢闯敢试、敢为人先的

① 《深圳市 2019 年政府工作报告》，人民网深圳频道（http://sz.people.com.cn/n2/2019/0201/c202846-32602521.html）。

② 同上。

③ 《为什么是深圳》，瞭望智库（http://www.lwinst.com/cjgjzk201812/7010.htm）。

④ 《深圳国际专利申请居全国首位》，奥一网深新闻深圳 24 小时（http://www.oeeee.com/html/201911/15/840434.html）。

⑤ 邵汉青、查振祥、郭万达、刘斐：《创新文化：深圳成功企业的最重要基因》，《开放导报》2010 年第 5 期。

特区精神，形成了充满活力的社会环境，营造出与众不同的创新文化。

深圳学者邵汉青、查振祥等人在解剖深圳成功企业的创新文化基因密码时认为，企业家精神、自主创新和管理创新是构成深圳创新文化的决定基因、动力基因和能力基因，而政府的制度创新则是深圳成功企业“基因图谱”形成的最为重要的助推器，是引领深圳企业在未来30年继续走向成功、创造辉煌的重要条件。①

第一，企业家精神。熊彼特开创的创新理论认为，企业家是企业创新的主体，是创新文化的直接缔造者。其动力来源于两个方面，一是企业家对利益的追逐，二是企业家精神，而后者被他描绘为“独特的理性精神”，并被他确定为经济发展的最主要动力。熊彼特所指的“企业家精神”主要是：首创精神、成功欲、甘冒风险、精明理智和敏捷、事业心。② 企业家精神是一种稀缺商品，其本质在于不断创新。正是因为深圳拥有一大批具有企业家精神的开拓者，才有了深圳创新文化的基因。

2017年，中央出台了《关于营造企业家健康成长环境　弘扬优秀企业家精神　更好发挥企业家作用的意见》，这是新中国成立以来首次以专门文件明确企业家精神地位和价值。创新文化的确立如同一个人的性格，影响企业员工的理念和行为，决定企业的长远发展，奠定企业在行业中的地位。因此，可以说，企业家精神是构成深圳成功企业创新文化的决定基因。③

第二，自主创新。2018年10月，习近平总书记在视察格力电器股份有限公司时强调：“中华民族奋斗的基点是自力更生，攀登世界科技高峰的必由之路是自主创新，所有企业都要朝这个方向努力奋斗。”自主创新是组织内在自发的创新，依靠组织自身能力进行的独立创新活动。

曾经，还处于跟跑阶段的深圳被称为“寨都”。20世纪90年代

① 邵汉青、查振祥、郭万达、刘斐：《创新文化：深圳成功企业的最重要基因》，《开放导报》2010年第5期。

② 同上。

③ 同上。

到2008年金融危机期间，深圳开始大力发展科学技术，政府出台大批扶持高新技术的政策措施。那些年，政府每年的一号文件都与自主创新或高新技术产业相关。在政府的大力支持下，深圳高新技术企业得到迅猛发展。

最新出炉的《"大众创业，万众创新"研究（2019）报告》对世界级城市群粤港澳大湾区创新创业发展进行了评估。该报告的综合指数显示，深圳列粤港澳大湾区创新指数首位，深圳作为建设中国特色社会主义先行示范区和粤港澳大湾区核心城市，在自主创新方面起着显著的引领作用。①

第三，管理创新。深圳是改革开放前沿，市场经济发展较早，外资港资最早进入，带来了先进的企业治理经验和机制，为深圳企业发展奠定了基础，也成为深圳创新文化的能力基因。深圳成功企业的管理创新表现在以下几个方面：一是产权结构创新，二是注重建立现代化、规范化、标准化的管理模式，三是特别注重实施国际化战略。② 华为、腾讯、中兴、平安、万科、华侨城集团、招商银行等一大批成功企业的管理创新都不外以上三个方面。

第四，政府制度创新。40年来，深圳的改革创新不停步，始终走在全国前列，政府的制度创新是深圳企业成功的最重要助推器。政府坚持按照市场化原则办事，将创造和发展"公平""竞争"的市场环境作为政府的主要任务，在这种环境下，深圳企业在享受政府提供的各种公共服务的同时，能够按照市场化原则办事，企业形成了有事去找"市场"而不是找"市长"的价值观。政府为企业提供良好的发展环境，吸引了大批有想法、有创业精神的人来到深圳。正如基石资本董事长张维在2019年4月召开的首届大湾区创投高峰论坛上谈道的："深圳最了不起的地方在于，官不欺民，民不媚官。"

---

① 《深圳创新综合指数位列粤港澳大湾区首位〈"大众创业，万众创新"研究（2019）报告〉发布》，深圳社科网（http：//www.szass.com/skkx/skjx/201912/t20191219_18940991.htm）。

② 参见邵汉青、查振祥、郭万达、刘斐《创新文化：深圳成功企业的最重要基因》，《开放导报》2010年第5期。

此外，深圳市政府还为企业提供良好的创新环境与创新文化，推动形成了以企业为主体的自主创新体系。深圳拥有多层次的资本市场体系，在金融方面为企业的创业和发展提供保障。近期深圳市政府专门出台了《关于强化中小微企业金融服务的若干措施》，不仅关注大企业的发展，也为中小微企业创新创业提供良好的融资生态环境。

政府的制度创新还表现在对创新人才的重视，积极为企业创造良好的人才环境，因为人才是经济社会发展的第一资源，也是创新活动中最为活跃、最为积极的因素。

第三节　强化移民文化聚力湾区建设

究其根源，移民文化本身就是创新文化。环境的不确定性，对培育移民社会的探索精神、敢闯精神以及开拓创新精神都具有十分重要的意义。粤港澳大湾区的移民史带来了文化的流动、交汇、开放、创新。在南北文化的交融中，凸显中原文化的风貌，却又不失岭南文化之根。在中西文化的碰撞中，既相互独立，又相互包容、相互渗透，你中有我、我中有你的文化现象也是别具一格。最终形成的兼容并蓄的移民文化为粤港澳大湾区人文精神的形成奠定了坚实的基础。

一　移民文化及其特征

移民文化是移民社会中人们精神活动及其产品，主要包括伦理道德、宗教、哲学、艺术、政治法律思想、教育思想等成分。它在结构上表现为两大基本层次：一是移民心理，是指移民社会人们的情感、意志、风俗习惯、道德风尚和审美情趣等要素，以及以价值观为核心，包含在经济、政治、道德、文学、艺术、宗教、哲学等方面的观念因素。其中，以价值观为核心的观念因素是移民心理的深层结构，制约着情感、意志、风俗习惯等其他要素。二是直接反映移民心理的各种社会意识形式，即以移民心理为基础，理论化、系统化的思想体系，包括政治法律思想、道德伦理学说以及宗教、哲学等思想体系。[①]

移民文化通常是由多种文化碰撞、交流后融汇而成，是区别于原生本土文化的一种新文化，先天具有多元性和包容性。美国作为移民国家，文化中的多元、开放、包容、创新等特征都源自其移民历史，美国当代历史学家奥斯卡·汉德林先生就曾说过："我一想到要写一部美国移民史，立即发现移民原来就是美国的历史。"[②] 而纽约的城市文化又是最典型的移民文化，在纽约出生、长大的迈克尔·达勒姆（Michael S. Durham）在《纽约》一书中写道："长久以来，移民一直是促使纽约成长的动力，同时也是辨识她的主要特征。移民带来了不同的传统和居住形态，并形成属性不同的文化社区。纽约不仅混杂了不同的文化群体，更是世界各国的缩影。经由不断扩散的混种文化所产生的特殊结构和活力，使纽约呈现出一股变化万千的迷人风貌。纽约从来就不是贯彻一致的整体，若是把城市中使用多种语言的纽约人排除在外，纽约也就不再是纽约了。"

湾区城市由于面朝大海，具有高度开放，环境优美，宜居宜业，文化包容及商业发达等优势，往往会吸引大批外来人口。东西内外文化交流融合，形成了不同于内地移民城市的兼容并蓄的湾区移民文化，这一文化特征又进一步强化了湾区城市的开放和创新发展。例如，旧金山湾区的开放性使移民能够快速融入当地，促进了湾区经济的发展。肖恩·伦道夫指出："旧金山发展成世界级湾区的一个重要原因在于它足够开放、足够包容。在这里，全球各地的文化可以共生，思想自由传播，创新自然会出现。"日本东京经济大学的周牧之认为："东京湾区发展经验中最重要的一点，就是开放带来的多样性和创造力。"[③]

---

① 张然：《论移民文化及其特征》，《深圳大学学报》（人文社会科学版）2001 年第 1 期。

② 转引自章必功、傅腾霄《移民文化：文化现代化建设中的一个重大论题》，《深圳大学学报》（人文社会科学版）2007 年第 4 期。

③ 《深调研 140 天走访三大湾区，送上湾区"秘籍"：哪些特性让它们登顶世界级湾区》，http://static.nfapp.southcn.com/content/201711/22/c802475.html? from = groupmessage& isappinstalled = 0。

因而，开放多元、兼容并蓄的文化是移民城市与生俱来的基因和特征，也为移民城市的发展提供了丰富的要素资源，两者相互激发、相互促进，形成了发达的湾区经济。在世界经济舞台上，湾区经济正发挥着扩大开放、引领创新、聚集辐射的功能，已成为带动区域经济发展的高级经济形态。①

二 深圳移民文化的形成及特征

（一）深圳移民文化的形成

移民是自古就有的现象。历史上，岭南有过五次大的移民潮，秦移民、汉移民、晋移民、宋移民和清移民。这五次移民的共同特点是非自愿的移民，或是由中央政府强行驱赶而来的罪犯、军队、妇女、商人，或是由于战争、自然灾害等逼迫而来的难民，都是在无奈之下离开原住地来到岭南。

前五次移民形成了深圳海纳百川的多元文化的底色，而且改革开放前的深圳并非外界认为的小渔村，这里有着 6000 年人类活动史，1700 多年郡县史，600 年大鹏城史和 300 年客家史。广府文化、客家文化、潮汕文化在这里都留下过浓墨重彩的笔墨，开放包容、合作共赢、平等相待、重商敢闯形成了深圳移民文化的基调。新中国成立后，深圳作为中央港澳统战工作的前沿阵地，发挥了不可或缺的作用。

改革开放后的第六次移民潮不同以往，此次来深圳的移民除少部分是 80 年代初工程兵部队整体转业置业进入深圳之外，绝大多数是自愿从原住地来到深圳。现代深圳移民更多的是出于一种向往、一种渴望，这种自愿性使得这座城市表现出强大的向心力和吸引力。这次移民潮是有史以来最大的移民潮，南北文化碰撞、各种文明体纠缠，远近城乡勾连。

改革开放后来到深圳的是现代新移民，他们是发展型而不是生存型移民，新移民来到深圳是为了在这片自由的土地上，寻求新的发展机遇，在经济、政治、文化或精神上实现自己的理念和追求。

---

① 王旭阳、黄征学：《湾区发展：全球经验及对我国的建议》，《经济研究参考》2017 年第 24 期。

因此，理想主义是他们的精神支撑，开拓创新、敢于冒险、毫不畏惧、敢闯敢试是他们的基本性格。

（二）深圳移民文化的特征

原本岭南文化就有多元、务实、开放、兼容、创新、重商等特点，改革开放后，来自五湖四海的新移民强化并发展了这些独特的文化精神。港资外资进入后充实发展了原有的商业文化，形成适应现代市场经济的新的商业文化。原住民文化中的宽容包容吸引了大量的新移民涌入，不论是高端人才还是普通的来深务工人员，来了就是深圳人，都能在这座城市中找到自己的舒适区。加之地理位置的优势，不仅吸引了全球的商业资本，也吸引了来自全球的创意阶层加入特区建设。

千百年来，海洋以文化之名，赋予了深圳人骨血中思变、创新和冒险的性格特质。资本的本性是冒险的，而外商作为资本的人格化，到深圳来投资本身也是需要有某种冒险精神的。“深圳设特区之初，吸引了全国各地一批又一批满怀着梦想、激情和技能的‘淘金者’”，“这些人大都是计划经济体系下的‘叛逆者’，不安于现状、勇于冒险，他们逃脱原来僵硬的体制束缚，期待一种全新的活法”。①

深圳学者谢志岿和李卓将深圳移民文化概括为：创新精神、开放精神、包容精神、公共精神、权利意识、法治意识（契约精神）、市场意识等文化精神，科技观念、效率观念和务实精神等都反映着深圳文化的本质特征，也从文化的角度诠释了深圳发展的动因。②

曾经，深圳被误认为是“文化沙漠”，但来自五湖四海的新移民身上带来了各自家乡的文化，也许是燕赵文化、齐鲁文化、松辽文化，也许是湖湘文化、荆楚文化、江浙文化，也许是港澳文化、西方文化，当然还有岭南文化。如此众多的文化聚合而成一种全新的移民文化、创新文化、商业文化，迸发出惊人的创新活力，这才

---

① 王平聚、曾国屏：《深圳创新文化系统初探——从历史性形成角度的一个考察》，《特区经济》2014 年第 11 期。

② 参见谢志岿、李卓《移民文化精神与新兴城市发展：基于深圳经验》，《深圳大学学报》（人文社会科学版）2017 年第 5 期。

是深圳城市文化最吸引人的魅力所在。

三　弘扬移民文化，助力双区建设

40年来，深圳以“海纳百川，有容乃大”的胸襟融汇了传统与现代、本土与外来、商业与文艺、科技与艺术、高雅与世俗等不同文化元素，造就了区别于内地城市的创新文化、商业文化和移民文化。三种文化间相互塑造，形成了开放多元、兼容并蓄的城市文化和敢闯敢试、敢为人先、埋头苦干的特区精神①，也构成了深圳经济、社会、文化齐头并进的发展格局。

在粤港澳大湾区和中国特色社会主义先行示范区“双区驱动”背景下，深圳的发展进入了一个新的历史时期。与前40年不同，深圳的城市发展已经进入更高发展阶段，不但要在未来建成全球标杆城市，更是肩负着粤港澳大湾区的核心引擎以及先行示范的重任；不但要成为经济社会发展的领头羊，更要在未来彰显国家文化软实力，成为新时代举旗帜、聚民心、育新人、兴文化、展形象的引领者。

值得深圳思考的问题是，新时代如何弘扬开放多元、兼容并蓄的城市文化和敢闯敢试、敢为人先、埋头苦干的特区精神？进入新的历史时期，深圳精神的特点应当是什么？时代不同，要求不同，弘扬中是否应当有所创新？以往，每到深圳发展的关键节点，从市民到政府，上上下下都会自发地进行深圳精神的反思和讨论。每一次大讨论都会总结过往，面向未来，达成全社会共识，因此形成了不同时期具有强大影响力的深圳精神，给予深圳前行的勇气、动力和方向，造就了这座城市与众不同的精神气质。

今天，在“双区驱动”这个重要的历史节点，需要在全社会再次掀起一场“新时代深圳精神”大讨论，为深圳未来40年发展廓清道路和方向。新的历史时期，更高的发展要求，需要深圳在传承中创新，将移民文化的优秀精神发扬光大，助力粤港澳大湾区和先行示范区建设。

---

①《中共中央国务院关于支持深圳建设中国特色社会主义先行示范区的意见》，人民出版社2019年版。

第七章　营商环境支撑

粤港澳大湾区是国内营商环境最优越的区域之一。其领先的产业发展水平、灵活的市场机制、显著的对外开放发展优势以及高效便捷的政务环境优势，使得粤港澳大湾区成为国际最具活力和发展潜力的湾区之一。但是，目前粤港澳大湾区内部各城市间营商环境差距悬殊，发展不均衡，且与世界一流湾区相比差距较大。粤港澳大湾区要发展转变为国际性大湾区，就必须学习、借鉴世界一流湾区经验，营造市场化法治化国际化的营商环境。

第一节　大湾区营商环境现状

一　粤港澳大湾区营商环境优势

依托领先的产业发展、灵活的市场机制、显著的开放格局和便捷高效的政务环境，粤港澳大湾区不但成为国内营商环境优越的重要区域，而且也成为最具活力和发展潜力的重要湾区。

（一）产业发展水平领先

粤港澳大湾区产业链基础优良，创新驱动动力强劲。以不足1%的国土面积创造了占全国12.4%的GDP总量，且人均GDP超过22000美元，是全国平均水平的2.5倍（见图7－1），人均可支配收入是全国城镇居民人均可支配收入的2倍。产业体系相对完备、集聚发展态势初显。三次产业结构中第二产业占比32.7%，第三产业占比66.1%。[①] 粤港澳大湾区产业分布互补性强，香港和澳门第

① 数据来源于万得资讯、广东省统计年鉴。

三产业高度发达，广州、深圳等珠三角城市的产业结构逐步呈现出以战略性新兴产业为主导、先进制造业和现代服务业为主体的特征，拥有15家国家高技术产业基地和42家省战略性新兴产业基地，有效发明专利约25万件，PCT国际专利申请量约占全国一半。世界级企业集聚，16家世界500强企业来自粤港澳大湾区，华为、腾讯、大疆等一批创新龙头企业创新能力步入世界前列。2018年全球独角兽企业中粤港澳大湾区有15家，占中国独角兽企业总数的16%。

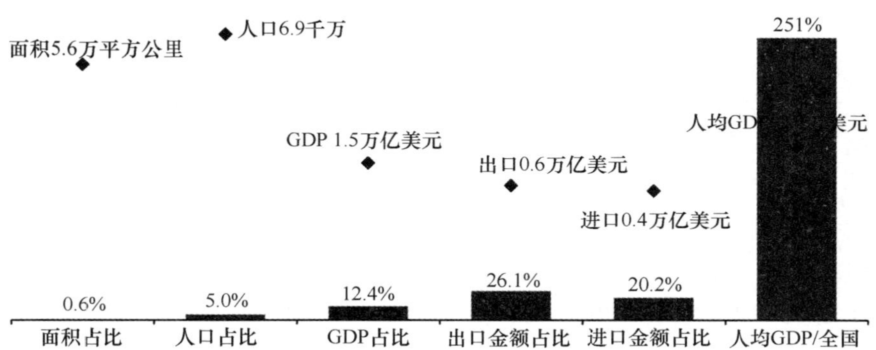

图7-1 粤港澳大湾区各项指标及占全国比重

资料来源：万得资讯、广东省统计年鉴。

（二）市场机制较为灵活

粤港澳大湾区市场化程度较高。香港、澳门长期奉行“积极不干预政策”，已迈入全球最发达的市场经济体行列，香港更是多年被国际权威机构评选为全球最自由经济体和最具竞争力的地区之一，对全球顶级创新资源具有较强的吸引力。作为国际金融中心，香港企业融资完全市场化。金融服务占香港本地GDP约1/5，形成了以汇丰、中银等商业银行为主体，保险、股票、外汇、期货、黄金、租赁等金融衍生服务机构多元化发展模式，较高的融资便利度促进了香港金融业蓬勃发展。法律体系的完善、信用服务主体完全市场化的运作，以及信用管理制度的规范，使得香港征信市场发展越发成熟，征信服务和产品定位越发清晰，形成了比较完整的信用服务体系。

珠三角九市市场空间大，民营经济发达，产业配套体系完善，科技成果转化效率高，市场机制在配置创新资源、选择技术路线等方面发挥了重要作用。比如，深圳在高新技术产业发展方面已经形成的以企业为主体的“六个90%”的特征。

（三）开放发展优势显著

粤港澳大湾区对外开放程度高、经济发展活力强。作为国际金融中心、航运中心、贸易中心以及国际航空枢纽的香港，商业网络遍布全球，全球500强企业中超过一半都在香港设立大中华区总部，接近1400家内地和海外企业在香港设立地区总部。香港奉行自由贸易政策，除了烟草、酒类、碳氢油类和甲醇四类特殊商品，一般进出口商品无须缴付任何关税、关税限额或附加税，除对设限国家的出口受被动配额管制外，也不设任何主动的进出口配额。此外，进出口手续办理也非常简便，企业经营进出口贸易不受限制，只需依法注册登记即可。香港建有电子口岸系统，自助报关的程序包括网上录入、申报、查询、打印报关单及查询海关回执，均可以在网上完成。香港的出口时间（2小时）和成本（12美元）都是全球最低的。[①]

在中国内地城市中，广州、深圳等珠三角九市外向度最高，是对外开放的重要窗口，拥有南沙、前海和横琴三个自由贸易试验区，以及深港、珠澳和南沙粤港澳三大创新特别合作区，在构建开放型经济新体制中具有重要地位和作用，是新时代科技创新协同发展的最佳结合点和最优试验场。粤港澳大湾区集聚效应和辐射能力强。一方面，发挥了强大的集聚效应。粤港澳大湾区2017年货物出口金额超过全国出口总额的1/4；货物进口金额超过全国进口总额的1/5。另一方面，对内地发挥了较强的辐射力。2015年，20个省份公布了实际利用外商投资明细，其中9个省份来自香港的投资占外商投资总额超过了六成。[②] 根据百度发布的《2017年春运迁徙总结报告》，2017年春节，深圳返乡人口中广东省以外的占比超过半数，广州返乡人口中广东省以外的占比也超过了四成（见图7－2）。

---

① 数据来源于世界银行发布的《2019年营商环境报告》。

② 数据来源于万得资讯。

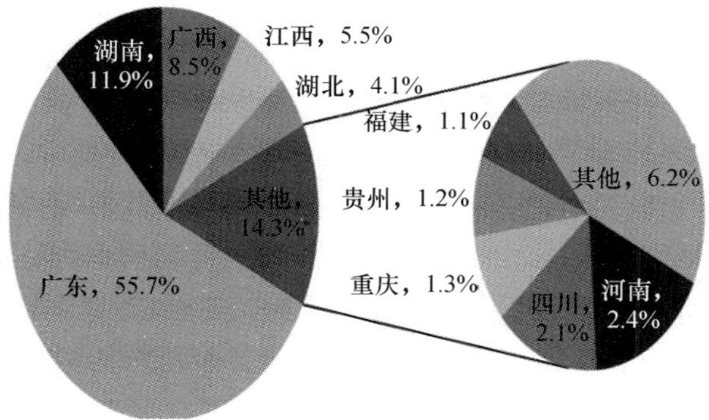

2017年春节广州迁出人口流向

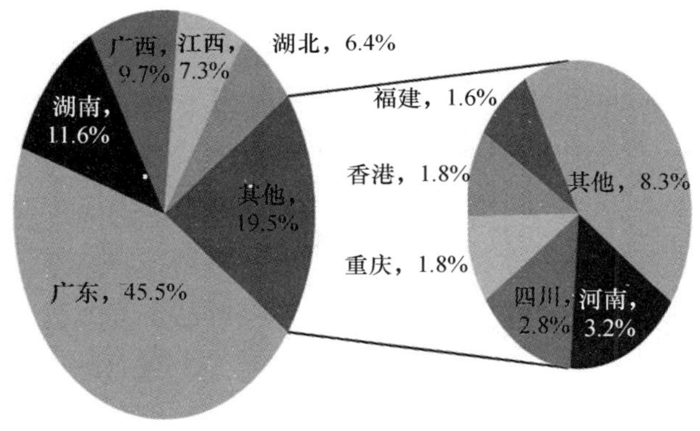

2017年春节深圳迁出人口流向

图7－2　2017年春节广州、深圳迁出人口流向比重

资料来源：百度《2017年春运迁徙总结报告》。

（四）政务环境高效便捷

香港特区政府为企业发展提供充分的营商便利，并制定相应的政策措施为高质量的商业监管保驾护航，营造高效便捷的政务环境。

首先，开办企业便捷。在香港注册企业极其便捷，仅需两个程序，最多两天便可完成。在众多领域中，香港在开办企业领域改革最多，共进行过5次重大改革，包括取消公司印章要求、取消资本税、引入电子在线服务等。目前，根据香港法例规定，任何团体或个人（不一定是香港人），均可在符合相关条件及程序下，登记注册成立公司或购买空壳香港有限公司，取得商业登记后，便可在港开展业务。注册手续非常简单，仅需注册申请、签订职工保险和强积金[①]两个步骤，花费不到两天的时间和约 2000 港元就可完成。开办企业需申办的手续个数、申办耗时和成本均远低于经合组织高收入经济体。

其次，选址启动高效。企业开办后，便进入启动阶段，主要包括办理施工许可、获得电力、登记财产三个程序。施工许可是各许可证发放中程序最为复杂、涉及部门最多的一个，为了解决这个问题，香港于 2008 年 12 月设立了“一站式”货仓建筑牌照中心，属香港效率促进办公室管理，负责接受原本向 6 个政府部门和 2 个私营公用事业企业（电话和供电）提交的全部建筑相关申请，并协调统筹它们对建筑的联合检查。该中心的设立，使得香港办理施工许可效率大大提升，经合组织高收入经济体平均需要 12.7 个办理程序、153 天，香港的办理程序个数与经合组织高收入经济体持平，但办理效率是经合组织高收入经济体的一倍多，仅需 72 天。香港获得电力流程简便，仅需要申请、施工、通电 3 个步骤，最长 24 天便可开通电力连接。并且香港的供电可靠性非常高，世界银行组织营商环境评价体系中“供电可靠性和电费透明度”六项相关指标香港均获满分，远超东亚及太平洋地区平均水平。办理财产登记方面，香港需要土地搜索、准备协议、执行并备案、缴税和登记 5 个手续，耗时 7.5 天，花费成本约为财产价值的 7.7%，是香港营商环境排名最低指标。但是，香港政府历来重视法例和监管质量，土地管理质量水平非常高。2019 年，香港“土地管理质量”指标获得了 27.5 的好成绩，不仅远高于经合组织高收入经济体平均水平（23.0），也高于登记财产便利度世界排名第一的新西兰（26.5）。[②]

再次，纳税便利度全球最高。香港是国际上著名的低税地区之一，属于分类税制，以所得税为主，行为税和财产税等为辅。香港

① 强制性公积金的简称，是香港特区政府于 2000 年 12 月 1 日正式实行的一项政策，强制香港所有雇员成立投资基金以作退休之用，由香港公营机构强制性公积金计划管理局监察。

② 数据来源于世界银行发布的《2019 年营商环境报告》。

税基窄，实行单一的所得来源地税收管辖原则，即只对来源于香港或被推定来源于香港的所得征税，其他来源于香港以外任何地方的任何所得，无论纳税人是否为香港居民，汇到香港也不需要纳税。与中国内地采取属地兼属人纳税原则不同，香港这种做法大大缩小了征税范围。此外，香港税率很低，据世界银行组织统计，香港税负仅约为经合组织高收入经济体的一半水平，而且，香港税法还规定了许多豁免或减免项目。2019 年世界银行组织排名，香港纳税便利度排名全球第一，远高于中国内地（排名第 114），是继“办理施工许可证”之后，两地差距第二大的指标。[①]

最后，法治环境公开透明。执行合同和办理破产是保障商业安全运营的两个最重要的环节。香港作为国际金融中心之一，拥有廉洁的商业环境及公开透明的商业法律规则，处理合同纠纷的效率较高，平均时间仅需 385 天，比经合组织高收入经济体的平均时间缩短了近 200 天，效率提升了 30% 以上。但香港的一个短板是案件管理和法院自动化水平不高，因此香港 2019 年执行合同便利度仅排在全球第 30 位。得益于法律制度的完善、政府服务水平的高效以及专业服务业市场体系的发达，香港办理企业破产或清盘的效率非常高，耗费时间、成本以及债务回收率均优于经合组织高收入经济体。[②]

作为粤港澳大湾区核心引擎的深圳近年来大力推进实施“放管服”改革，在市场准入和事中、事后监管方面采取了系列改革措施，有效优化了营商环境，对包括新兴产业在内的各类产业健康快速发展起到了重要的促进作用。一是率先实施并持续深化商事制度改革。在全国率先实行注册资本认缴制，改“先证后照”为“先照后证”，商事登记前置审批事项由原 69 项削减为 12 项；实施企业名称自主申报制，实行场所自行申报，经营范围不再作为登记事项，允许“一址多照、一照多址”，赋予企业充分的经营自主权；有序推进“证照分离”改革，实施“三十证合一”，推出了个体户微信办照、个体户“秒批”、人脸识别自助发照、“深港通—注册易”“深澳通—注册易”、企业开办和注销一窗通等便利化措施。深

① 数据来源于世界银行发布的《2019 年营商环境报告》。

② 陈晓玲：《香港营商环境现状评价及经验借鉴》，《广东经济》2019 年第 5 期。

圳企业开办便利度连续3年排名全省第一，有效激发了市场活力。二是全面推进“双随机、一公开”监管。建立了全市“双随机、一公开”监管工作联席会议制度，形成协同监管机制；全市实施“双随机、一公开”监管的部门达到27个，比国家16个部门多11个；市场监管部门于2019年上半年实现了“双随机、一公开”监管全覆盖、常态化，比全国要求的目标提前了半年。深圳市市场监管局通过内部业务融合，在保证监管要求的基础上，总体检查量减少了约50%，有效降低了对企业的干扰，减轻了企业负担。三是大力推行信用监管。建成华南地区最大的商事主体信用数据库，归集商事主体信用信息5.3亿项，全市各部门行政许可和行政处罚双公示率100%。推动企业信用与抽查监管相结合，探索企业信用画像评价，提高监管精度。归集全国14个黑红名单数据，全市28个部门之间建立了跨部门、跨领域的信用联合奖惩机制。推动信用惩戒向自然人延伸，累计限制“老赖”担任企业法定代表人、高管1.3万人次。通过完善信用体系，有效推动各类市场主体守法诚信经营。四是规范市场监管执法行为。全面推行行政执法公示制度、执法全过程记录制度、重大执法决定法制审核制度，明确行政处罚自由裁量权实施标准，加强执法监督。同时，建立柔性执法机制，深圳市市场监管局针对广告、标签等处罚过重、企业反映强烈、不涉及危害人身财产安全的问题，紧扣行政处罚基本原则，出台了减轻或者免于处罚的指导意见，得到国家市场监管总局的认可与支持。

二　粤港澳大湾区营商环境面临的挑战

（一）粤港澳大湾区与世界一流湾区营商环境差距较大

粤港澳大湾区要建成世界一流湾区，有必要对标世界三大湾区——纽约湾区、旧金山湾区和东京湾区，找到营商环境差距并着力改善。

本部分选取粤港澳大湾区的香港、广州和深圳，东京湾区的东京，纽约湾区的纽约以及旧金山湾区的旧金山这六大城市作为比较的对象。依据科尔尼2019年初发布的《全球城市营商环境指数》，该报告是第一个全球城市的营商环境排名，涵盖全球45个国家的

100座领先城市，其中中国有20座城市上榜。采用的评价体系包括商业活力、创新潜力、居民幸福感、行政治理四个一级指标以及23个二级分项指标，对全球100座城市的营商环境进行综合排名。

从营商环境总体指数排名来看，纽约湾区中的核心城市纽约居榜首，东京湾区中的核心城市东京位列第3，旧金山湾区中的核心城市旧金山排名第5，粤港澳大湾区中香港排名38、深圳位列第58、广州排名第65（见表7－1）。从细分指标来看，纽约在资本市

表7－1　2019年科尔尼《全球城市营商环境指数》百强名单

排名	城市	排名	城市	排名	城市	排名	城市
1	纽约	26	哥本哈根	51	圣地亚哥	76	马尼拉
2	伦敦	27	都柏林	52	迪拜	77	重庆
3	东京	28	达拉斯	53	吉隆坡	78	约翰内斯堡
4	巴黎	29	温哥华	54	布宜诺斯艾利斯	79	南京
5	旧金山	30	马德里	55	阿布扎比	80	新德里
6	新加坡	31	蒙特利尔	56	多哈	81	无锡
7	波士顿	32	西雅图	57	圣保罗	82	大连
8	芝加哥	33	迈阿密	58	深圳	83	瓜达拉哈拉
9	苏黎世	34	大阪	59	伊斯坦堡	84	安卡拉
10	柏林	35	费城	60	墨西哥城	85	长沙
11	阿姆斯特丹	36	杜塞尔多夫	61	圣彼得堡	86	武汉
12	洛杉矶	37	巴塞罗那	62	杭州	87	宁波
13	悉尼	38	香港	63	曼谷	88	马斯喀特
14	斯德哥尔摩	39	名古屋	64	利马	89	蒙特雷
15	慕尼黑	40	凤凰城	65	广州	90	青岛
16	华盛顿	41	北京	66	苏州	91	突尼斯
17	墨尔本	42	米兰	67	科威特城	92	贝洛奥里藏特
18	多伦多	43	罗马	68	里约热内卢	93	开普敦
19	法兰克福	44	布拉格	69	利雅得	94	西安
20	日内瓦	45	台北	70	成都	95	郑州
21	首尔	46	莫斯科	71	波哥大	96	阿雷格里港
22	休斯敦	47	华沙	72	孟买	97	卡莎布兰卡
23	维也纳	48	上海	73	麦纳麦	98	班加罗尔
24	亚特兰大	49	布达佩斯	74	吉达	99	累西腓
25	布鲁塞尔	50	特拉维夫	75	天津	100	雅加达

资料来源：科尔尼：《全球城市营商环境指数》，2019年。

场等经济指标上得分最高；旧金山在人均专利数量等创新指标上得分最高；旧金山湾区在硅谷众多高增长企业的推动下，再次领衔创新潜力榜首，仅2018年，旧金山湾区企业国际专利申请数量就达到34324个，其中谷歌占6.5%；东京在高学历人口等创新指标和经济指标上得分均较高。粤港澳大湾区中只有香港在领先的全球服务企业和航空货运等经济指标上排名靠前，深圳和广州不仅总体排名没有进入前50名，细分指标排名也没有领先的（见表7－2）。

表7－2　2019年科尔尼《全球城市营商环境指数》细分指标排名领先城市

营商环境指数			
商业活力	创新潜力	居民幸福感	行政治理
纽约	旧金山	日内瓦	新加坡
财富500强企业	人均专利数量	稳定性和安全性	政府治理质量
北京	旧金山	多伦多	多个领先城市
领先的全球服务企业	私人投资	医疗发展	信息流通度
香港	伦敦	多个领先城市	巴黎
资本市场	校办孵化器	文化体验	经商便利度
纽约	莫斯科	伦敦	新加坡
人均GDP	高等学府	基尼系数	透明度
休斯敦	波士顿	多个领先城市	哥本哈根
航空货运	知识产权保护	环保表现	海运
香港	多个领先城市	日内瓦、苏黎世	上海
高等学历人口	基础设施	ICCA会议	
东京	多个领先城市	巴黎	

资料来源：科尔尼：《全球城市营商环境指数》，2019年。

粤港澳大湾区的GDP总量、人口、面积等指标已接近甚至超过纽约湾区、旧金山湾区和东京湾区，但是发展质量差距较大。第一，人均发展水平较低。粤港澳大湾区的人均GDP仅2.1万美元，不足东京湾区的一半，仅占纽约湾区和旧金山湾区的1/4和1/5；粤港澳大湾区人均收入1.1万美元，仅分别为东京湾区、纽约湾区和旧金山湾区的1/3、1/6和1/8。第二，单位面积产出较低。粤港澳大湾区人口密度分别为东京湾区和旧金山湾区的1/3，纽约湾区的1/2；但单位面积产出较低，分别是东京湾区、纽约湾区和旧金山湾区的1/5、1/7和1/14。第三，产业结构层级不高。世界三大湾区第三产业比重均在80%左右，而粤港澳大湾区第三产业占比仅为65.70%（见表7－3）。并且世界三大湾区的第三产业内部结构层级较高，东京湾区、纽约湾区和旧金山湾区以专业服务、信息通信产业为代表的具有高技术含量的生产性服务业占第三产业的比重分别达到38%、26%和37%，而粤港澳大湾区中第三产业较为发达的香港、深圳、广州的专业服务和信息通信产业在第三产业的平均占比也仅有16%。[①] 因此，进一步优化产业结构，着力提升在全球产业价值链的位置势在必行。

表7－3　　　　粤港澳大湾区与世界三大湾区指标对比

	粤港澳大湾区	纽约都市圈	旧金山湾区	东京都市圈
GDP（US＄bn）	1387.5	1657.5	723	1570
GDP占比	12.40%	8.90%	3.90%	32.40%
人均GDP（US＄thous）	20.9	82.2	108.6	43.7
人均收入（美元）	11121	65846	85557	33264
人口（百万）	66.5	20.2	6.7	35.9
人口占比	4.80%	6.20%	2.10%	28.30%
面积（平方公里）	56089	8936	2097	13373
面积占比	0.60%	0.10%	0	3.50%
人口密度（人/平方公里）	1186	2255	3175	2686
单位面积产出（US＄mn/平方公里）	24.7	185.5	344.8	117.4
第二产业占比	33%	8.70%	20.30%	16.10%
第三产业占比	65.70%	91.30%	79.30%	83.60%

资料来源：BEA，日本统计局数据，万得资讯。其中东京为2014年数据，其他地区为2016年数据。

① 数据来源于BEA，日本统计局数据，万得资讯。其中东京为2014年数据，其他地区为2016年数据。

（二）粤港澳大湾区内部城市间营商环境差距悬殊

粤港澳大湾区不仅在外部与世界一流湾区的营商环境存在较大差距，其湾区内部各城市之间的营商环境差距也很悬殊。作为全球最佳营商经济体之一，中国香港在各类国际排名中长期名列前茅。世界银行组织于2019年10月24日发布了《2020年营商环境报告》，香港位列全球第三，并且在连续17年的排名中均居前五位。瑞士洛桑国际管理发展学院的《2018年世界竞争力年报》显示，香港的政府效率和营商效率两项指标连续4年排名全球第一。中国内地以北京和上海为样本城市在世界银行组织《2020年营商环境报告》中排名第31，远低于香港，而北京和上海在中国内地城市营商环境排名居前两位。2019年5月公布的《2019中国城市营商环境指数评价报告》显示，中国内地城市营商环境排名中，上海和北京分别位居第一和第二，粤港澳大湾区中的9个内地城市有8个进入全国前100，但差距较大。第一梯队的深圳营商环境指数84.48，位列第三，广州营商环境指数83.32，位列第四；第二梯队的城市位居第20—40名，其中珠海得分69.31，排名第20，佛山和东莞得分在60以上，分别排名第24和第28，中山和惠州得分在50—60之间，分别排名第38和第41；第三梯队的江门得分仅38.68，排名全国第67，肇庆营商环境没有进入全国前100强（见图7－3）。

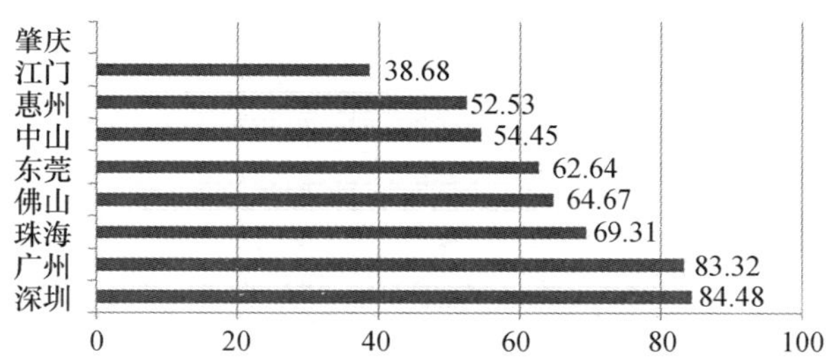

图7－3　粤港澳大湾区中珠三角9市营商环境指数排名

资料来源：《2019中国城市营商环境指数评价报告》。

粤港澳大湾区内部营商环境的差距根源于经济发展水平的差异。粤港澳大湾区人均GDP最高的澳门（7.8万美元）与最低的城市肇庆（8000美元）之间相差9倍。相比而言，世界三大湾区在区域内部发展更为均衡，人均GDP最高与最低之差最大的东京都市圈也仅相差不到1.5倍，旧金山只有0.3倍。[①] 同时，粤港澳大湾区内部土地等资源供需存在空间错配的问题。江门、肇庆和惠州三市占据了粤港澳大湾区六成以上的土地，但人口仅占1/5。而香港、深圳和珠海以不到粤港澳大湾区9%的土地承载了超过1/3的人口。[②]

第二节 国际一流营商环境特征与启示

世界三大湾区的发展经验证明，国际化是世界一流湾区发展的必由之路，东京湾区、纽约湾区和旧金山湾区，均经历了从区域性的小湾区成长为国际性大湾区的发展历程，透明化、便利化、法治化的营商环境是世界三大湾区获得成功的重要因素。他山之石，可以攻玉。粤港澳大湾区要追赶东京湾区、纽约湾区和旧金山湾区，发展转变为国际性大湾区，就必须在营造国际化营商环境方面学习、借鉴国际一流湾区经验。

一 东京湾区营商环境经验启示

在世界三大湾区中，东京湾区在文化习俗、政治制度和发展路径上与粤港澳大湾区更为接近。东京湾区主要从产业经济环境、政务环境、人才环境和城市间协调发展等方面优化营商环境。

（一）打造转型升级、培育新竞争优势的产业经济环境

拥有深水良港、便利的航运等区位竞争优势在湾区发展的起步阶段发挥着至关重要的作用。但是，交通技术的进步、信息互联网的发展会逐步淡化区位优势的重要性。东京湾区也曾遇到类似问题，但是其通过不断培育新的竞争优势，实现产业结构的调整转型，保持了近半个世纪的中高速增长：“二战”以后至60年代末，大致对应着东京湾区经济增速最高的时期，包括东京在内的日本以

① 数据来源于BEA，日本统计局数据。

② 数据来源于广东省统计年鉴、香港政府一站通网站、澳门特别行政区政府网站。

廉价劳动力和在战争中发展起来的重化工业参与国际竞争，这期间制造业比重不断上升，一度超过30%；60年代末—80年代末，东京湾区经济换挡减速，劳动力、土地等生产成本不断上升，再加上日元的升值使得日本制造业的价格竞争力削弱。而随着财富的积累、产业的转型升级以及国际化合作的深入，东京湾区的地产、金融和其他服务业不断壮大，三者的比例由1965年的7%、5%和11%分别提升到1988年的10%、11%和19%；进入90年代以后，东京湾区的发展进入成熟期，并且人口素质不断提高，人才优势逐步确立，使得都市型、生产型服务业进一步发展。到1999年，其他服务业的占比相比1988年增加近6个百分点，接近25%。随着竞争优势改变，产业重心向服务业转移的趋势也同样出现在纽约和旧金山。1969年，纽约湾区各行业就业占比中，制造业和其他服务业旗鼓相当，比重分别为27%和25%；而到2000年，制造业的就业人口占比已萎缩至9%，其他服务业扩大至43%。同期旧金山的产业结构也有类似变化。①

产业转型还体现在第二、第三产业内部结构的优化升级。随着东京湾区的不断发展，土地、劳动力等要素价格的不断攀升也影响着第二、第三产业的内部结构。以制造业为例，1960—2000年，土地能源消耗大、污染较重的钢铁、运输设备等行业的增加值在制造业中的占比逐渐减小，而附加值较高、土地能源消耗小的印刷出版等制造业份额明显增加。优势产业改造升级，向价值链更高端迈进。除了培育新的竞争优势、发展新兴产业、实现产业转型以外，东京湾区的原有优势产业也在不断创新升级，提升在价值链中的地位。以制造业为例，1960—2000年，东京湾区整体的制造业附加值含量②由33%提升到41%。在几个主要的制造业细分领域，除了电气、运输设备制造业以外，包括钢铁、化工等行业的附加值含量均有明显的提高。

（二）打造提供全方位公共服务的政务环境

东京湾区在兴建基础设施的同时大力完善教育、医疗等保障。

① 数据来源于BEA，日本统计局数据。

② 附加值含量＝工业增加值/工业交货值。

提供公共服务是政府的重要职能，完善的公共服务对吸引人才、培育新的竞争优势至关重要。东京湾区四地政府不仅在交通、市政、通信等硬件基础设施的建设上投入了重金，而且对教育、医疗、社会保障、治安等领域也高度重视。不同时期，政府的公共服务侧重点不同：20世纪70年代末湾区高速发展时期，政府的财政支出集中在教育（27%）、基建投资（19%）、医疗社保（14%）和治安领域（10%）；80年代湾区中速发展时期，随着青少年人口占比减小，教育的支出有所减少，但仍保持在20%以上，基建投资适当增加以提振经济活力；90年代以后湾区进入成熟时期，教育的支出还是重头，基建投资显著下降，而在医疗和社保方面的支出明显上升。对基础教育的重视是三大湾区政府的共性。美国纽约、旧金山两大湾区中的纽约、马萨诸塞、宾夕法尼亚和加利福尼亚州，州政府约30%的一般性财政支出为基础教育支出，加州的基础教育支出占比曾高达40%。①

（三）打造吸引力强、知识水平高的人才环境

湾区城市群开放包容的文化容易吸引流动人口，满足城市发展对人才的渴求，同时人才的到来促进了经济发展，进一步提升了城市吸引力。1975年以来，东京湾区吸引的流动人口占日本流动人口的比重一直保持在36%以上，并没有因为其规模不断膨胀、空间趋于拥挤而减少对流动人口的吸引力。相反，随着流动人口总量的逐渐减少，流动人口有更高的比例流向东京湾区。东京湾区的开放包容还体现在对外国人口逐渐增强的吸引力。1986年，东京湾区外国人口占全部居民的比例仅有0.8%，到2015年该比例上升至2.4%。东京的外国人口占比更高，1986年为1.3%，2015年该比例已突破3.3%。与经济发展相适应的是东京湾区居民知识水平的不断提升。东京湾区的经济发展水平之所以能引领日本、成为世界级湾区，与其居民整体具有较高的知识水平是分不开的。人口知识水平的提升会极大促进产业由劳动密集型向知识密集型转型升级，从而推动社会生产力的发展。1980年，东京湾区人口最终学历中本

① 数据来源于CEIC，日本统计局数据。

科及以上的占比已超过 10%，领先日本整体水平 4 个百分点；到 2010 年，东京湾区本科及以上的占比进一步提升到 19%，领先日本整体水平扩大到 5 个百分点。①

（四）统筹区域协调发展

东京湾区整体中高速增长的同时，区域内部的发展差异有明显缩小的趋势，1955 年埼玉、千叶和神奈川的人均收入分别相当于东京的 60%、57% 和 70%；而到 1999 年，上述三地相对于东京的比重均提升到 78% 左右（见图 7－4）。

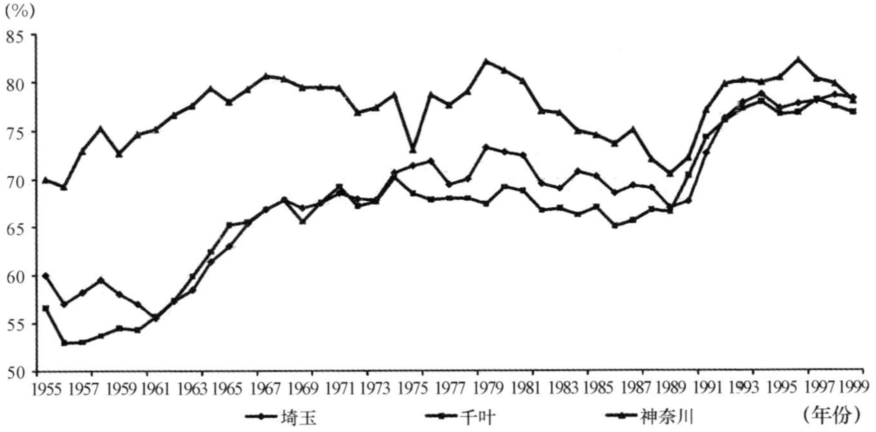

图 7－4　东京湾区中埼玉、千叶和神奈川的人均收入相对于东京的比例

资料来源：日本统计局。

上述转变的实现得益于日本政府高度重视城市发展的顶层规划，自 1958 年以来，已编制五轮首都圈规划（见表 7－4）。规划的重点也从划分功能区、硬性遏制核心城市规模和人口的过度扩张，到开发与疏解相结合，增强周边城市与东京的联系。五轮首都圈规划在规范城市无序建设、促进资源合理配置、实现区域协调发展中起到了重要作用。其主要措施如下：首先，地区间的公共服务均等化。通过修建发达的铁路、公路体系缩短东京与周边城市的通勤、物流时间，为产业和人口的疏散创造条件。其次，转移东京的部分职

① 数据来源于日本统计局数据。

能，将大学、研究机构向周边城市疏散。再次，在核心城市出台一系列工业方面的限制性法律，促使工业向都市圈内其他区域转移。最后，努力形成产业链的集聚效应，从而在都市圈内构建多核多中心的发展格局。同时，产业和人口不断向核心城市集聚必然会导致要素价格的急剧攀升，倒逼产业转移。

表7－4　　日本历次首都圈基本计划的主要内容

<table>
<tr><th></th><th>颁布时间</th><th>行政级别</th><th>税收减免政策</th></tr>
<tr><td rowspan="2">第一次首都圈基本计划</td><td rowspan="2">1958 年</td><td rowspan="3">到 1975 年，都市圈人口控制在 2660 万，遏制东京的无序扩张</td><td>在建成区限制工厂和学校的兴建</td></tr>
<tr><td>设立近郊整备地带，实现与建成区基础设施一体化，保留部分绿地限制建成区扩张</td></tr>
<tr><td>首都圈整备法</td><td>1965 年</td><td>近郊以外规划城市开发区，主要承接工业、教育、流通等功能</td></tr>
<tr><td rowspan="3">第二次首都圈基本计划</td><td rowspan="3">1968 年</td><td rowspan="3">到 1975 年，首都圈人口控制在 3310 万</td><td>兴建城际铁路、公路等交通体系</td></tr>
<tr><td>对近郊进行综合开发和城市化改造</td></tr>
<tr><td>在城市开发区培育工业体系，完善流通、教育功能</td></tr>
<tr><td rowspan="2">第三次首都圈基本计划</td><td rowspan="2">1976 年</td><td rowspan="3">将都市圈“单核”发展的模式改造为“多核”模式</td><td>完善首都圈内的交通、通信体系</td></tr>
<tr><td>将东京的部分职能如政府管理、国际交流向外转移</td></tr>
<tr><td>第四次首都圈基本计划</td><td>1986 年</td><td>明确大城市的主导产业</td></tr>
<tr><td rowspan="2">第五次首都圈基本计划</td><td rowspan="2">1999 年</td><td rowspan="2">提出“分散的网络结构”，都市圈的区域间应形成高水平高密度的网络</td><td>建立多个自立都市圈</td></tr>
<tr><td>自立都市圈在发展经济的同时要注重教育、文化、休闲等生活职能</td></tr>
</table>

资料来源：冯建超、朱显平：《日本首都圈规划调整及对我国的启示》，《东北亚论坛》2009 年第 11 期。

在政府和市场价格的共同作用下，东京湾区的产业和人口的空间分布开始调整。发展水平较高的东京和神奈川两地的制造业逐渐开始向周边发展相对落后的埼玉和千叶等地区转移。经过近半个世纪的产业转移调整后，东京湾区的制造业集群由“单核”向“多核”改进。1955 年东京曾是除了运输设备以外的主要制造业中心，到 1999 年，东京仅有印刷出版、金属、一般机械制造占最多的份额。食品、化工和电气设备制造中心转移到神奈川，千叶成为钢铁业中心。1955—1999 年，东京在都市圈制造业的占比由 70% 下降到 46%，埼玉和千叶的份额分别由 6% 和 3% 上升到 17% 和 13%。除了产业转移最明显的制造业，东京金融保险和政府服务的集中度也有下降，东京金融保险业的增加值占湾区比重由 1955 年的 88% 下降到 1999 年的 72%；东京政府服务的增加值占比由 1955 年的 68% 下降到 1999 年的 48%，而承接大量政府职能的埼玉其占比由 1955 年的 7% 上升到 1999 年的 16%。东京湾区的人口分布随着产业的转移也发生了变化。1975 年，东京人口占比高达 43%，到 2015 年该比例下降至 37%。此外，由于城市之间交通的便利性，工作和居住异地的人口比例在不断提升。1980 年，在东京工作而居住在异县（异市）的劳动人口达到 62%，2005 年进一步提升至 70%；1980—2005 年，埼玉、千叶和神奈川的劳动人口在异市居住的比例也分别提升了 13 个、16 个和 16 个百分点。①

二　旧金山湾区营商环境经验启示

旧金山湾区是依靠科技创新作为发展原动力的湾区典范，人均 GDP 遥遥领先于其他世界级大湾区。旧金山湾区从政策扶持、人才和技术保障以及科技金融支撑等方面为科技创新提供良好的营商环境，助推湾区创新驱动模式取得成功。

（一）政策扶持创新体系发展

从科技研发到成果转化再到产品市场化，科技创新产业化的全部流程都离不开政府的政策保障和支持。

科技研发阶段，旧金山湾区政府主要为科创企业提供资金支持、税收减免和专利保护政策及服务。为了保证科学家能够将精力放在

① 数据来源于日本统计局数据。

科学研究上，不必担心资金不足延误研发进程，旧金山湾区政府加大了财政资金在科学研究上的投入力度。加州大学伯克利分校所属的社会利益技术研究中心在初创时，美国联邦基金提供了1.7亿美元资助，加州政府提供了1亿美元资助，强有力的资金支持助力该中心在能源储备、交通等方面获得了突破性的研究进展。湾区政府还通过税收优惠或减免激励企业科技创新的积极性。一方面，通过减少企业税负压力能够鼓励企业增加研发投入；另一方面，通过减少员工税负压力间接提高研发人员工资从而吸引人才。由于美国各级政府部门对税收都有一定的自主权，旧金山湾区除了享受美国国内统一的税收减免政策，湾区内部还专门为科创企业及员工提供了额外的税收优惠政策，助力湾区吸引更多高技术企业和高端人才（见表7-5）。

表7-5　旧金山湾区享有的各级政府部门税收减免政策

行政级别	税收减免政策
联邦政府	1. 创造就业机会抵税政策 2. 历史建筑物保护抵税政策 3. 翻新建筑区抵扣优惠 4. 商业性公司和机构从事研发活动经费与前一年度相比有所增加时，该公司和机构可获得20%的退税
加州政府	1. 雇用新员工抵税政策（帮助困难群体就业，即从特定人群中雇用员工代替缴税） 2. 企业消费扣税政策 3. 创造新岗位抵税政策（鼓励小微型企业扩张，即多雇一人可获得3000美元税收减免）
旧金山市	1. 免征中心街等指定免税区内企业工资税 2. 对旧金山商业企业员工工资税收减免 3. 免征股权补偿型工资税 4. 对技术型产业员工工资税收减免 5. 从事电影产业员工享有退税优惠

资料来源：San Francisco Office of Economic and Workforce Development.

科创企业对知识产权、专利保护需求强烈。良好的知识产权保护政策能够激发研究机构、企业、个人不同主体的科技创新热情。美国高度重视专利保护，出台了一系列法律法规保障专利发明者的合法权益。1790 年美国就颁布了第一部专利法，开始实行注册登记制专利制度；1836 年将登记制改为审核制，提升了专利申请的质量；2011 年开始实施《美国发明法案》，优化专利申请程序，加速科研成果转化的过程。此外，美国专门针对特定产业指定专利保护法案，根据该产业特点单独设计法案规则和细节，如信息技术行业有《高性能计算机与通信法》等法案，保障了硅谷信息技术行业的蓬勃发展。

设置孵化器和产业园扶持成果转化。是否能将研发成果转化和商业化，是科技创新的关键一环，成功转化既能激励创新，也能获得丰厚的利润回报。美国政府出台了一系列政策扶持科技成果转化。1982 年“小企业创新研究计划”，根据中小企业的成长路径采取三级资助模式，资助方式包括资金支持和技术支持两类。设置专门的公立机构——国家技术转让中心和联邦实验室促进科技成果转化，主要为科创企业提供网络信息、商业资讯和专题培训等服务。为了保障创建和发展孵化器所需资金，美国通过立法来推动孵化器发展。旧金山湾区通过设置孵化器、产业园区对科研成果进行转化，湾区内的硅谷聚集着大量孵化器企业，是全球企业孵化器的乐土。

通过政府采购和企业团购的方式引导产品市场化。在新技术和新产品进入市场初期，单靠市场的力量解决不了产品市场化的问题，需要政府加以引导和支持。例如，为了支持航空航天业发展，20 世纪 40—60 年代，美国政府是电子工业及航空工业等相关新兴产业的最大客户。硅谷高新技术产品之所以能在其高速发展时期得到快速推广，政府采购是重要动力源。此外，近年来还采取企业团购的方式，即群体折扣，参与团购的企业越多，价格越低，这样不仅有利于新技术新产品的推行，还有利于降低企业成本。

（二）高校提供创新人才和技术基地

旧金山湾区的高校作为创新人才培育基地和技术革新研究基地，

成为湾区创新驱动发展的重要源泉。提供了完善的人才培育体系和出色的研究能力。高等教育人口集聚是旧金山湾区经济高速发展的重要因素。2016 年旧金山湾区 25 岁以上的人口中，学士学位占比 46%，远高于美国平均水平 31%。[①] 斯坦福大学、加州大学伯克利分校等高水平研究型大学有完善的学科设置，完整的人才培养体系，是旧金山湾区创新人才来源的核心。同时，斯坦福大学等研究型大学在基础理论研究方面发挥着核心作用。为了获得技术上的突破，斯坦福等研究型大学大幅增加研发支出。巨额投入获得了回报，旧金山湾区人均专利拥有量超过了其他任何同类地区，是同期纽约湾区的 3 倍。[②] 研究型大学的基础理论研究，已经促成了具有变革性的商业突破。加州大学旧金山分校通过基因克隆使乙肝疫苗成为可能，斯坦福大学通过对钙钛矿的材料科学研究研发出低成本太阳能电池。[③]

（三）科技金融体系满足创新资金需求

高新技术产业的发展离不开科技金融体系的支撑。旧金山湾区以风险投资为主、以商业银行贷款为补充的科技金融体系，带动了湾区产业集群的茁壮成长，促进了硅谷高新技术产业的技术创新。

一方面，成熟的风险投资市场有利于科研成果转化。旧金山湾区除了政府提供的资金扶持，还拥有全球最发达的风险投资市场，1000 多家风投公司和 2000 多家中介服务机构，硅谷受风险投资资助在纳斯达克上市的公司已超 200 家。凯鹏华盈和红杉资本于 1972 年共同开创了旧金山湾区的风险投资模式，1995—2018 年，旧金山湾区风险投资额从 16.91 亿美元飙升到 603.75 亿美元，占同期美国风险投资市场比重超过一半（见图 7－5）。旧金山湾区风险投资组织形式多样化，包括小企业投资公司、合作制的风投公司、股份制风投公司和集团内部风投公司。风投资金的 80% 来源于私人独立基金，但渠道广泛，有个人资本、机构投资者资金、大公司资本、

① 数据来源于 Bay Area Council Economic Institute。

② 同上。

③ 《粤港澳大湾区研究系列之 2：我们能从旧金山湾区借鉴到什么?》，联讯证券研究报告，2019 年 8 月 28 日。

私募证券基金和共同基金。风投标的集中于高科技行业，其中90%投向计算机软硬件、生物医药和通信信息产业。

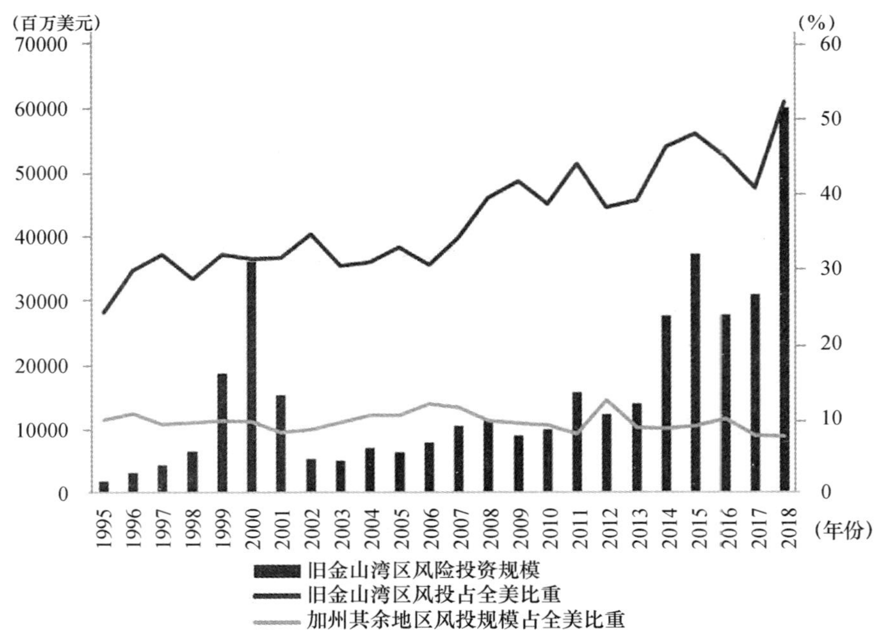

图7-5　1995—2018年旧金山湾区风险投资情况

资料来源：PwC/CB Insights Money Tree™ Report.

另一方面，以专业银行为主导的间接融资为高科技企业融资提供了补充。旧金山湾区存在许多为小微科创企业融资的专业银行，典型代表是硅谷银行和社区银行。硅谷银行是美国最成功的科技商业银行，突破了传统投资模式的限制，与创投企业建立合作关系，创新风险控制模式。其贷款方式、对象和用途都是特定的，如以短期信用贷款为主，以拥有较多资产、信用好的有限合伙人为特定对象，主要用于解决创投机构开展股权投资时资金短缺的特定用途。硅谷银行的最大优势就是解决了高科技企业与银行间的信息不对称及风险问题。中小企业融资难是世界性难题，其主要原因就是企业与银行之间信息不对称，中小科创企业的轻资产特性使其获得贷款更加困难。硅谷银行通过发现目标客户、有效价值评估、风险控制和违约贷款处理四个关键环节，有效解决了中小科技企业发展初期信息不对称和信贷风险难题。硅谷银行通过三种方式获得企业信息并选择支持对象：定期举行企业家创业者和投资公司交流论坛；通过投资机构获取信息；拥有自己的孵化器。高科技企业大多持有专利等无形资产，价值评估难度较大，硅谷银行通过集团下属的分析公司以及合作的创投机构进行估值。风险控制方面，与创业投资机构建立投贷联盟，创投机构提供股权资金后，硅谷银行再提供贷款；要求企业必须在硅谷银行开户，以便监控企业现金流；签订"债权人清偿第一顺序"协议，最大限度降低银行损失。对于出现违约贷款的企业，硅谷银行将其知识产权卖给创投机构，以加快知识产权变现。社区银行资产规模小，层级简单，决策效率高，而且长期为中小企业服务，具有信息优势，目前主要为中小企业和农场提供小额贷款。①

第三节　营造市场化法治化国际化营商环境

2018 年，深圳营商环境在内地城市多个排名中均居首位。但是根据投资和营商环境领域的引领者——科尔尼于 2019 年初发布的世界首个《全球城市营商环境指数》，深圳排名全球第 58 位，低于香港（第 38 位）、北京（第 41 位）和上海（第 48 位）。可见，虽然深圳的营商环境是国内佼佼者，但与国际领先城市相比还存在较大差距。要想发挥在粤港澳大湾区中的核心引擎作用，实现中国特色社会主义先行示范区和全球标杆城市的使命目标，必须着力营造稳定公平透明、可预期的市场化法治化国际一流营商环境。

一　建设国际一流营商环境改革创新实验区

《中共中央国务院关于支持深圳建设中国特色社会主义先行示范区的意见》提出要"营造稳定公平透明、可预期的国际一流法治

① 《粤港澳大湾区研究系列之 2：我们能从旧金山湾区借鉴到什么?》，联讯证券研究报告，2019 年 8 月 28 日。

化营商环境”。近年来，深圳放眼全球，主动对标国际一流水平，对照世界银行和国家发改委营商环境评价体系，按照法治化、国际化、便利化的要求，高标准推进营商环境改革。2018 年 1 月，深圳市政府一号文出台《深圳市关于加大营商环境改革力度的若干措施》，提出 20 条改革措施；2019 年 5 月，省委深改委印发《深圳市建设国际一流营商环境改革创新实验区行动方案》，提出 10 个方面 28 条措施加快营造国际一流营商环境。目前，深圳营商环境总体良好，改革举措得到了社会层面的广泛肯定，是全国民营经济最为活跃的城市之一，创新创业氛围浓厚。下一步，深圳将继续对标最高最好最优，争取更好更优更强，建设国际一流营商环境改革创新实验区。

可能采取的重点举措如下：一是争取成为世界银行营商环境评价样本城市。世界银行对中国营商环境评估的样本城市是上海和北京，考虑到中国的经济体量，拟增加一个样本城市，目前正对中国多个人口超过千万的城市进行筛选。深圳营商环境质量较高，进入世界银行样本城市，有利于提升中国整体营商环境评估水平。二是建立国际国内营商环境政策大数据库，开发上线营商环境监测系统和重点监测企业库，强化全生命周期的营商环境量化评估。三是成立营商环境咨询委员会，建设营商环境政企沟通交流平台。

二　深化“放管服”改革，持续优化政务环境

按照使市场在资源配置中起决定性作用、更好发挥政府作用的“放管服”改革目标，针对企业创业的堵点、痛点、难点问题，进一步深化企业开办便利化改革、信贷金融改革、市场监管改革等涉企经营活动中的重点环节改革。

（一）进一步深化企业开办便利化改革

1. 大力精减行政审批事项

经过多年改革，深圳简政放权成效明显，但离充分激发市场活力，建设完善的社会主义市场经济体系还有较大距离，还要进一步精减审批事项，减少政府对市场资源的直接配置和对微观市场的直接干预。行政审批事项仍然较多，审批时间较长。比如，城市轨道交通建设规划及规划调整需报省住房和城乡建设厅初审，在规划环

境影响审查意见（生态环境部审批）、社会稳定风险评估（深圳市审批）完成后，报送国家发展改革委审批，同时抄报住房城乡建设部，审批全过程达一年有余。“准入不准营”现象仍然较为突出，如开设医疗门诊部和网吧，虽然实施商事登记制度改革以后，一天就能拿到营业执照，但完成全部经营许可审批，正式开始营业，需要6—7个月。此外，精减事项还受到上位法制约。

因此，对所有审批事项，有必要根据政府公共管理必要性和社会运行实际需要进行重新审查。凡是企业能够自主决定的、市场竞争机制能够有效调节的、行业组织或者中介机构能够自律管理的和行政机关采用事中事后监管能够实现有效管理的，原则上可以取消行政审批。通过全面清理审查，能直接取消的予以取消，能向社会组织转移的就转移，能向区和街道下放的就下放。确实不能取消、转移和下放的，要最大限度精简申请材料和办事环节。

2. 持续创新审批服务模式

推进审批服务便民化，是践行党的群众路线和以人民为中心的发展思想、建设人民满意的服务型政府的必然要求。近年来，深圳在推进“互联网+政务服务”、数字政府建设中，取得了长足进步。建立起了市、区、街道、社区四级服务大厅，形成了“前台综合受理、后台分类审批、统一窗口出件”的服务模式。接入广东省网上政务服务平台，开展网上政务服务，推进“秒批”“不见面审批”“全城通办”等新模式，目前已有“秒批”事项110项，“不见面审批”事项446项，“全城通办”事项352项。大力推广“i深圳”统一政务服务App，接入29个市级单位、10个区政府的3091项服务。

但企业在办事创业过程中仍有不少堵点、痛点问题。如政府政策信息获取不便捷，办事过程中仍需重复提交大量纸质材料等。因此，应加强大数据汇聚和应用，打造主动、精准、整体式、智能化的审批服务模式，争取成为全国政务服务质量最优、效率最高、人民最满意的地区之一。

（二）进一步深化市场监管改革

1. 建立更具弹性的审慎包容监管制度

《中共中央国务院关于支持深圳建设中国特色社会主义先行示

范区的意见》提出，深圳要“开展市场准入和监管体制机制改革试点，建立更具弹性的审慎包容监管制度”。审慎包容监管是针对解决新产业、新业态的监管真空提出的，是推进“放管服”改革的有效抓手。深圳的新产业、新业态不断涌现，涉及领域繁多，发展速度很快，对政府部门的监管带来极大挑战。

目前，深圳审慎包容监管存在如下问题：一是尚未建立新产业新业态监管统筹机制。目前涉及新产业新业态的行业主管部门、监管职能部门众多，整体工作缺乏顶层设计和统筹规划。二是缺乏新产业新业态分类目录。目前对于新产业新业态的内涵和外延均不明确，与传统产业传统业态难以有效区分。三是缺乏对新产业新业态的系统研究。目前政府部门对新产业新业态的政策研究不够，对审慎包容监管方式的理解不深，在审慎监管和包容监管的把握上仍有欠缺，在数字经济、人工智能、生物科技等新产业新业态领域的主动对接、关注和引进不够。四是缺乏配套制度体系。新产业新业态发展与监管领域政策法规存在空白，缺少新技术新产品的认定办法和标准，也缺乏一套从准入到监管、执法的规制与扶持制度体系。

建立新产业新业态审慎包容监管制度作为一项改革举措，承载了推进市场准入和监管体制机制改革、落实促进新产业新业态发展目标、支撑现代产业体系的多重任务，对政府部门的改革魄力和治理能力提出了更高要求。需要重点做好以下工作，形成制度经验。

第一，完善工作机制。建立由发改、工信、科创、司法、市场监管、税务等部门组成的联席会议制度，协调研究解决新产业新业态的内涵、外延及分类等问题，统筹推进审慎包容监管。制定新产业新业态的具体分类目录清单，实施动态管理。同时，针对不同类别的新产业新业态，制定对应的监管事项清单，明确监管的内容与方式。

第二，改革市场准入制度。一是梳理新产业新业态目录清单。二是改革商事登记事项。全面梳理商事登记事项，按照登记事项和备案事项进行分类改革。三是放宽新产业新业态企业登记。实行经营许可“申请人备案制、承诺制”，放宽登记名称，放宽行业用语限制，放宽经营范围，放宽出资方式。四是便利新产业新业态商事登记。探索新产业新业态“容缺登记”制度，开辟新产业新业态许可办理“绿色通道”。

第三，建立包容审慎的执法监管机制。除涉及国家安全、人身健康和生命财产安全、知识产权、生态环境等领域外，对新产业新业态实施以下监管举措：一是探索实行“包容期”管理。给予新设立的新产业新业态企业1—2年的包容期，包容期内除投诉举报、专项整治、转办交办等特殊情况外，原则上不进入企业检查，采用法规宣传、行政提示、行政建议、行政约谈等柔性监管方式，对企业实行“零打扰”，并配套税收、减租减费等政策扶持。二是建立容错机制。推行柔性执法。全面推行不予处罚事项清单和减轻处罚事项清单两张清单，对轻微违法行为，当事人主动消除或减轻危害后果的，减轻处罚；当事人及时纠正，没有造成危害后果的，不予处罚。三是实施信用惩戒宽容机制。配套实施专门的信用修复机制，制定信用惩戒负面清单，企业未列入信用惩戒清单的，不实施信用惩戒；列入信用惩戒清单的，严格控制惩戒范围和时限，不滥用信用惩戒。四是实行风险评估动态管理。探索构建新产业新业态特色信用信息体系，加强信息归集和动态评估，实行风险分类和信用分级，实施分类监管。风险等级评定为高、中的，由政府部门主导监管；风险等级评定为低的，由第三方技术机构监管。五是推进新产业新业态的标准及规范研究。在“包容期”内做好跟踪研究，加快制定新产业新业态的行业标准和规范体系，促进其早日纳入常规监管。

第四，严守安全底线。在“包容”“容错”的同时，加强对新产业新业态动态风险评估，发现潜在风险大的，及时调整监管方式；对超出“包容”领域的严重违法行为，一律依法严惩。

2. 加强创新监管手段与方法

推进“互联网 + 监管”改革，通过信息化手段改变监管模式，建立基于风险和信用分析的一体化精准监管体系，强化企业主体责任和信用约束机制，减少政府过度监管对企业正常生产经营活动的干扰，努力提升监管方式的科学性和有效性。争取建设全域监管数据中心，将国家各部委、各省市监管数据汇聚至深圳大数据监管中心。建设一体化精准监管平台和监管大数据中心，归集、分析监管相关数据，加强风险研判和预测预警，构建“双随机、一公开”监管、联合监管、信用监管、投诉举报处理分析等子系统。健全新型监管机制，对监管对象采取基于风险与信用分级分类的差异化分类监管措施，构建“一处违法、处处受限”的监管格局。

（三）持续推进“强区放权”改革

科学划分市区两级权责，提高行政审批和管理效能，是深化“放管服”改革的重要内容。从2016年起，深圳大力推进“强区放权”改革，全面下放城市更新、规划国土、水污染治理、交通运输、社会管理等领域140余项事权，激发了基层工作积极性，释放了城市发展活力。未来还要进一步明晰市、区两级定位，优化市区两级职能配置，发挥市级在总体统筹、规划协调方面的职能，同时强化区级在综合治理、属地服务方面的职能，让市级“瘦身”、让区级“强体”，充分调动区级政府积极性，全面提升政府整体效能。针对现存问题，重点加大市级统筹协调力度，加强对各区指导和监督，做到全市“一盘棋”；加强区级人才队伍建设，多渠道解决专业人才匮乏难题。

（四）进一步深化信贷金融改革

深圳企业成本高、融资难的问题没有得到根本解决。用地用房方面，深圳工业用地价格高达3000元/平方米，是天津中心城区工业地价的3倍、重庆工业用地的6倍，厂房租金年均增长5%—10%，一些重点工业企业和成本敏感型制造企业出现外迁趋势。在资金方面，企业回款周期长，实际贷款利率偏高，未能有效解决融资贵的难题，一些企业面临资金流动性风险。

多措并举，提高金融服务实体经济能力。第一，探索知识产权证券化，解决科创企业融资难题。第二，借鉴上海科创板经验，推动创业板注册制改革，改革创业板发行上市、再融资及并购重组制度，拓宽中小科创企业创业板融资渠道。第三，探索设立科技金融租赁公司，主要服务于高新技术企业、战略性新兴产业。第四，促进深港澳金融业互联互通。粤港澳之间拥有先天的地缘及产业链相连的优势，贸易往来频繁，跨境资金流动与跨境金融服务需求强烈。进一步提升跨境资金流动的便利性，促进粤港澳金融市场互联互通，将有助于优化粤港澳大湾区资产配置能力，有效扩大金融资源供给，带动湾区金融更大范围、更宽领域上满足建设资金和转型升级需求，促进大湾区实体经济发展。

三　推进湾区内规则衔接，打造法治化国际化营商环境

（一）制度规则对接是粤港澳大湾区营商环境的最大痛点

与纽约湾区、旧金山湾区、东京湾区权属关系简单不同，粤港澳大湾区内部11个城市涉及一个国家、两种制度、三种法律制度及三个单独关税区。粤港澳大湾区城市群中各城市由于处在不同平面，其发展既要跨越地理空间的边境，更要克服政治制度、经济制度、文化制度的差异性障碍。

制度规则对接是推进粤港澳大湾区建设中的首要任务和关键环节，解决与发展不适应的体制机制障碍和法规制度束缚，充分发挥法治化市场化的主导作用，协调解决粤港澳大湾区合作发展中的制度规则对接问题。促进科技创新、法律服务、金融合作、税务政策等方面湾区内资源共享、制度对接、待遇互认、要素趋同、流转顺畅，实现粤港澳三地有机融合，形成国际一流的营商环境。

（二）打通科研机制衔接，实现湾区内强强联合

粤港澳大湾区科技创新合作存在着诸多体制机制障碍。一是深港两地在科研资金跨境使用监管政策上存在差异，对科研资金使用范围、人员薪酬比重、报销凭证、税收要求等方面不能对接；二是深澳两地在科创领域的优势未能有效结合，科技要素便捷流动缺乏足够的专业平台支撑与专项资金支持；三是境内科创型企业在境外借款融资或进行跨境人民币贷款的额度低且耗时长，不利于科创型企业开展科技研发活动。

加快科研机制衔接，首先，推动科研资金管理制度的有效衔接。科研资金进出境设置绿色通道，简化跨境流动流程；推行科研资金进出境零税率、科研资金外汇自由结算运营机制；选择适用香港和内地的经费报销制度。其次，加强深澳科技合作。充分利用澳门资金充裕、对外开放程度高、科研项目交流与科研人员往来更加便

捷、国际高端科研仪器使用更加便利的优势，积极推动深圳科技创新企业与澳门高校合作开展研究，围绕澳门与深圳共同的科技创新优势产业建立更多专项项目实验室，实行“深圳科创企业提需求、澳门科研团队做研究”的合作机制。最后，探索科创型企业在境外发行人民币债券用于科技研发、生产等活动。境外机构在境内银行开立的人民币结算账户，可存放定期存款，支持符合国家产业方向的科技创新类企业开展多币种跨境融资。

（三）打通人才机制衔接，实现湾区筑巢引凤

粤港澳大湾区人才互认合作方面也存在着体制机制障碍。一是职业资格互认没有打通，金融、会计、规划、设计、建筑、教育、律师、医生、护士等行业，港澳执业人士在内地执业仍需参加内地执业考试并取得相关执业证书。二是内地国有企业、政府事业单位在选拔任用港澳居民人才上存在障碍。三是吸引更多港澳青年来内地就业上，许多港澳优秀人才对毕业后马上创业仍存在顾虑，倾向于“先就业后创业”模式。

加快人才机制衔接，首先，尽快制定深圳港澳专业人才执业管理办法，在深圳推进执业便利化改革，具有港澳及国际执业资格的金融、会计、规划、设计、建筑、教育、律师、医生、护士等专业人士，经备案后依法依规提供专业服务。其次，对于境外人才的选聘提拔，由用人单位对该类人群学历信息验证、征信信息、履职经历等背景调查核定建档，或支持专业境外人才引进服务机构，负责项目及人才引进管理。最后，鼓励内地企业到港澳地区招聘，为港澳青年提供更多就业选择，对来湾区特别是深圳工作的港澳青年，在人才资格认定、安居房配租等激励政策上加大倾斜力度。

（四）打通金融机制衔接，实现湾区互联互通

深港澳金融法治有待进一步对接和协调。深港澳三地金融业适用法律与监管规则不同，在开展跨境金融服务时存在法律或规则适用障碍，导致部分跨境业务无法开展或增加法律审查难度和业务成本。如保险业跨境业务需求旺盛，但内地和港澳法律体系在司法管辖权的认定、举证责任的归属、合同效力的确认等多个领域存在显著差异甚至分歧，一旦保险跨境合同与三地任何一方的法律不相符

合，跨境业务便难以开展。随着外汇管制日趋严格及境外刷卡消费的额度限制，香港保险的客户无法完成续期保费缴纳，或者在申请理赔后无法将理赔资金换汇回流内地。同时，三地政府在行政级别、金融管理权限等方面存在不对等的问题，若缺乏更高层级的统筹指导，深港澳金融市场互联互通将难以有效推进。与香港相比，内地人民币跨境结算便利化水平不足，企业须事前、逐笔提交真实性证明材料，手续烦琐，结算成本较高。

积极与香港保险业联动在深圳设立大湾区保险服务中心，有条件支持并允许在该中心处理内地保单持有人的保费缴纳、向内地人士支付理赔款的业务。进一步简化收付款手续，允许优质企业凭《跨境业务人民币结算收/付款说明》或收付款指令，直接在银行办理货物贸易及服务贸易人民币跨境结算，无须事前、逐笔提交真实性证明材料。

第八章　发展平台助推

粤港澳大湾区内已有的前海、南沙、横琴三大平台应时而建，总体是打造一流的国际化、法治化、市场化营商环境，立足粤港澳三地融合发展，促进形成生产要素便捷流动的局面，增强大湾区极点带动功能。其他特色平台功能突出，加快建设，成效凸显，助推大湾区建设。

第一节　大湾区中的重大平台建设

加快推进深圳前海、广州南沙、珠海横琴三大平台开发建设，充分发挥其在促进粤港澳三地合作中的示范带动作用，拓展港澳发展新空间，引领粤港澳全面合作，助推大湾区建设。

一　重大平台应时而建，各有侧重

前海、南沙、横琴三大平台应时而建，成效显著，重点内容则又有异同。前海是发挥合作发展的引擎作用，加强深港合作，建设国家化城市新中心。南沙是携手香港和澳门，建设成为国际航运、金融和科技创新功能承载区，建成大湾区高水平的对外开放门户。横琴则是建成粤澳、珠澳深度合作集聚区，全面服务澳门发展，加强民生合作，加强对外开放。

（一）优化提升前海深港现代服务业合作区

前海深港现代服务业合作区位于珠江东岸，南头半岛西侧，内部由桂湾、前湾、妈湾组成，与香港隔海相望，占地面积约15平方公里。“前海概念”是在2008年《珠三角发展规划纲要（2008—

2020）》编制时提出的。2010 年 1 月，中央明确编制《前海发展总体规划》，要求高度重视前海开发开放。2010 年 8 月，国务院正式批复《前海深港现代服务业合作区总体发展规划》。2012 年 7 月，国务院批复《关于支持深港现代服务业先行先试政策》。2012 年 12 月 7 日，习近平总书记视察前海，这是党的十八大后习近平总书记基层视察的第一站，总书记强调前海要“依托香港、服务内地，面向世界”。2014 年 12 月，国务院批复前海—蛇口片区纳入中国（广东）自由贸易试验区。2015 年 4 月，前海—蛇口自由贸易片区正式挂牌通行。2019 年 2 月，《粤港澳大湾区发展规划纲要》明确优化提升前海深港现代服务业合作区功能。

党中央对前海始终高度重视，寄予厚望。据不完全统计，自 2010 年以来，前海承载的国家赋予的特殊发展使命大约有 14 项，包括：深港现代服务业合作区、社会主义法治示范区、粤港澳深度合作示范区、国家人才管理改革试验区、国家金融业对外开放试验示范窗口、“一带一路”战略支点、世界服务贸易重要基地、跨境人民币创新业务试验区、国家化城市新中心等。可见，前海在深港合作、金融创新、投资贸易便利化、服务业开放等领域，成为国家新一轮改革的战略前沿、开放热土、创新高地，被誉为“特区中的特区”。

正值大湾区建设，前海功能需要进一步优化提升，聚焦深港合作，聚焦国家经济发展前沿。前海设立之初被赋予特定的战略任务，就是加强与香港合作。在金融、商贸、运输等现代服务业方面实现与国际接轨。经过 40 年的开放发展，深圳与香港在合作发展过程中，积累了较坚实的基础，前海更是立足国家经济开放发展需要的战略领域，如金融、现代物流、科技服务业和专业服务、信息服务等领域，推进深港合作，全面融合，更好地服务香港发展需要，服务国家经济发展。

（二）打造广州南沙粤港澳全面合作示范区

南沙粤港澳全面合作示范区（以下简称“南沙片区”）是要携手港澳建设成为高水对外开放门户。从行政隶属沿革来看，1993 年 5 月，广州南沙经济技术开发区获国务院批准成立。2005 年 4 月，南沙区正式成为广州市的行政区。2012 年 9 月，国务院批复南沙新区成为国家级新区。2014 年 12 月，国务院同意设立广东自贸区，其中南沙新区总规划 60 平方公里，纳入广东自贸区。2015 年 4 月，中国（广东）自由贸易试验区南沙新区片区挂牌。本书所研究论述的南沙粤港澳全面合作示范区特指纳入中国（广东）自贸区的南沙片区，一共分为七大区块，空间规划面积为 60 平方公里。

区块一是海港区块，占地 15 平方公里（包含龙穴岛作业区 13 平方公里和沙仔岛作业区 2 平方公里），定位成为国际航运发展合作区，利用港口优势，围绕国际航运探索通关模式政策创新，联手港澳打造泛珠三角区域的出海大通道。

区块二是明珠湾起步区，占地 9 平方公里，定位是金融、商务发展试验区。立足推动粤港澳金融服务合作，构建粤港澳金融和商贸服务合作新机制，探索人民币资本项目可兑换的先行试验，加强与上海自贸区的人民币国际结算对接合作，为未来人民币国际化提供可复制推广的经验制度。

区块三是南沙枢纽区，占地 10 平方公里，定位是粤港澳融合发展试验区。2016 年 9 月，广东省谋划将在南沙最优质的区位空间打造“粤港深度合作示范区”，在这个区域只引进香港企业，因此后来此区块被称为“香港园”。未来将加大对香港的进一步开放，大力支持香港参与该区块的开发建设，广东做好区内教育、医疗等配套建设。

区块四是庆盛枢纽区块，占地 8 平方公里，定位是泛珠现代服务业国际合作区。重点开展国际教育和医疗合作，探索在教育培训、健康医疗等领域对港澳地区甚至国际深度开放，建成泛珠三角区域现代服务业国际合作示范区。

区块五是南沙湾区块，占地 5 平方公里，定位是国际科技创新合作区。该区块是处于粤港澳大湾区创新走廊上的重要节点，未来重点围绕科技创新、服务外包、文化创新、邮轮经济等领域谋发展，探索粤港澳科技研发合作模式，推动建设国际科技创新服务中心和创新成果产业化基地。

区块六是蕉门河中心区区块，占地 3 平方公里，定位为境外投资综合服务区。该区块重点集聚中小企业总部，旨在为港澳中小企业发展提供空间，在综合服务平台建设、服务保险和风险防控体系建设方面，为港澳中小企业发展助力，为其开拓国际市场、内地市场提供强有力支撑。

区块七是万顷沙保税港加工制造业区块，占地10平方公里，定位为国际加工贸易转型升级服务业。加工贸易仍然是中国国际贸易中的重要组成部分，通过该区块建设，在数据服务、电子商务、检测认证、加工制造等环节，搭建加工贸易升级所需的技术研发、工业设计、知识产权服务等公共平台，为大湾区加工贸易转型升级提供保障。

总体上看，南平片区处于广州南缘，位于珠三角几何中心，区位条件优越。当前南沙的发展具备诸多国家级发展规划的叠加优势，如自贸区、大湾区、国家战略新区、国家级经济技术开发区、保税港区、高新技术产业区等政策叠加优势，正处于发展通道中的绝佳机遇期，开发建设势头较好，进展顺利，成效初显，正在朝着建设粤港澳大湾区全面合作示范区的方向前进。

（三）推进珠海横琴粤港澳深度合作示范区

珠海横琴深度合作示范区开发开放几乎和前海同步，位于珠海横琴岛，地处珠海市南部，毗邻澳门，占地28平方公里。从空间格局看，横琴片区分为5个区块，包括临澳区域约6.09平方公里，休闲旅游区块约10.99平方公里，文创区块约1.47平方公里，科技研发区块约1.78平方公里，高新技术区域约7.67平方公里。

历史上，1992年横琴岛被列为广东扩大开放的重点开发区，2008年12月，《珠三角发展规划纲要（2008—2020）》明确规划建设珠海横琴新区等合作区域。2009年1月，习近平同志在考察澳门期间宣布中央政府同意开发横琴岛，明确在横琴开发建设过程中将充分考虑澳门经济适度多元化的发展需要。2009年8月，《横琴总体发展规划》明确把横琴建设成为“一国两制”粤港澳合作新模式的示范区，将实行更加开放的产业和信息化政策，立足粤港澳三地紧密合作，旨在促进港澳繁荣稳定。2009年12月，横琴新区挂牌成立，是广东省的派出机构，委托珠海市政府管理。之后的几年，党中央国务院高度重视横琴的开发开放发展，支持和推动横琴新区建设。2014 年 12 月，横琴被纳入中国（广东）自由贸易试验区。2019 年 2 月，《粤港澳大湾区发展规划纲要》进一步明确推进珠海横琴粤港澳深度合作示范区建设。

横琴新区紧邻澳门。澳门经济结构单一，土地空间供给紧缺。中央政府和澳门特区政府都想致力推动澳门产业适度多元化。横琴天然的毗邻澳门的地缘优势得以彰显。在发展方向上，紧密结合国家及澳门的发展需要，确立以旅游休闲健康、文化科教、高新技术、商务金融服务等产业作为方向，建设文化教育开放先导区、国际商务服务休闲旅游基地，建成促进澳门经济适度多元化的新载体、新高地。

经过十年的快速发展，横琴新区通过土地资源注入服务澳门发展现实，在开发过程中，全面落实澳门优先原则，结合实际制定多项扶持澳门企业、青年、居民在横琴发展的政策和措施。2018 年以来，随着港珠澳大桥的通车，横琴唯一陆桥连接香港、澳门两地的区位优势将更为凸显。至今，横琴澳门青年创业谷已成为澳门青年在内地创业的首选地，累计引进港澳创业团队超过 150 家，孵化项目约 300 个，融资突破 6 亿元，并设立了超过 5000 亿元的天使投资基金、数亿元的创新型中小企业信贷风险补偿专项资金，正在集聚发展能力，快速推进各项事业建设。

二　加快推进重大平台建设，制度创新成效显著

三大平台助推大湾区建设，战略任务集中体现在更深层次改革、更高起点开放方面的探索，在于不断加强制度创新，复制推广各项制度，促进大湾区生产要素自由流动，推动“一国两制”事业新实践。

（一）积极推动创新举措，提升优质要素流动效率

作为大湾区建设的重要抓手，三大平台建设首先要求建成富有吸引力的全球人才、资金、技术、信息等优质生产要素流入地，成为大湾区高质量发展典范。

在人才引进方面，三大平台积极创新吸引国际化人才的各项制

度和举措。深圳前海已认定境外高端人才、紧缺人才约150名，对这些人才发放个税补助、提供人才配套和住房等，以增强对国际人才的吸引力。广州南沙出台了“1+1+10”政策体系，对人才引进、企业进驻发展等给予支持，对港澳人才特别实施关税负差额的奖励。目前已集聚国家“千人计划”专家约20人，高端领军人才超过10人，其他各类急需人才约6000名。珠海横琴积极引进院士、国家“千人计划”，累计对超过1.5万人次的特殊人才实施奖励约15亿元。

在金融创新方面，多方位探索，积累开放发展的经验。一是适度扩大金融市场开放，促成外资金融机构进驻三大平台。在CEPA框架下，推动港澳金融机构入驻。如大西洋银行、澳门国际银行等已进驻横琴，汇丰前海合资证券公司、恒生前海基金管理有限公司落户前海。前海东亚联丰投资管理有限公司获批外商独资私募证券投资基金试点企业，深圳汇创股权基金公司落地成立。二是积极开展跨境金融创新，为人民币国际化探路。三大平台率先探索“五个跨境”，即跨境人民币贷款、跨境双向人民币债券试点、跨境双向人民币资金池业务、跨境双向股权投资试点、跨境金融资产转让，推动区内与境外双向融资通道的对接。三是探索推进外汇管理领域改革。三大平台探索商业银行在外汇管理领域改革，三大平台探索商业银行在外汇管理中的服务功能，允许银行为各平台内企业办理“贸易外汇收支企业名录”登记及变更、企业外汇账户基本信息变更等业务，方便区内企业办理经常项目外汇手续。

（二）大力深化改革，提升现代治理能力

当前中国特别加强政府管理能力的转变和提升。三大平台通过探索现代治理能力的有效举措，形成可复制推广的制度。近三年，前海、南沙、横琴在推进政府职能转变方面，积累了较多的做法经验，成果颇丰。

一是推进行政审批制度改革。结合行政审批特点，采取“综合审批+标准化审批”推进创新。综合审批即推行“一颗印章管审批”，实现审批时限压缩50%以上的目标。前海开展相对集中行政许可权试点改革，将大部分（50%以上的行政许可事项）归类于此

专门机构办理。南沙成立了行政审批局，行政审批服务环节实现“车间流水式、一站式、一条龙”服务。横琴首创社会投资类建设工程“一站式”审批平台，大大压缩了企业报建周期，降低了企业担负的成本，每年可为企业节约超过2亿元。“标准化审批”即按照“细化裁量标准、实现量权限权”原则，将约500项业务事项在审批系统中标准化，实现全程电子化运作和线上全过程监督。

二是大力推进简政放权。管理权限的下放一方面不仅为企业办理有关事项节省了时间，另一方面，更为重要的则是，更加明确了各级政府的管理权限。据不完全统计，当前前海、南山、横琴承接了300多项省级管理下放权限，承接了200多项市级管理权限。这仅仅是起步阶段的探索，未来在简政放权方面，重大平台仍然承载着进一步理顺、明晰、推进更多可复制推广的做法的任务。

三是全面推进“互联网+”，探索更多便民服务举措。如前海率先在全国建立企业专属网页，让区内的企业70%以上的行政事项60%以上都能实现网上办结。推进工商、商务、海关等部门之间数据共享，便于有关管理部门对属地企业更好服务。探索大数据政务模式，前海利用三维数字化技术，开展市级基础设施BIM（建筑信息模型）技术应用，推进新型智慧城市建设。南沙推出“微警”服务新模式，在微信签发身份证网证，极大地方便了办事群众。横琴推进全国首个城市管家App，推动城市治理过程中全民参与。

四是积极探索现代治理模式，包括设立法定机构，探索经济管理新模式，设立综合执法局。探索开展联动执法，加强执法部门的沟通、衔接。探索“廉政大监督”方式方法，整合各种监督力量，促成纪检、监察、检察、审计等部门联合监督格局。

（三）优化投资服务，提升市场效率

大湾区要建成充满活力的世界级城市群，必然会成为全球投资的焦点。区域之间的竞争实力，说到底就是投资环境之间的较量。前海、南沙、横琴自建设之初就成为大湾区吸引外资的首选地，因此优化投资环境显得尤为重要。近年来，重大平台围绕投资提升市场效率，做出了诸多有意义的探索。

一是深入实施负面清单管理模式。目前，前海、南沙、横琴自

实施负面清单以来，区内99%的新设外资企业的注册时间由过去10多个工作日缩减至最快2个工作日。对内资企业也采用投资项目负面清单管理模式的试点试行，大大地激发了企业拓展市场边界的主动性，倒逼政府服务能力的提升。

二是推进商事登记制度改革。目前，在前海、南沙、横琴区内注册开办企业所需时间平均约为3天，接近世界发达地区（或城市）的水平。受益于前海、南沙、横琴开创的一系列登记制度改革举措，比如通过制度创新，推行“一照一码”登记制度改革，一般企业商事登记由原来的审批制改为确认制，将原来的营业执照、组织机构代码、税务登记证“三证合一”，推动“二十证六章”联办。除此之外，推出“一门式、一网式”政务服务模式，延伸拓展商事登记网络等创新做法，极大地推进了机关服务便利化改革。

三是加快“证照分离”改革试点。前海、南沙、横琴的“证照分离”改革试点是在全国推进“证照分离”改革试点大环境下同步进行的。2016年10月，全国启动该项改革试点以来，前海、南沙、横琴形成各有创新、各有不同的格局。2017年12月全国启动第二轮改革试点，三大平台全面落实国务院部署，在全国复制推动106项改革事项，同时结合广东实际，增加了32项改革事项，着实提升了区内企业“准入”和“准参”效率。

除此之外，还探索了其他便民服务事项，如深化办税便利化改革，前海推行微信办税新平台，南沙推进线上税务平台，横琴首创粤港澳智税宝等，都收到了良好的效果。

（四）对接国际规则，提速开放进程

在接轨国际规则、制度等方面，前海、南沙、横琴首当其冲，旨在形成更富吸引力和竞争力的国际性投资贸易环境，并为全国开放发展提供可复制推广的做法。

一是建立健全并不断完善的与国际接轨的法律服务体系。前海在这方面做了更多的探路，目前已设立前海自贸试验区所需的相关司法机构，如法院、检察院、知识产权法庭、海事法院巡回法庭，还成立了一批特色法律服务机构，如引入知识产权快速维权中心、中科院中子数据取证实验室等机构，以适应不断开放的国际化法律服务需求。

二是打造安全高效的国际化通关服务体系。积极利用线上线下等信息技术创新，提升通关服务效率，包括“单一窗口”实现18个功能模块整合，联通海关、检察检疫、海事、港务等21个部门，可以满足海、陆、空、铁、邮等各类口岸各类业务需求。积极推行“互联网+”模式，优化通关模式，率先建立全球质量溯源体系等，助力大湾区开放进程。

三　把握战略机遇，着力推动重大平台建设

在新一轮改革开放之际，前海、南沙、横琴的建设战略任务更重：切实有效推进“一国两制”事业发展新实践，全面尝试推动形成对外开放新格局，充分把握各种政策叠加优势，力争尽快形成大湾区内各种生产要素资源在各平台的自由流动，形成可复制推广经验，推进大湾区高质量发展。

（一）切实履行国家赋予的战略新任务

粤港澳大湾区建设最难推进的莫过于制度衔接。目前“一个国家、两种制度、三种货币结算、三个独立关税区、四种经济形态区域”框架下各种制度差异，是阻碍大湾区内各种生产要素自由流动的最大障碍。前海、南沙、横琴既是推动大湾区建设的重要抓手，又是试验区。因此，要充分利用中央赋予的探索创新的空间，瞄准大湾区建设需要，结合国际国内形势，积极有序探索制度创新，推动制度衔接，为“一国两制”事业发展做最具价值的探索实践。如围绕部署大湾区建设具有全球影响力的国际科技创新中心，打通港澳科研成果到大湾区内转化，加强与珠三角重要节点城市制造业融合，推动粤港澳风险投资基金发展等，探索多方位、多领域的粤港澳合作层次和深度。

在对外开放新尝试方面，围绕如何“引进来”，继续探索开放举措，推进负面清单管理，更好地吸引外资注入大湾区。继续探索扩大市场准入领域，在完善风险管控前提下，稳步推进金融领域开放，稳步提升人民币国际化程度，探索人民币自由汇兑和流通等制度设计。继续探索股权投资模式，探索加强市场运行中的监管模

式，借助信息手段，利用大数据平台，信用体系建设等，提升现代治理能力，有效利用市场促进开放，逐步实现前海、南沙、横琴区内有序开放、运行合规、效率有限的良好局面。围绕如何“走出去”，继续探索国际贸易新模式、新业态，联动创新，提升大湾区国际航运枢纽的影响力。积极借鉴香港自由港的管理经验，推动前海、南沙、横琴港口联动发展，形成合力，创造条件与香港合作，联手开辟大湾区自由贸易港口群，加快多式联运创新。探索推进铁、高、邮联运枢纽建设，形成实体生产与运输服务的紧密合作，助推大湾区内企业更好地“走出去”。

（二）积极发挥叠加效应，实现重大平台协调发展

中国正在推进新一轮改革开放，新的对外开放格局为湾区开放发展提供更大舞台。近年来，中国资金进出形成顺差，说明在对外开放发展方面，更加主动推动投资，对中国目前的生产、销售、服务环节扩大影响、提升效率具有显著效果。大湾区建设正处于历史最好机遇期，国家层面积极部署推动前海深港合作现代服务业合作示范区、广州南沙粤港澳全面合作示范区、珠海横琴粤港澳深度合作示范区等三大平台的建设和发展，三大平台功能区定位不同，各有侧重，具备叠加优势，共同目标就是要深化粤港澳大湾区合作。如前所设想，粤港澳大湾区融合发展，就是要实现粤港澳三大经济一体化，湾区内形成“大都市区 + 城市连绵区”。虽然有诸多研究从国际三大知名湾区的发展历程和经验，找到一些可参照的经验做法，比如有的研究者建议参照北美自贸区的模式，提出某些建议。但是粤港澳三地最大的与众不同就是“一国两制”。以往珠三角九个城市的一体化发展取得丰富成果，粤港、粤澳合作也取得丰富成果，如今要在更高起点上谋划大湾区内的融合发展，难度大大超过以往。2003 年的 CEPA 是在民间协调下推进，已经成为粤港澳三地制度一体化的一部分，此次湾区内各地更应加强合作，起到主导和协调作用，积极谋划，从完善制度、构建和促进建设协调机制方面有更大突破。只有这样，粤港澳大湾区融合发展才能超越以往的成就，真正建成国际一流湾区和世界级充满活力的城市群。

（三）抓住新一轮全球化发展方向，推进生产要素自由流动

市场的自由流动是以商品自由流动为起点，走向生产要素的自

由流动。全球服务贸易发展趋势正是由生产要素自由流动推动的。前海、南沙、横琴将不断放宽服务业准入标准，在金融、会计、税务、法律等服务业领域探索融合发展，允许粤港、粤澳在法律、会计、税务、建筑等专业人才进入，倒推大湾区行政管理机制对接、制度衔接，从而为大湾区内的人才、信息、技术、资金等生产要素自由流动提供样本、参照、经验做法等。当前大湾区正在试点探索港澳居民到珠三角居住就业，前海、南沙、横琴对港澳居民的吸引度显著高于其他地区，因此各自可根据自身的条件，在教育、医疗、卫生、养老等制度衔接方面，允许港澳相关资源，以合作或独立形式入驻，探索一些行之有效的常态做法、可持续做法。在人才引进方面，可探索粤港澳三地专业技能证书互认等，加强合作，形成大湾区内劳动力共同提升、相互认可的态势，从而更有效地推进各类生产要素的自由流动。

第二节　优化提升前海发展平台功能

作为新时代国家改革开放战略平台，前海发展始终彰显特殊战略意义。近十年来，前海实现了翻天覆地的变化，片区经济总量在千亿级持续提升，制度创新走在全国前列，新城建设加速推进，深港合作成果丰硕，产业集聚优势呈现。立足当下，展望未来，前海平台的巨大作用仍有较大空间，优化提升平台功能，任重道远，意义非凡。

一　前海作为大湾区核心引擎功能初步显现

前海作为粤港澳大湾区的核心引擎作用初步显现。数据显示，前海—蛇口自贸片区已经成为中国发展最快、质量最高、效益最好的区域之一。

（一）制度创新走在全国前列

近十年来，前海着力探索与国际通行规则接轨，率先推进新时代规则体系建设，目前在投资、贸易、金融开放、事中事后监管、法制、人才管理改革、体制机制、党建等八大方面的制度创新成果丰硕。据不完全统计，2019 年前海推出的制度创新成果超过 60 项。自贸区挂牌以来前海推出的制度创新成果超过 500 项，多项制度创新成果在山西、江西赣江新区、哈尔滨等地复制推广，形成较好的先行示范效果。

知名研究机构评估结果无不显示前海制度创新走在全国前列。如普华永道等机构开展的“1＋9”创新成果评估结果显示，前海—蛇口自贸片区各项改革任务高效完成，改革进程位于国内自贸试验区前列。中山大学评估结果认为，前海制度创新总指数连续两年在全国自贸片区中排名第一。

（二）深港合作步伐全面加快

依托国务院批复深港合作区的政策优势，充分把握比邻港澳的区位优势，前海目前已形成了与港澳深度融合、合作创新发展的良好局面。前海相继出台一系列针对支持港澳青年发展的政策措施，如《前海深港合作专项行动计划（2018—2020）》《关于支持港澳青年在前海发展的若干措施》及其配套《实施细则》等重要政策文件，积极有效扩大香港现代服务业发展的物理空间，目前累计面向港企出让土地 18 宗，面积 37.26 公顷，占经营性土地出让的 45.9%；建筑面积约 293.2 万平方米，占比 48.1%。建立深港青年梦工场、深港设计创意产业园、前海深港创新中心、深港基金小镇等重大平台。目前，前海已汇聚汇丰集团、恒生银行、东亚银行、港交所、嘉里集团、周大福、新世界、九龙仓等一大批知名港企。

（三）金融开放创新成果丰硕

在国务院及部委出台支持前海金融创新 72 条政策的基础上，前海率先在全国推动实现跨境人民币贷款、跨境双向发债、跨境双向股权投资、跨境双向资金池、跨境资产转让和跨境金融基础设施等“六个跨境”。国家外汇管理局批复同意前海率先开展资本项目收入支付审核便利化试点，成为中国资本项目扩大开放的里程碑事件。港交所前海联合交易中心、汇丰前海证券、东亚前海证券、招联消费金融公司、恒生前海基金公司等正式开业，CEPA 框架下金融业对港澳地区开放措施在前海全面落地。与此同时，前海积极探索开展金融风险防控，挂牌成立前海地方金融监管局，设立前海金融风险防控中心，打造“前海鹰眼系统”，率先探索金融监管沙盒，开展国家互联网金融风险分析技术平台建设，着力从体制、监管、技术和排查模式四个维度创新推进风险防控工作，促进前海金融业有质量地稳定健康发展。

（四）法治示范区建设不断深化

坚持立法先行，前海在深圳市人大的大力支持下，出台了“一条例两办法”（《前海合作区条例》《前海管理局暂行办法》和《前海湾保税港区管理暂行办法》），构建起前海法治建设基本框架。在深圳市委领导支持下，成立市前海社会主义法治建设示范区领导小组，综合全市法治资源和力量推动前海法治示范区建设。出台全国首份自贸区法治建设的系统规划文件《前海中国特色社会主义法治建设示范区规划纲要（2017—2020）》。研究制定《关于支持前海中国特色社会主义法治建设示范区先行先试若干举措的意见》《前海落实〈粤港澳大湾区发展规划纲要〉法治建设行动方案（2019—2022 年）》。最高人民法院第一巡回法庭、第一国际商事法庭、境外法律查明“一中心两基地”、中国（深圳）知识产权保护中心落户前海，金融法庭、知识产权法庭正式运行，前海知识产权检查研究院揭牌，形成全国独一无二的商事、金融、知识产权、海事等门类齐全的专业审判、服务、研究机构布局；挂牌成立前海法院、前海检察院、深圳国际仲裁院；前海法院首创“港籍陪审”和“港籍调解”制度。推动“一带一路”国际商事争端解决机制落户前海，推动《联合国贸法会仲裁规则》首次在中国落地，组建全国唯一的自贸区仲裁联盟。

（五）体制机制创新取得积极成效

依法设立“政府职能 + 前海法定机构 + 蛇口企业机构”市场化政府治理新格局，有法定机构——由前海管理局，与招商局集团共同组建合资公司构成。并加快推进强区放权和简政放权改革。“放”的方面，前海承接了省市下放的 147 项行政管理事项，在经济建设方面享有除金融领域外的副省级城市管理权限；推动国际贸易“单一窗口”“证照分离”改革，实现“一口受理、一网服务、一门审批，一颗印章对外”。“管”的方面，利用大数据构建社会信用体系，跨部门协同监管平台汇集70余个政府部门和市场机构、涉及17万余家企业的超过1000万条信用数据，为市场监管、税务、法院、海关等监管部门提供超万次查询服务。前海跨部门协同监管平台获国家发改委、新华社共同颁布的全国信用应用十大实践成果奖。前海已初步形成具有地方特色的行政审批制度体系、政务服务体系和事中事后监管体系。

（六）现代服务业加速集聚

前海合作区成立以来，大力引进总部企业，完成4批次46家总部企业认定，累计发放扶持资金2.53亿元；推动落实“十大总部招商计划”，成功吸引一大批世界500强企业、大型央企、知名港企及其他龙头民营企业总部落户或拟落户前海。片区已基本形成产业结构优化、高端要素集聚、经济活跃度高的现代服务业体系。

（七）“一带一路”战略支点作用初显

加快“一带一路”国际产能布局，与印度尼西亚、白俄罗斯、阿联酋、印度等多个沿线国家签订合作协议，支持招商局集团在全球21个国家、52个港口布局港口网络。推动华南地区唯一集海、陆、空、铁于一身的太子湾国际邮轮母港开港运行，自贸区国际直航航线达169条。启动“一带一路”法治地图项目，建设“走出去”公共服务平台，开展“一带一路”国家和地区税法配套研究，为前海及内地其他企业积极参与“一带一路”倡议保驾护航。推动“中国深圳”和“中国前海”船籍港获批设立，探索国际船舶登记制度改革，推动航运中心建设和航运要素加速聚集。

总体上看，前海成功实现“一年一个样”的变化，在为香港服务业扩大空间、推动香港结构优化等方面成功发挥了杠杆作用，有效彰显了改革开放试验田的作用，凸显了“最浓缩、最精华”的核心引擎地位。前海将把改革开放不断推向深入，为深圳建设中国特色社会主义先行示范区做出新贡献。

二　前海发展可能遇到的挑战

《粤港澳大湾区发展规划纲要》明确了前海在大湾区建设中的

定位和责任，机遇与挑战并存。结合规划纲要和前海发展实际情况，可能存在的挑战主要表现在如下几个方面。

一是深港合作空间有待扩大，深港合作尚需纵深推进，有待为香港服务业进一步扩大空间。二是先行先试政策有待深化，现有政策红利用尽，缺乏新一批先行先试政策深化支撑。三是改革创新力度有待加大，前海改革创新力度还需进一步加大，在全国叫得响的制度创新成果不多。四是可开发利用空间有待拓展，可开发利用空间不足，难以有效发挥合作发展引擎作用。五是体制机制有待完善，体制机制方面还有待完善，法定机构企业化管理、市场化运作的比较优势未能充分发挥。六是科技创新有待找准定位，科技创新还需要进一步从大湾区建设全局上找准发展定位。七是新城建设有待提速，新城建设还有待进一步提升，制约片区建设发展重大瓶颈问题亟须打通“最后一公里”。八是跨境基础设施互联互通有待加强，与港澳基础设施互联互通还需加强。

三　进一步优化提升前海平台的功能

前海将严格遵循顶层设计，强化机遇意识，以只争朝夕的责任感和紧迫感，积极谋划、认真落实《粤港澳大湾区发展规划纲要》和省市贯彻落实系列文件，积极发挥试验示范作用，拓展港澳发展空间，引领带动粤港澳全面合作。

（一）聚焦重大政策和重大项目

加快推进《前海合作区总体发展规划》修编，争取《新时代前海全面深化改革开放方案》获批，推动扩大前海合作区区域空间，研究相关配套政策，推动深化深港金融创新政策落地。

（二）聚焦深港澳更加紧密合作

探索建立与粤港澳地区资金互通、市场互联的机制，推动粤港澳职业资格互认试点工作，率先落实系列便利港澳居民政策措施，加快建设深港青年梦工场二期、粤港澳青年创业区，推动前海深港创意设计产业园开业运营，推动组建粤港澳大湾区发展基金。率先实施便利港澳居民在内地工作、生活、发展的系列政策措施。

（三）聚焦创新特别合作区建设

加快建设前海科技创新创业平台中心，积极参与广深港澳科技创新走廊建设，推动科技创新企业集聚，加大科技创新体制机制突破力度。深化与香港高校、科研机构及孵化园区的协同创新，推动科技成果转化。优化创新创业环境，打造集创意链、产业链、资金链、政策链、信息链、人才链于一身的深港青年全生态创新创业链条。

（四）聚焦构建现代产业体系

完善现代服务业产业政策支持体系，加大招大商招好商招优商工作力度，打造前海总部经济集群，推进新兴贸易业态创新发展，促进先进制造业和现代服务业深度融合。

（五）聚焦法治示范区建设

联动香港建设国际法律服务中心和国际商事争议解决中心。积极推动最高人民法院第一巡回法庭、第一国际商事法庭和深圳金融法庭、深圳知识产权法庭建设。进一步完善港籍陪审员和调解员机制，深化粤港澳合伙联营律师事务所改革试点。

（六）聚焦国际化城市新中心建设

以桂湾、前湾、妈湾片区为重点加快建设城市新中心核心区，打造集山、海、林、城、岛、港、湾等优势资源于一身的世界级城市新中心。重点推进国际学校、前湾会议中心、国际金融交流中心、未来音乐中心、国际医院等一批公建配套基础设施建设，完善城市功能，加快推进与大湾区城市群基础设施高效联通，打造广深港城市走廊交通枢纽。营造独具特色的城市水系和绿色开放空间，建设融生态性、文化性、景观性、艺术性为一体的活力水城。

第三节　推动特色发展平台建设

粤港澳大湾区要建成有全球影响力的国际科技产业创新中心，特色发展平台建设就是重要抓手。深圳要有更高站位，更开放更积极的举措，更有效的科技体制机制，集聚全球高端创新资源，推动创新能级提升，从而带动整个区域科技创新的发展。

一　深港科技合作区开局顺利，蓄势待发

深港科技合作区是国家科技创新试验区，粤港澳大湾区创新发展新引擎，港深跨境深度合作新支点，国际科技创新合作新平台。其多元制度丰富“一国两制”实践，发挥港深战略作用，进一步深化改革，助力香港融入国家发展大局，支撑湾区协同发展。

（一）策划推动深港科技合作区建设

1993—1997 年，深港两地联合治理深圳河，将弯曲的河床裁弯取直后形成 0.87 平方公里的落马洲河套地区。2017 年 1 月 3 日，深港两地政府签署《关于港深推进落马洲河套地区共同发展的合作备忘录》，明确双方在河套（A 区）共同发展“港深创新及科技园”，同时香港支持深圳在深圳河北侧毗邻河套的口岸区域（C 区）和福田保税区共约 3 平方公里区域规划建设“深方科创园区”，双方共同构建 3.89 平方公里的“深港科技创新合作区”。

2017 年 7 月 1 日，在习近平总书记亲自见证下，粤港澳三地政府和国家发改委共同签署《深化粤港澳合作推进大湾区建设框架协议》，其中明确提出支持港深创新及科技园建设。

2019 年 2 月 18 日，中共中央国务院发布《粤港澳大湾区发展规划纲要》，明确提出“支持落马洲河套港深创新及科技园和毗邻的深方科创园区建设，共同打造科技创新合作区，建立有利于科技产业创新的国际化营商环境，实现创新要素便捷有效流动”。合作区成为唯一定位以科技创新为主题的特色平台。

2019 年 8 月 18 日，中共中央国务院发布《关于支持深圳建设中国特色社会主义先行示范区的意见》，明确提出“加快深港科技创新合作区建设，探索协同开发模式，创新科技管理机制，促进人员、资金、技术和信息等要素高效便捷流动”。

（二）深港协同创新格局初显

一是规划体系基本成型。深圳园区总体发展规划基本稳定，并按照国家发改委的要求深入开展围网监管法律适用等问题研究。同步深圳已形成园区的空间、交通、科研等专项规划，1 + N 规划体系基本成型。

二是科研空间批量筹集。深圳园区具有现成使用、梯次开发的良好基础。已梳理出现成可用的产业空间37万平方米，包括政府自有物业（如长富金茂大厦）、政府统租物业（如广田国际科技园）、政企合作物业（如国际生物医药基地、国际量子研究中心）等多种形式。同时，统筹策划提出近期可相对成片开发的东、西两翼启动区，可供开发土地面积共计62万平方米，其中两宗政府储备用地建设项目2019年10月开工。

三是科创资源加快聚集。合作区区位优势、配套条件、空间储备和潜在的政策创新正逐步释放效应，已引进或确定入驻香港及国际优质科研项目75个，包括金砖国家未来网络研究院中国分院、粤港澳大湾区气象预警监测中心、香港科技大学福田基地、香港生产力促进局深圳创新及技术中心等。同时，开设粤港澳青年创新创业工场（福田）、孔雀谷等创新创业孵化器，吸引数十个港澳青年团队入驻。

四是跨境基础设施建设提速展开。跨境货运优化调整，明确货运“东进东出、西进西出”分流时间表，计划2021年实现皇岗口岸货运功能取消。强化深港直连互通，皇岗口岸重建规划“6+2”轨道线，并预留与香港北环线对接空间。福田保税区一号通道扩大科研人员通行备案范围，得到海关、边检和公安部门的大力支持，预计2020年底实现。

（三）战略机遇面前依然存在某些困难

一是制度创新有待突破，高度开放便利的要素流动仍未实现。合作区区位独特、优势突出，要坚守“一国”之本、善用“两制”之利，加大制度创新力度，认真规划好建设好这个片区。合作区的建设要借鉴港澳甚至国际上最有利于科技发展的制度，深方园区要对接香港的科研管理制度，要用创新的思维和理念，破解科技发展面临的机制体制障碍。但目前合作区尚未在制度创新领域取得重大政策突破，已有政策创新点未实现“人无我有，人有我优”的目标，接轨国际的科研管理制度体系尚未形成，推动创新要素跨境便利流动的政策措施仍未落地，“境内关外”高度便利的人流、物流、资金流、信息流、商流跨境流动及税制、法制的衔接仍面临诸多问题，市各部门与国家相关部委及港方的协调难度较大，难以形成实质性的推动政策落地的支持措施。

二是深港合作有待加强，科创资源集聚和运作机制仍未形成。表现在：其一，具有引领性的核心创新资源不足。深港两地科教资源互为支撑，产业高度互补，具有构建优势互补、协作高效的创新体系的巨大潜力。但由于深港两地政府管理模式和方式的差异，一些老问题始终掣肘着合作深度。例如，科技合作仍以在深方园区单方面导入科研项目为主，没有真正达到多层面、多主体、多要素间的协同创新发展；港方在国际科技创新网络中的作用不突出，深港两地未合作建成 1 家国家重点实验室或重大科技基础设施等高端科研平台，项目集聚的局面尚未形成。其二，科技资源引入机制有待完善。合作区作为综合性国家科学中心先行启动区，在引进国内外高端科技资源时，目前多采取一事一议方式。学科方向布局、设施平台选择，以及项目遴选、评审方式、资助模式、运营监管及考核评估、退出等全过程体制机制尚未明确，缺乏更为系统、科学、与国际接轨的规范化管理体制。其三，基础设施建设有待加快，支撑大规模科研项目入驻的条件仍未成熟。国办调研合作区过程中多次提出中央殷切希望合作区的建设在三年内要见到大的成效，呈现出大面积开工的状态，尤其是皇岗口岸重建等基础设施建设要加快，希望地方下定决心，先动起来，务实推进。但目前，合作区“先动起来”的基础设施建设项目仍为不足，皇岗口岸建设工程涉及央地多个机构，对港协调难度大，近期刚刚启动临时旅检区的建设。福田保税区属高度建成区，涉及军事、海关、商业和生活等多种用地属性，业权分散、土地权属复杂，空间释放效率不足，支撑大规模科研项目入驻的基础设施和物理空间条件仍未成熟，亟须储备一批重点工程和项目。其四，资金投入机制有待探索，可持续发展路径仍未形成。香港特区政府已经批准 200 亿元投资额度开发建设合作区港方园区，正在论证进一步投资 1200 亿元的方案，港方投资全部来自于政府财政，而目前深圳市建设合作区的资金投入响应速度与港方相比差距明显，财政预算尚未制定，资金投入机制尚未明确，有待进一步探索，缺乏政府资金的引领效应和引入产业及社会资本的具体方式，导致产业及社会资本普遍处于观望状态。

（四）未来建设蓄势待发

围绕合作区战略定位和总体部署，重点实施皇岗口岸片区重建、空间资源整备、基础设施配套、科研资源集聚、科研成果转化、创新应用示范、政策制度创新及生态保护配套等八大工程，打造跨境基础设施互联互通，国际创新资源集聚，科研转化平台共享，创新要素便捷有效流动及有利于科技创新的国际化、法制化、市场化营商环境。

二　光明科学城高起点谋发展

光明科学城是深圳市委市政府决策在光明建设世界一流科学城和深圳北部中心的重大决定，为光明区的整体发展和产业布局打开了巨大空间。光明科学城初步规划范围 99 平方公里，总体呈现“一心两区”的空间布局，包括光明中心区、装置集聚区和产业转化区。其中，装置集聚区面积 12.7 平方公里，包括“一主两副”三大科学集群——面积约 6 平方公里的重大科学设施集群、面积 4.1 平方公里的科教融合集群和面积约 2.6 平方公里的科技创新集群，将与东莞中子科学城装置区共同形成环巍峨山大科学装置集群。

根据光明科学城的发展目标，到 2020 年，将形成科学城建设基本框架体系；到 2025 年，将形成世界级科学城的核心功能；到 2035 年，将基本建成高度国际化的综合性国家科学中心核心承载区。

光明科学城建设将使光明区成为源头创新策源地和高端创新人才集聚地，为深圳下一个 40 年在高位上实现新的跨越，乃至为粤港澳大湾区参与国际竞争，解决一些“卡脖子”问题，提供源源不断的强劲动力。瞄准世界科技最前沿，努力将光明科学城打造成为支撑深圳原始创新的重要载体，打造成为综合性国家科学中心的重要节点，打造成为广深港澳科技创新走廊的重要引擎，打造成为深圳北部中心发展的重要动力源。要对标全球最高标准、最好水平，用最先进的理念、最好的规划、最好的方案，全力把光明科学城规划好、建设好，努力打造成为世界一流的科学城，为深圳建设成为中国特色社会主义先行示范区、创建社会主义现代化强国的城市范例增添新的动力。

光明科学城区位优势得天独厚，处于深港莞惠 1 小时生活圈内，是粤港澳大湾区和广深港澳科技创新走廊的战略节点。作为综合性国家科学中心的核心承载区和重要组成部分，光明科学城的定位有其自身的特点：一是更倾向于应用基础研究，而不是纯粹的基础研究。二是光明科学城是开放性的，今后粤港澳大湾区其他区域科研院所或企业有需求，都可以共享。三是相对比较聚焦，产业需要什么，光明科学城就瞄准什么进行研究，努力把应用基础研究和产业需求更好地结合起来。

根据初步规划，光明科学城将以世界级重大科技基础设施集群为核心，以应用基础研究和前沿交叉研究为主攻方向，以重大科技项目和重大工程为抓手，协同推进科技创新、产业创新、体制机制创新、运营模式创新和协同开放创新。当前，光明科学城正围绕新一代信息科学与技术、材料科学与技术、生命科学与技术等三大领域，集中建设世界级稀缺性重大科技基础设施，集聚全球一流的交叉性研究平台。

三　西丽湖科教城规划建设中

西丽湖国际科教城泛指南山的西丽湖片区，位于粤港澳大湾区和广深港澳科技创新走廊的重要节点，高等院校科研机构、高新技术企业、高端人才集中，产业化优势明显，向南可以串联起深圳高新区、深港科技创新合作区（河套片区）等，向北打通光明、东莞等制造产业化重镇。

近年来借力中央环保督察，该片区释放出约 4.35 平方公里的土地，现已有南科大等一批高校和科研院所，以及国家、省、市创新载体 271 个，规划布局鹏城实验室和北大、清华、天大—佐治亚等深圳校区。

深圳将充分利用深圳高新区的优势和辖区科技创新资源，规划全域面积超过 50 平方公里的西丽湖国际科教城，与深港科技创新合作区、光明科学城“三位一体”，助力深圳建设综合性国家科学中心和世界级原始创新高地，增强在粤港澳大湾区建设中的核心引擎功能。

四 沙头角中英街商贸合作区有望成型

沙头角中英街特殊的“一街两制”人文景观，不仅保留着多样历史文物，还保留着传统的岭南风情、客家文化，至今仍然吸引众多游客。建设沙头角中英街商贸合作区，更是有助于探索商贸中心创新发展新模式，推动深港湾区东部地区发展。

沙头角中英街作为改革开放初期的购物天堂，曾经极其辉煌，后因内外部配套设施落后等问题无法充分发挥其商业价值。当前乘大湾区建设东风，仍可充分利用两地边境贸易的商业优势，借鉴前海引入香港知名企业发展品牌港货中心的成功经验和做法，将其打造成边境购物城、旅游生活示范区，推动商贸升级，打造深港旅游文化商务区域，成为深港特别生活示范区。

在相关政策支持方面，港深可在“一国两制”新实践中，积极向中央争取政策，将沙头角中英街建设成为人流、物流、资金流和信息流等要素自由流动的生活圈。比如，统一规划建设大型商贸综合体，高品质规划建成一体化综合空间的口岸购物城。双方取消出入配额制，共同缩减申请人类别，放宽进出和停留有效期，提高人均出区物品价格限额等。提高交通配套功能，提升区内省会设施品质功能，联动沙头角保税区、盐田港保税区，发展与零售商贸相关的跨境电商业务等。除此之外，还可争取一些有利于要素流动的具体政策措施，如科研人员出入境方面探索更便捷的举措，港澳员工、归国留学人员等个税参照香港税法征收，区域内电信收费标准同城化等，有力推动特色平台的建设，助推粤港澳大湾区建设。

第九章　空间格局优化

《粤港澳大湾区发展规划纲要》明确粤港澳大湾区空间优化总体思路是“极点带动、轴带支撑、辐射周边”。从地理空间、经济空间和制度空间三个维度分析，大湾区内部存在典型的圈层结构，未来需要构建新的合理的网络共生结构，深圳则更加注重优化核心通道功能。

第一节　大湾区空间结构现状

粤港澳内部城市的综合质量、联系水平均存在显著的空间非均衡分布特征，粤港澳网络联系呈现出由港深穗向周边梯度衰减态势，且表现出显著的圈层结构特征。

一　粤港澳大湾区空间结构三大特征

空间发展一般包括三个维度，即地理（物理）空间、经济空间与体制制度空间。三个维度的空间发展是以空间内部城市或区域个体发展为基础，以整个空间结构优化、空间联系加深为方向。粤港澳大湾区建设以来的空间发展现状梳理如下。

（一）地理空间——大湾区“1小时经济圈”已具雏形

2018年9月，深中跨江通道工程项目中两座大桥[①]的主墩桩基开钻，标志着第二座跨海大桥项目全面进入建设施工阶段，是大湾区连接东西两岸（深圳与中山）的重要跨海通道，为湾区产业协同

---

① 指伶仃洋大桥与中山大桥。

体系建设发展提供重要的交通联系支撑，预计 2024 年通车运行；同年 9 月末，广深港高铁通车运行，标志着大湾区建成首次纳入香港的湾区内城际高铁网络；10 月末，大湾区第一座跨海大桥港珠澳大桥顺利通车，将珠海至香港的交通时间由通车前的 3 个多小时缩短至 40 分钟，显著提高了珠江口西岸的交通可达性，标志着香港与大湾区西边珠海、江门与中山等城市的经济要素流通全面提速，提高了珠江口西岸城市的工业制造业产能利用；11 月末，虎门二桥主线贯通，标志着大湾区重要跨江通道的进一步打通，极大缓解了虎门大桥通行压力，全面缩短了广州南沙—番禺—东莞沙田的通行时间，加速湾区核心区域交通基础设施的互联互通，2019 年 4 月底通车。

此外，据不完全统计，截至 2017 年底，粤港澳大湾区已建成全国领先的高速公路网络、水路交通网络和空港网络。高速公路里程已越 4000 公里，公路路网密度在一定程度上超越世界一流湾区；水路网络里程（内河航道）已越 6000 公里，形成围绕珠江口的珠三角“三纵三横三线”并连通港澳的航道网络；空港网络形成以香港—广州—深圳为核心的民航与港口交通运输系统，大湾区整体民航旅客吞吐量已超 2 亿人次，集装箱吞吐量已超 8000 万 TEU；高速公路、航道水路与空港网络的全面发展为粤港澳大湾区内部货物运输、人力资源要素流通提供重要支持。

为了有效验证粤港澳大湾区交通基础互联互通对缩短地理空间，加速货物运输、人力资源要素流动、通勤等的重要支撑，本部分分别对 2017 年与 2019 年粤港澳大湾区 11 个城市之间（确切说是城市中心坐标之间）时间旅行距离（分别对高速公路、高铁、水路等权重负值后进行综合测算，并非最短时间）进行测算，并通过对比来直观感受地理空间改善对运输、通勤时间的缩短效应（见表 9－1、表 9－2）。不难看出，2017 年大湾区的时间旅行表中绝大多数城市之间的通勤时间在 2—3 小时之间，小部分在 1 小时（澳门—珠海、珠海—中山、广州—佛山、深圳—香港），极个别在 4 小时以上（香港—肇庆）；而 2019 年 1 月即高铁网络、跨海大桥等交通基础设施建设后，大湾区内部城市中心之间的时间旅行距离矩阵中的数值明显缩短，大部分城市中心之间的通行时间在 0.5—2 小时之间，少部分在 2 小时以上（香港—肇庆）。

表 9－1　　2017 年粤港澳大湾区时间旅行距离　　单位：小时

	东莞	佛山	广州	惠州	江门	深圳	肇庆	中山	珠海	香港	澳门
东莞	0.00	1.70	1.21	1.68	1.87	1.36	2.47	1.72	2.05	1.96	2.50
佛山	1.70	0.00	0.95	2.47	1.23	2.32	1.65	1.49	1.91	2.82	2.14
广州	1.21	0.95	0.00	2.04	1.53	1.91	1.81	1.62	2.04	2.52	2.27
惠州	1.68	2.47	2.04	0.00	2.85	1.65	3.24	2.69	3.00	2.34	3.41
江门	1.87	1.23	1.53	2.85	0.00	2.39	1.59	1.06	1.38	2.46	1.62
深圳	1.36	2.32	1.91	1.65	2.39	0.00	3.40	2.30	2.62	0.87	3.04
肇庆	2.47	1.65	1.81	3.24	1.59	3.40	0.00	2.34	2.61	4.25	2.85
中山	1.72	1.49	1.62	2.69	1.06	2.30	2.34	0.00	1.05	2.35	1.54
珠海	2.05	1.91	2.04	3.00	1.38	2.62	2.61	1.05	0.00	1.70	0.51
香港	1.96	2.82	2.52	2.34	2.46	0.87	4.25	2.35	1.70	0.00	1.38
澳门	2.50	2.14	2.27	3.41	1.62	3.04	2.85	1.54	0.51	1.38	0.00

表 9－2　　2019 年粤港澳大湾区时间旅行距离　　单位：小时

	东莞	佛山	广州	惠州	江门	深圳	肇庆	中山	珠海	香港	澳门
东莞	0.00	0.90	0.64	0.89	0.99	0.72	1.31	0.91	1.09	1.04	1.32
佛山	0.90	0.00	0.50	1.31	0.65	1.23	0.87	0.79	1.01	1.49	1.13
广州	0.64	0.50	0.00	1.08	0.81	1.01	0.96	0.86	1.08	1.34	1.20
惠州	0.89	1.31	1.08	0.00	1.51	0.87	1.72	1.43	1.59	1.24	1.81
江门	0.99	0.65	0.81	1.51	0.00	1.27	0.84	0.56	0.73	1.30	0.86
深圳	0.72	1.23	1.01	0.87	1.27	0.00	1.80	1.22	1.39	0.46	1.61
肇庆	1.31	0.87	0.96	1.72	0.84	1.80	0.00	1.24	1.39	2.25	1.51
中山	0.91	0.79	0.86	1.43	0.56	1.22	1.24	0.00	0.56	1.24	0.81
珠海	1.09	1.01	1.08	1.59	0.73	1.39	1.39	0.56	0.00	0.90	0.27
香港	1.04	1.49	1.34	1.24	1.30	0.46	2.25	1.24	0.90	0.00	0.53
澳门	1.32	1.13	1.20	1.81	0.86	1.61	1.51	0.81	0.27	0.53	0.00

综上所述，大湾区实际经验数据以及时间旅行距离分析结果均表明，粤港澳大湾区打造的“1 小时经济圈”已粗具雏形，以港珠澳大桥、广深港高铁为代表的现代化交通基础设施建设将粤港澳大

湾区与世界三大湾区的差距进一步缩小，并为未来的赶超提供重要的地理空间基础。

（二）经济空间——大湾区呈显著的“中心—外围”结构

借鉴彭芳梅对粤港澳大湾区及周边城市空间结构与空间联系的分析思路与方法，本部分应用社会网络分析（SNA）对粤港澳大湾区 11 个城市的经济空间结构进行识别，具体主要应用 UCINET 软件展开 SNA 中心度分析与子群分析。中心度分析可以定量判断大湾区 11 个城市在整个湾区内部的节点“权利与地位”，是有效识别城市个体在城市群中所处位置及城市辐射能力的重要分析渠道；子群分析（凝聚子群分析）是在中心度分析基础上，更进一步识别城市群空间结构中的子结构，以相似位相凝聚构成大空间中的子群结构，是空间结构细分识别的有力手段。

表 9－3 为粤港澳大湾区 SNA 中心度分析结果，不难看出粤港澳大湾区呈显著的“中心—外围”结构。首先，湾区内香港、深圳与广州三个城市的中心度居首，处于绝对的核心城市地位，对周边城市具有较大的影响力，且中间中心度数值高于均值同样表明这三个城市在整个大湾区经济联系中承担重要的中介作用。其次，东莞、佛山两个城市的中心度数值高于均值，表明这两个城市是整个湾区经济联系格局中的次中心城市，且东莞的中间中心度高于均值表明其发挥经济联系媒介的作用。最后，澳门、珠海、惠州、中山、江门、肇庆等五个城市的中心度数值低于湾区整体均值，处于湾区经济联系格局中的外围位置，且并未发挥较为显著的经济联系媒介作用。

表 9－3　　　　粤港澳大湾区 SNA 中心度分析

城市	节点中心度	接近中心度	中间中心度	城市	节点中心度	接近中心度	中间中心度
香港	100.00	100.00	18.10	珠海	31.82	59.46	0.00
广州	100.00	100.00	18.10	惠州	27.27	57.90	0.00
深圳	100.00	100.00	18.10	中山	27.27	57.90	0.00
东莞	81.82	84.62	8.00	江门	27.27	57.90	0.00
佛山	68.18	75.86	3.78	肇庆	27.27	57.90	0.00
澳门	54.55	68.75	1.44	Mean	58.68	74.57	6.14

图9-1为基于UCINET软件测算的粤港澳大湾区空间子群分析结果。不难看出，与中心度分析结果大体一致，整个大湾区11个城市可以分为3个子群，广深港为子群1、莞佛澳为子群2、珠惠中江肇为子群3。其中子群1为大湾区中心城市，子群2为次中心城市（这里澳门归为次中心城市，不同于中心度分析中归为外围，与实际情况更为符合，说明分析结果可信度更高），子群3为大湾区的外围城市；整个大湾区呈显著的“中心—次中心—外围”两层圈层结构。

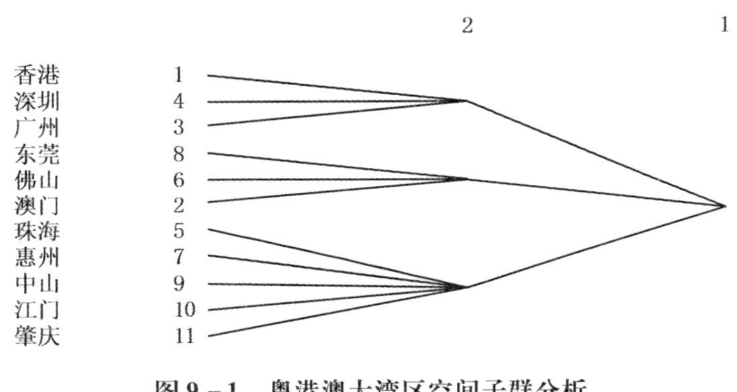

图9-1　粤港澳大湾区空间子群分析

（三）制度空间——“一国两制、三关税区”特殊的制度结构

到目前为止，粤港澳仍是中国经济最为活跃、外向型经济和市场化程度最高、竞争力最强的地区，也是发展极为急速、财富最为集中的地区之一。①

改革开放基本国策实施以来，中央赋予广东特殊的政策和灵活的措施，粤港澳跨行政区域之间逐渐开始形成多种制度性合作平台。但是，尽管广东政府在中央支持下制定了若干有关经贸合作的政策措施，但港澳政府制度主动性不足，这种合作更多地体现在民间途径上。粤港澳区域合作制度的转变动力源自市场驱动和微观主

① “粤港澳”，维基百科（http：//zh. wikipedia. org/wiki/% E7% B2% B5% E6% B8% AF% E6% BE% B3）。

体的利益诉求，改革主体来自基层，是自下而上的推进方向，主要以市场（企业）为主体，更多仍体现出自发性和渐进性特点。

随着改革的深入，三地政府日益感受到瓶颈与挑战的压力，开始主动地、强制性地建立和完善相关制度，以加快突破跨区域合作障碍，创造新机遇，实现再发展。这种制度转型，以政府为主体，通过政策、法规和制度推动实施，是自上而下的推进方向，表现出的是激进式和突变性特点。其中，既有中央政府主导的强制性转型，也有地方政府主导的强制性转型。前者以签订 CEPA 为标志，中国内地市场进入了全面开放时期，为抢占先机，粤港合作提高到政府操作层面；后者则以粤港、粤澳间的联席会议制度，《粤港合作框架协议》和《粤澳合作框架协议》为标志。2008 年《纲要》进一步明确提出“将与港澳紧密合作的相关内容调入规划”，把粤港合作第一次明确提升为国家发展战略。2009 年广东《关于推进与港澳更紧密合作的决定》出台，成为推进粤港澳合作的重要标志。在此新形势下，2011 年《粤澳合作框架协议》签署，明确了完善合作机制建设等保障机制安排。粤港澳合作由此又迈入了一个新的时期。

二　粤港澳大湾区高质量空间发展制约因素

粤港澳大湾区在交通信息等基础设施互联互通、金融融合、协同创新等领域不断大胆探索、积极改革，在过去几年取得长足的融合发展。相较于世界一流湾区，粤港澳大湾区在地理空间、经济空间以及制度空间层面均存在制约自身高质量空间发展的阻碍约束。

（一）地理空间联系精度仍有潜力

广深港高铁、港珠澳大桥、虎门二桥等一系列大湾区交通基础设施建设均顺利落实并继续推进，有效消解了大湾区内部地理空间阻隔对经济联系的负面影响作用。然而，目前的大湾区内部交通基础设施的互联互通建设离高精度协同仍有较大的距离。具体来说，一是“多式联运”体系建设仍不完善，交通市场化推行的“多式联运”可以高效发挥不同交通载体网络的优势，系统性地降低空间成本，目前大湾区内部城市之间的“多式联运”体系不够健全，陆路、水路与空港之间高效的交叉联系运输格局仍未形成，从而造成现有交通基础设施资源的错配与损失；二是大湾区交通网络信息化建设仍缺乏统筹，城市个体之间的交通信息化壁垒显著，不利于大湾区整体信息化管理，增加湾区整体交通信息统筹成本，如货柜车双重安检、双重驾照、双保险等；三是空港运输存在同质化竞争，粤港澳大湾区内部拥有四大港口、三大国际化机场，空港运输的客户存在一定比例的交叉，造成一定程度的同质化竞争，缺少高精度的分工协同，长期来看不利于湾区整体空港运输发展；四是缺少独立的湾区交通基础设施建设管理主体，仍采用多方协商沟通等形式，降低管理统筹效率，提高管理摩擦成本，不利于未来湾区交通一体化建设。

（二）经济空间联系有待加强

经济空间联系的微观基础是金融资本、技术知识、劳动力等各种资源要素在区域间的跨区域流动。从粤港澳大湾区经济空间联系现状分析结果可知，大湾区经济空间联系格局尚处于“中心—次中心—外围”的圈层结构，离发达湾区的空间网络结构仍有一定的距离，这背后的主要制约因素即是微观要素流通存在阻碍。即金融空间联系不够紧密。笔者关于粤港澳大湾区金融发展、空间联系与经济增长的研究发现，粤港澳大湾区金融空间联系整体较弱，金融空间发展呈显著的空间集聚态势，从演化角度来看，是从21世纪初的单核集聚（香港为唯一的集聚城市，即大湾区金融中心城市）不断发展演化为现在的多核集聚（香港、深圳与广州三个金融中心城市，整体金融发展香港 > 深圳 > 广州）态势，且大湾区金融集聚发展过程中中心城市金融集聚对周边城市经济发展有负向影响作用。以上研究结果表明，大湾区整体金融空间联系程度不够紧密，金融融合发展尚处于初级阶段，离金融一体化仍具有较大的距离。

（三）创新联系与协同程度不足

2017 年 WIPO 根据 PCT 专利数据对全球的区域创新指数进行测算，报告指出，深港地区的区域创新集群指数居全球第二位，仅次于东京—横滨地区，高于以“科技湾区”著称的旧金山湾区；但粤港澳大湾区的协同创新与创新空间联系仍有较大的发展空间，其制约因素主要体现在：一是源头自主创新的协同与联系较弱，中兴、华为事件引发的芯片危机思考是大湾区源头创新能力短缺的重要体现，而源头创新能力提升依赖创新资源要素的联系与合作，具体体现在高校、科研院所等科研载体之间的协同程度较低、国家省市等实验室创新载体之间协同性较低、开放共享效率较低，大湾区内部的科研创新载体的“1+1>2”的创新协同潜能尚未有效挖掘利用。二是大湾区内部城市各级政府在创新补贴政策制定、孵化器、加速器等创新激励环节缺乏产业协同性，存在一定城市的政府政策同质竞争，不利于长期创新生态体系的构建。这一点主要体现在地方政府在创新政策制定环节过度看齐国家创新政策，而忽视地区自身的产业发展特征以及企业创新面貌，从而带来类似不考虑产业发展现状的清一色“未来产业”补贴政策。

（四）智力流通渠道不畅

人力资本的流通渠道不畅越来越成为阻碍大湾区高质量空间发展的约束因子，人力资本的跨区域流通受阻不仅仅削弱跨境人力资本累积的人力资本存量对经济增长产生的正向作用，还削弱通过人力资本跨境带来的知识与技术扩散带动区域经济发展，同样削减由于人力资本跨区消费增加需求带来的增长。具体表现为：一是大湾区内部通勤空间成本较高导致跨市通勤比例较少（仅有2.2%），虽然在逐年增长但总体比例远低于世界一流湾区；二是由于人才签证政策对智力跨境流通形成阻塞压力，如内地往来香港持S签（商务签）的人需人才计划引进否则无法在港就业；三是教育、医疗、工资待遇、资格认定等生活工作环境的差别对待引起的智力流通不畅，如港人在内地考取律师资格仍无法参与刑事诉讼案件等。

（五）制度多样性优势利用不足

“经济发展，制度先行”是深圳从改革开放初的小渔村摸爬滚打成40年后的大湾区核心城市最质朴的改革经验，充分利用经济特区立法权以及中央对经济特区的多样性制度安排，“大胆探索，小心落实”，凭借市场与制度之间相互摩擦和边界试探，取得长足发展。然而，大湾区整体在“一国两制”“三关税区”的多样性、互补性制度的利用上缺乏深圳的胆识与魄力，整体制度创新进展较慢。这部分主要有三个层次的问题：一是当今世界的经济社会发展格局和政治形势相较于改革开放初期发生了剧烈变化，中国已发展成为世界第二大经济体，制度层面创新的试错成本越来越高，使得制度上的大胆改革变得越来越难以推动，粤港澳大湾区各行政主体缺少制度创新动力；二是粤港澳大湾区当前的制度改革已经触及“一国两制”的根本内容，改革已涉深水区，制度创新需要国家经济体制层面的配合与支持；三是粤港澳大湾区的制度创新涉及部门、机构较多，需要机构部门之间的统筹协调，靠单一部门的推动很难完成制度层面的突破创新。以上三个问题的叠加使得大湾区未能有效发挥自身制度多样性与互补性优势。

三　粤港澳大湾区空间优化路径与功能设想

以上研究表明粤港澳大湾区表现为显著圈层结构特征，整体网络联系过度依赖港深穗的辐射带动和中介桥梁作用，未来粤港澳建设世界一流城市群，空间结构与布局优化仍存在较大的操作范畴。

（一）推动粤港澳大湾区空间布局优化路径

一是加强粤港澳城市间的经济空间联系。未来应当加强粤港澳大湾区及周边城市空间联系基础设施的建设，通过增加高铁布线密度来快速缩短城市间的经济空间距离，加大城市间的联系作用强度；此外，城市内部空间可以通过科学合理的空间规划来缩短城市内部空间距离。内外空间距离的缩短可以有效降低要素流动成本，加快各类资源要素在区际流通，有效推动整个城市群的一体化融合发展。

二是加强粤港澳大湾区空间结构内部的梯度层级建设。未来应当根据划分的四个空间组织形成相应的经济区域，并在每个组织或者经济区内部培植一个或多个中心城市作为梯度增长极，实现组织内的空间结构复杂化演进，加大整个城市群的空间联系密度，促进城市群空间结构由圈层结构向复杂的网络结构特征转变。

三是扩大湾区经济的空间范围和腹地纵深。未来应积极融入“海上丝绸之路”建设，沿着环珠江口湾区向东北（延伸至福建漳州、厦门沿海）、西南的港口、海岸线进行拓展，扩大湾区经济的空间范围，并在湾区经济的带动效应下沿着海岸线向陆地纵深拓展延伸，加快整个城市群的融合发展。

（二）粤港澳大湾区城市群空间功能设想

随着经济进一步融合发展，未来湾区城市格局可能会沿着“珠江两岸—湾区入海口”布局多个“大都市区＋连绵区”，形成港深莞惠大都市群、广佛大都市区、珠澳中大都市区，其他地区（如江门、肇庆等）逐步发展成为连绵区，功能各有差异。

一是港深莞惠大都市区：科技创新引领＋智能制造。粤港澳大湾区建设承载着特定的战略意义，在于确保港澳长期繁荣稳定，推动港澳参与国家发展大局，顺利实施“一国两制”方针。因此，经济融合的结果，首先可能形成港澳莞惠大都市区。香港和深圳两地因为地理临近，历来经济联系紧密，近年来融合成效显著，经济融合力度加大，为可能形成的大都市区打开想象空间。东莞紧邻深圳，改革开放以来，成为最容易接受香港、深圳辐射带动的城市，近年来随着深圳企业的就近外迁，东莞智能制造业获得长足发展。惠州虽然目前经济发展比不过香港、深圳、东莞，但是经过多年的发展，惠州已经形成高效的航空、陆路、机场等立体交通体系，随着湾区经济融合发展，最终惠州会融入港深莞惠大都市区。

二是广佛大都市区：商贸文化科教中心＋高端制造。毫无疑问，广州是广佛大都市群的核心，定义为综合区域中心，凭借其拥有众多高校和科研人才，可以发展成为湾区政治、经济、文化中心。佛山因为临近广州，发展历来具有很多天然优势。近年来佛山通过整合，在高速交通、地铁建设等方面，积极对接广州，形成地面高速畅通，地下轨道接驳，有望成为广佛大都市区的发展次中心。

三是珠澳中大都市群：旅游休闲＋交通枢纽＋特色制造。相较于珠江东岸经济发展，湾区内珠江西岸的经济发展水平明显落后，珠海、中山、江门的经济体量远远落后于深圳、广州、东莞等地。珠海也是中国建设最早的特区城市，但是到 2017 年，珠海 GDP 不到 3000 亿元，与深圳相差约 10 倍。但是近年来珠海通过创新土地开发模式，加大与澳门的合作交流，并且享受了政策红利，在珠澳融合方面取得显著成效。这种政策红利效应有可能推广到中心翠亨新区、江门大广海湾区域等。与此同时，珠海目前是西岸先进制造业重要基地，宜居宜游环境较好，是珠江西岸的中心城市。澳门虽然面积较小（仅31平方公里），但是其传统旅游和博彩业发展闻名全球，历来又是中国与葡语国家文化交流基地，未来这一特色定位仍将维持，并得到强化。澳门在珠海横琴开发建设过程中也获得了新的发展机会。中山是历史文化名城，制造专业镇特色突出，虽然经济体量较小（2017年GDP为3633亿元），但是近年来发展速度较快，随着深中通道建成通车、虎门二桥建成通车，中山成为连接珠江东西两岸的交通枢纽，发展前景较好，潜力强大，后续发展空间较大。因此，珠海、澳门、中山有可能成为珠江西岸最有前景的珠澳中大都市区，定位为“旅游休闲+交通枢纽+特色制造”。

综上所述，粤港澳大湾区经济联系与空间结构从整体来看，香港、深圳、广州经济发展和工业化程度最高，是中心城市，引领湾区内部各大都市区的发展；珠海、澳门、中山发展后劲较大，空间较大，随着湾区经济融合，基础设施互联互通加强，有望成为珠江西岸新的珠澳中大都市区。对于佛山、东莞、惠州而言，目前发展粗具规模，不仅已经主动受到中心城市的辐射带动，自身也逐步形成小集群，发展成为区域次中心；江门、肇庆目前尚处于大湾区城市群的外延区，未来融合发展进程中，逐步发展成为绵延区，最终实现粤港澳大湾区经济空间融合发展局面。

第二节　构建合理的城市群网络优化格局

一　原有珠三角圈层结构已不适应大湾区的新要求

从2009年起，广东省实施珠三角一体化战略，这一战略将珠三角9市划分为广佛肇、深莞惠和珠中江三个经济圈。这一圈层结构在当时就有“近期”的限定①，如今粤港澳大湾区城市群包含香港和澳门，之前的三个经济圈已经不能适应新的要求。

---

① 2009年6月，广东省政府办公厅发布《关于加快推进珠江三角洲区域经济一体化的指导意见》，提出“近期以推进广佛肇、深莞惠和珠中江经济圈一体化为重点，推进城市群规划建设一体化，实现各经济圈内部及相互之间基础设施的共建共享”。

原有圈层结构将珠三角分为三个圈，这在当时的经济发展和交通建设水平上是可行的，但同时具有局限性，即人为将整个城市群割裂为几部分。现在已经提出粤港澳大湾区城市群建设，“大湾区”要求整个区域的整体化而不是隔离化发展。粤港澳大湾区只能是在现有的强强联合核心圈下逐层外扩，但本身不能分割。大湾区城市群只能围绕一个圈融合，而不能划为若干个各自融合。

原有的珠三角“三圈”结构主要依据地缘甚至城市的知名度而结成，并不完全符合城市群形成和发展的规律。从实施情况来看，不同的“圈”之间效果差异很大。2017 年统计数据显示，原有三个圈层中，无论是省与圈层还是圈层内部战略重点一致性的评分都是广佛肇最高，其次为深莞惠，而珠中江最低。这是因为珠中江这一圈层本身不合理，珠中江以珠海作为核心城市，但珠海比圈内的中山、江门两市经济体量都要小，缺乏应有的带动作用。此外，珠中江三个城市加起来仅相当于佛山或东莞一个二流城市的水平，不足香港、广州和深圳其中任何一个的半数，显然不宜作为一个独立的经济圈。

如今核心圈层必须把香港、澳门纳入。珠三角一体化战略的实施背景是国际金融危机造成的外贸出口和经济增长困难，是由广东省政府制定并经中央政府批准的，主要出发点是广东本省的区域经济发展。在《珠江三角洲地区改革发展规划纲要》中虽然也提出了“推进与港澳紧密合作、融合发展”的要求，但作为一项省内规划并未将港澳直接纳入进来，港澳仅属于外部合作地区。此次国家实施的粤港澳大湾区城市群明确将港澳纳入并置于突出位置，必须围绕与港澳的合作来重新进行战略布局。

二　根据经济规律构建更为合理的圈层结构

粤港澳大湾区城市群的 11 个城市之间具有明显的发展梯级，具有优势互补和分工协作的广阔空间。必须依据内在经济需要而不是城市的级别、地位、知名度来构建圈层结构。焦点是香港、广州和深圳三个城市的“核心”之争，应当搁置争议，从长远发展着眼，将三个城市组合起来共同作为粤港澳大湾区城市群的超级核心。

如前所述，大湾区城市群发展梯级明显，具有广阔协作空间。粤港澳大湾区城市群 11 个城市发展水平各不相同，表现出较为齐整的梯级分布。从经济总量来看，粤港澳大湾区城市群的 11 个城市可以分作三个层级：第一层级是香港、广州和深圳，这三个城市经济总量大体相当，GDP 均超过或接近 2 万亿元，各自相当于中国排名靠中间的一个省的 GDP，如陕西省在全国排名第 15 位，2016 年经济总量为 1.9 万亿元；第二层级是佛山和东莞，GDP 分别为 8630 亿元和 6828 亿元，相当于中国经济规模较小的省区如西藏的 GDP；第三层级是其余 6 个城市，GDP 均在 2000 亿—3000 亿元区间。从发展程度来看，粤港澳大湾区城市群内 11 个城市人均 GDP 差异显著，区域发展极不平衡。澳门和香港是第一层级，远高于其他城市，澳门人均 GDP 差不多达到肇庆、江门的 10 倍之多；深圳、广州、珠海、佛山、中山是第二层级，人均 GDP 均在 10 万元上下；东莞、惠州、江门、肇庆是第三层级，尤其是肇庆，其人均 GDP 直到 2015 年以前都一直低于全国平均水平，在全国来说属于“不发达地区”，直到 2016 年才超过全国平均水平。从产业结构来看，香港和澳门是典型的发达地区和空心化城市，第三产业占比均达到或接近 90%；广州、深圳第三产业占比在 60%—70% 之间，属于后工业化或服务经济已占据主导地位的城市；东莞、珠海、中山第三产业占比在 50% 左右，正处于工业经济向服务经济加速转型阶段；其余的江门、惠州、佛山、肇庆第三产业占比在 40% 上下，尚处于工业经济快速发展阶段。

从以上几个指标来看，粤港澳大湾区城市群 11 个城市构成较为齐整的梯级分布，城市之间存在按超大城市带动大城市再带动中等城市的动力，也存在产业从发达城市到不发达城市梯度转移的趋势。由于这种层次分明的梯级关系，各城市间存在优势互补、分工协作的巨大空间。

大湾区城市群圈层结构的构建必须遵循经济规律。城市群之所以会出现，首先是由于超大城市的经济集聚效应，由于集聚产生需求、分担成本、汇集信息和创新要素，在这种集聚效应达到饱和时就会产生外溢，带动周边城市形成层级分工布局。大湾区城市群圈层结构必须遵循这一基本规律，按照经济体量、带动能力、分工关系来进行构建，而不能按照城市地位、级别或知名度来人为指定。合理的圈层结构对城市群内各城市明确自身定位、建立合理分工格局具有重要意义。粤港澳大湾区城市群第一梯队包括了三个城市：香港、广州和深圳，它们体量相近、各有优势，空间联系紧密，通过基础设施互联互通、制度创新等，未来这三个城市组合起来作为粤港澳大湾区城市群的"超级核心"，然后依次向外构成"小9+2"紧密圈、"粤+2"扩展圈和"大9+2"辐射圈，据此构建更为合理的圈层结构。

三　构建"核心圈+紧密圈+扩展圈+辐射圈"网络优化结构

香港—深圳、广州—佛山强强联合，无疑是粤港澳大湾区城市群当之无愧的"超级核心"。围绕这一超级核心，依次向外扩展，形成"核心圈+紧密圈+扩展圈+辐射圈"的四圈层结构。

（一）以"广—深—港"作为粤港澳大湾区城市群"超级核心"

以"广—深—港"作为粤港澳大湾区城市群的"超级核心"，进一步强化广—深—港之间的交通设施，实现交通主轴的加粗化、快捷化、便利化，促进城市间的通勤往来，形成产业发达、生活舒适、高度一体的国际大都会区。以深港合作为突破口，进一步减少通关往来障碍，实现深圳和香港同城化、融合型发展。进一步发挥香港金融、深圳科技创新、广州先进制造业的优势，实现互补和错位发展。统筹提升三个城市的港口基础设施，建成世界航运和贸易中心。"广—深—港"将成为粤港澳大湾区城市群的强大"动力室"。

（二）以"小9+2"作为粤港澳大湾区城市群"紧密圈"

"小9+2"指的是粤港澳大湾区城市群的"二区九市"：香港、澳门两个特别行政区以及广州、深圳、珠海、佛山、江门、东莞、中山、惠州和肇庆九个城市。应以"小9+2"作为粤港澳大湾区城市群的"紧密圈"，同时也是基本圈，在不加注明的情况下，人们通称的粤港澳大湾区城市群指的就是这个圈层。应在这一圈层大力发展湾区经济，通过开放的经济结构、高效的资源配置能力、强大的集聚外溢功能、发达的国际交往网络，将粤港澳大湾区城市群建设成为更具活力的经济区、宜居宜业宜游的优质生活圈和内地与港澳深度合作的示范区，打造国际一流大湾区和世界级城市群。

（三）以“粤 +2”作为粤港澳大湾区城市群“扩展圈”

“粤 +2”指的是广东省域以及香港、澳门两个特别行政区。建设粤港澳大湾区城市群应以“粤 +2”为扩展圈，推进产业梯度转移和先进制度向粤东、粤西、粤北扩散，推动广东省实现新一轮发展。通过基础设施互联互通建设，构建协同发展现代产业体系，提升市场一体化水平，进一步强化广东作为全国改革开放先行区、经济发展重要引擎的作用，为全国推进供给侧结构性改革、实施创新驱动发展战略、构建开放型经济新体制提供支撑，同时也为维护香港、澳门的长期繁荣稳定贡献力量。

（四）以“大 9 +2”作为粤港澳大湾区城市群“辐射圈”

“大 9 +2”指的是泛珠三角地区 9 个省区：广东、福建、海南、江西、广西、贵州、云南、湖南、四川，以及香港和澳门两个特别行政区。“大 9 +2”地区拥有全国约 1/5 的国土面积、1/3 的人口和 1/3 以上的经济总量，在国家区域发展总体格局中具有重要地位。应充分发挥粤港澳大湾区在管理创新、科技进步、产业升级、绿色发展等方面的辐射带动和示范作用，带动中南、西南地区发展。促进城市群之间和城市群内部分工协作，形成以大城市为引领、以中等城市为依托、以重要节点城市和小城市为支撑的新型城镇化和区域经济发展格局。

第三节　优化构筑深圳核心引擎作用通道

深圳是粤港澳大湾区城市群空间格局中的三大强强联合的极点之一。深圳具有地理位置上的特殊优势，承载辐射带动湾区经济融合发展的枢纽功能。研究深圳空间布局演变特征、趋势，提出合理优化方案，可进一步发挥深圳在粤港澳大湾区城市群中的核心引擎作用。

一　深圳城市空间布局的现状特点

作为国家最早设立的经济特区之一，深圳凭借特殊的区位条件、政策优势和自身的发展，奇迹般崛起为国内综合实力最强的特大城市之一。经过40年的建设，深圳经济特区在持续发展、科学规划、合理布局、互动协调的原则思想指导下，逐步形成了尊重自然环境、符合地方特色、适当超前规划的“三轴两带多组团”的城市空间结构和布局。当前在中国大力推进生态文明建设背景下，各地对国土空间优化开发格局提出了更高要求。深圳的城市空间布局从总体上来说，基本满足“生产空间集约高效、生活空间宜居适度、生态空间山清水秀”的发展建设要求，并呈现出了自身的特点。

（一）生态—生产—生活空间结构优化，进一步优化难度大

按照生态—生产—生活空间的主导功能和其表现的功能价值量，将深圳空间划分为生态空间、生产空间和生活空间三大类（见表9－4）。

表9－4　深圳生产—生活—生态空间变化　单位：%

年份	生态空间	生产空间	生活空间	合计
2006	61.47	20.76	17.76	100.0
2007	58.27	22.26	19.47	100.0
2008	57.15	23.12	19.73	100.0
2009	54.04	23.65	22.32	100.0
2010	54.94	25.47	19.59	100.0
2011	53.44	26.81	19.76	100.0
2012	52.91	27.03	20.06	100.0
2013	55.94	21.64	22.42	100.0
2014	54.71	22.29	23.00	100.0
2015	54.33	22.29	23.38	100.0
2016	53.65	22.71	23.64	100.0
10年变化趋势	降中趋稳	升中趋稳	升中渐稳	稳定

生态空间是直接或间接提供生态服务价值和生态福利的空间形态。将基本生态控制线的范围归为生态空间。具体包括水田、水浇地、旱地、果园、茶园、其他园地、有林地、灌木林地、其他林地、天然牧草地、人工牧草地、其他草地、河流水面、水库水面、

坑塘水面、沿海滩涂、沟渠、沼泽地和裸地等。2006—2016 年的 10 年间，深圳市生态空间面积逐步缩小，生态空间比例由 61.47%降低到 53.65%，11 年间净减少 7.82%。

生产空间是直接或间接产出产品或服务的空间功能形态。具体包括工业用地、批发零售用地、商务金融用地、住宿餐饮用地、水工建筑用地、仓储用地、采矿用地、管道运输用地、港口码头用地、机场用地、铁路用地、公路用地、农村道路和设施农用地等。2006—2016 年的 10 年间，深圳市生产空间增长经历了先增后减的阶段，2006—2012 年生产空间面积比例逐年增加，2013 年有所降低，之后保持小幅平稳增加的趋势，由 2006 年的 20.76%增加到 2016 年的 22.71%。

生活空间是为人类生活服务的空间形态。具体包括城镇住宅用地、农村宅基地、机关团体用地、公共设施用地、医卫慈善用地、科教用地、文体娱乐用地、公园与绿地、风景名胜设施用地、军事设施用地、监教场所用地、宗教用地、殡葬用地、街巷用地、空闲地等。2006—2016 年的 10 年间，深圳市生活空间增长较为显著，生活空间比例由 2006 年的 17.76%增至 2016 年的 23.64%，净增加 5.88%。

目前，深圳城市组团结构布局进一步强化，在初步形成的 11 个组团的基础上，形成梯度圈层趋势：率先获得发展的原特区内福田和罗湖位于核心第一圈层；与第一圈层联系密切、经济发展明显较快的是原宝安区和龙岗区的一些街道办（如新安、西乡、布吉、龙华等），位于第二圈层；其他地区构成第三圈层。这种显著的圈层结构下，空间优化与布局方式大不相同：第一圈层也是内圈层，其空间优化主要以优化存量的城市更新方式推进；第二圈层的城市更新力度明显不如内圈层，但其空间增量的速度也显著不如第三圈层；第三圈层拥有空间发展的后发优势，空间增长速度最快。各圈层的功能分工也呈现明显差异：内圈层的居住功能、商务服务功能、商贸功能进一步强化，如福田中心区成为深圳市行政商务功能集聚区；罗湖近年来的金融商贸功能也逐渐增强；南山区近年来随着高新技术产业集聚发展，成为全国最富活力的创新区域，使得南山区的科教文功能、新兴产业集聚功能得到强化，逐渐成为城市内核圈层。随着深圳市内地铁建设，内部交通网络优化等，第二圈层的居住功能、交通功能不断提升。第三圈层则成为率先承接内核圈层、第二圈层工业转移的区域，产业承载功能得到强化。

从“三生”空间布局来看，生态空间主要分布在东部区域和西北部区域，生活和生产空间一般马赛克式交叉分布在原特区、中部区域以及西北部的部分区域。深圳市目前的生态空间、生产空间和生活空间界线较为明确，生产和生活空间分布较为合适，生态和生活空间布局较为合理，生产和生态空间距离较为适度。截至2016年生态—生产—生活空间的整体比例为54∶23∶23，生态—生产—生活空间结构比例较为均衡，生产空间和生活空间比值一致，产城融合度较高，总体呈现出“三生”空间结构优化良好的态势，进一步深入优化的难度增大。

（二）生产空间集约高效利用趋近极限，进一步挖潜增效空间很小

根据2009年第二次全国土地调查成果，深圳市土地总面积1991.63平方公里，其中建设用地面积893.85平方公里，占土地总面积的44.88%；到2018年土地利用变更调查时（三上版本），深圳市的土地总面积为1996.77平方公里，其中建设用地面积增加约973平方公里。而根据《深圳市土地利用总体规划（2006—2020年）》，到2020年深圳建设用地总面积应控制在976平方公里，可见仅从新增建设用地空间约束来看，供给规模已经接近极限。同时，与国际大都市相比，深圳的建设用地比例偏高（如香港为24%，东京约为21%，伦敦为24%，巴黎约为23%），接近市区面积的一半，超过了国际上40%的标准；与国内主要城市的建设用地占市区面积比例相比，深圳也排在全国前列，进一步挖掘现有土地的潜力非常有限。特别是城市工业空间的剧烈变化，使得深圳市在工业生产空间上的向外蔓延和集聚不断增强，并出现了轴间填充的情况，可利用的空间土地已经基本全被开发占用。

（三）生活空间宜居适度，城市有机更新空间有限

2016年深圳市居住用地面积约220平方公里，占城市建设用地面积的26%，与国内其他主要城市相差不大，处于中等水平，也符合国家对于此类用地的规定标准，城市生活空间整体来说安排适度

合理，适宜人类居住。同时，深圳市划定了两类13个城市有机更新区域，并设计了396项城市更新计划，对3442.2公顷的城市用地进行了更新。但是，从区域来看，深圳市特区内的居住密度约为6万人/平方公里，明显高于特区外2万—4万人/平方公里的居住密度，城市核心区有机更新和拓展空间有限，而周边区域则存在一定程度的利用不足。

（四）生态空间得到有效管控，基本生态控制线发挥了重要作用

在旺盛的发展动力下，深圳市城市建设用地的迅速扩张和无序发展极大地改变了区域生态用地空间分布的均衡性和生态系统自我稳定维护的能力。随着产业发展模式的转型，深圳市逐渐加强了对生态空间的保护和建设管理控制，并于2006年编制了生态控制线管控规划，明确对基本生态控制线内的土地利用要严格控制，确保城市的“生态底线”，将生态控制线内的面积控制在深圳总面积的50%左右。同时明确对属于承载城市生态隔离绿带的空间要严格保护；加强城市内部各类公共绿地、防护绿地建设；采取持续的自然生态环境培育恢复计划等措施，基本上有效遏制了资源环境状况恶化的趋势。到2017年，深圳市市辖区人均绿地面积16.8平方米，在国内主要城市中名列首位；到2017年，深圳市包括水域和农田在内的生态控制线范围超过970平方公里，约占城市土地总面积的49%。可见，城市基本生态控制线在城市发展的生态空间有效保护和管理控制方面发挥了重要作用。

（五）海洋空间集约利用处在起步阶段，开发利用潜力大

与国内其他城市相比，深圳东面南海、紧邻港澳的独特区位优势，使得其最具成为国家南海战略桥头堡的潜质。作为地处南海之滨的国家经济中心城市和特大城市，深圳市拥有1145平方公里的海城面积、257.3公里的海岸线和87个岛屿岛礁，加之其毗邻香港这一国际金融和港口中心的区位优势，深圳在整合海洋空间资源、探索海洋资源开发利用、构建海洋产业体系、设计海洋空间规划等海洋空间集约利用领域拥有巨大的发展潜力。目前，深圳正逐步探索通过向东与港府和商界、向西通过与惠州和汕头等地进行合作，对本市的海洋空间进行合理有效的集约利用。未来深圳海洋空间开

发利用潜力巨大。

二　发挥空间核心引擎功能的总体构想

从建设国际一流湾区、世界级城市群发展等宏观角度出发，结合深圳市毗邻香港的区位特点和粤港澳大湾区经济融合发展的新形势，提出构筑核心引擎通道的构想。

（一）构筑核心引擎通道的基本原则

1. 紧凑集约布局原则

集约高效和紧凑布局是新型城镇化的重要原则之一，深圳城市发展继续坚持经济的集约高效和土地资源利用的集约高效原则。根据新型城镇化的要求，优化土地资源利用方式，追求集约型空间发展模式，通过对城市空间资源的集约高效配置，来撬动产业结构、就业人口乃至社会结构的整体联动转型。遵循土地生命周期规律，重视现有土地的挖潜与存量优化，以新型城镇化的要求进一步推进深圳城市更新，释放城市发展空间；通过技术创新提高旧工业区土地利用效率与经济承载力，释放土地资源利用潜力和产出效益；通过地下空间拓展、功能组织和复合利用，获取高效可持续的土地利用效益；发展高附加值、低土地资源需求的节地型先进制造业、信息技术产业以及以金融业等质量型经济形态，从整体上提升城市空间绩效，提高深圳国土空间利用效率。

2. 均衡网络布局原则

均衡布局强调城市内部均衡发展，不仅是经济均衡发展，还包括空间功能均衡、布局优化。为了缩小深圳原特区内外空间布局的不均衡状况，提升国土均衡开发程度，在未来均要采用均衡布局为主、兼顾非均衡布局相结合原则。一方面采用均衡网络布局原则，实现特区内外一体化开发建设，整体提升土地利用效益，优化资源配置，统筹安排市域重大基础设施建设，实现公共服务设施均衡化布局，缩小原特区内外发展差距。另一方面兼顾采用非均衡布局原则，聚焦战略重点区域集聚发展，依托深圳市建设国家自主创新战略平台和湾区经济腾飞的战略构想，支持若干专业特色鲜明、服务功能完善的战略性新兴产业基地建设，最大限度发挥前海湾、深圳湾、大鹏湾重点片区的产业集聚效益，推动创新要素向深圳湾超级总部基地等区域集聚，针对不同功能类型的战略重点区制定不同的发展策略，有序引导不同类型区域的开发建设。

3. 绿色生态布局原则

绿色生态布局是深圳市推进生态文明建设和新型城镇化的重要原则之一。切实推进绿色生态布局原则引领深圳城市空间发展，要以建立人与环境的和谐关系为目标，创新土地利用的生态模式，从功能导向的粗放城市空间发展形态转变为生态环境导向的紧凑城市发展形态，从依托工业与城市外延空间拓展的发展方式转变为依托创新与系统整合优化的增效发展方式；进一步发挥深圳绿道系统在新时期的空间使命，引导城市人传统价值观与生活行为向环境价值观与绿色生活行为转变；进一步发挥深圳市生态控制线对战略性生态资源的保育作用，按照促进生产空间集约高效、生活空间宜居优美、生态空间山清水秀的总体要求，科学设置开发强度，形成多组团与自然本体相互交融的生态安全格局。

4. 公平开放布局原则

公平开放布局是深圳实现包容性增长需求的重要原则。在优化深圳城市空间布局过程中，必须坚持公平开放的原则。深圳城市空间布局要将体现社会公平、空间公正为基本目标的公共政策作为发展成果由人民共享的理念。即深圳全域推进基础设施一体化和公共服务设施均等化配置，推进体现更多城市发展福利的居住与公共空间的平衡提供，推进交通快速与慢行，区域市政管线的统筹与局部的自给自足，功能全的大型公共设施与小型个性化的公共设施包容并举，精英阶层的创业新区建设和新型有活力的小企业发展空间兼顾。总之，要在多样化的目标中寻找平衡，让多元化的发展诉求得到适宜合理的满足。同时坚持在开放中布局深圳，在开放中优化城市空间布局，重组开放型的城市空间布局格局。

5. 智慧创新布局原则

在互联网信息化时代和后碳时代，城市空间布局将摆脱传统的大规模流水线生产、原料地指向、垂直结构管理等模式，转而呈现个性化、数字化生产、分散合作布局、扁平化结构管理等模式。为了迎接以能源互联网为标志的第三次工业革命的到来，深圳城市空间布局必须坚持智慧创新布局原则，围绕建设国际创新中心目标，实施再创新发展战略，优化重组形成全域创新的智慧空间格局，包括建设创新走廊、创新高地、创新城区、创新组团、创新轴线，创新社区、创新产业带、区域创新园区等创新单元和创新载体。以创新驱动重构深圳创新型空间布局，形成智慧制造和智慧服务业主导的智慧产业空间格局和智慧城市建设格局。

（二）发挥核心引擎通道的布局构想

从建设国际一流湾区、世界级城市群发展等宏观角度出发，结合深圳市毗邻香港的区位特点和粤港澳大湾区经济融合发展的新形势，提出不同时期深圳城市空间布局的构想。

一是微调区内布局，突出区域布局，谋划发展新空间。经过30多年的填充式发展，深圳市城市发展空间已经饱和，城市建设用地集约利用程度已经达到极致，建设用地占全市土地面积比例已经超过生态安全极限，已经形成的“三轴两带多中心”空间布局固化在深圳的土地上未来无法改变，只能在现有空间格局的基础上做出一些局部微调。基于此，未来深圳空间布局需要从更大范围的湾区经济融合角度审视深圳优化空间布局的框架，站在香港看深圳未来的发展，走到惠州、东莞寻求深圳发展空间。

二是立足港深极点，横向形成沿海轴带，纵向辐射扇形网络。突出深圳和香港强强联合，形成面向国际国内双向辐射、促进粤港澳大湾区世界级城市群的核心；通过拓展海洋国土空间，大力发展由前海湾、深圳湾、大鹏湾、大亚湾等沿海地区组成的沿海轴带，形成支撑新时期深圳经济发展的战略支撑湾或战略创新湾；纵向辐射带动方面，形成由深圳—中山发展创新轴、深圳—广州发展创新轴、深圳—东莞发展创新轴、深圳—惠州（深圳—大亚湾）发展创新轴四条放射状轴线组成的扇形网络格局，形成“极点优化、沿湾推进、环扇辐射”的城市空间拓展方向，最终形成“一极一湾一扇”的城市空间布局格局（见图9-2）。

三是以城市更新推动内部优化，以区域合作推动融合发展。深圳新增可建设用地趋紧，唯有通过城市更新，盘活用地存量，挖潜

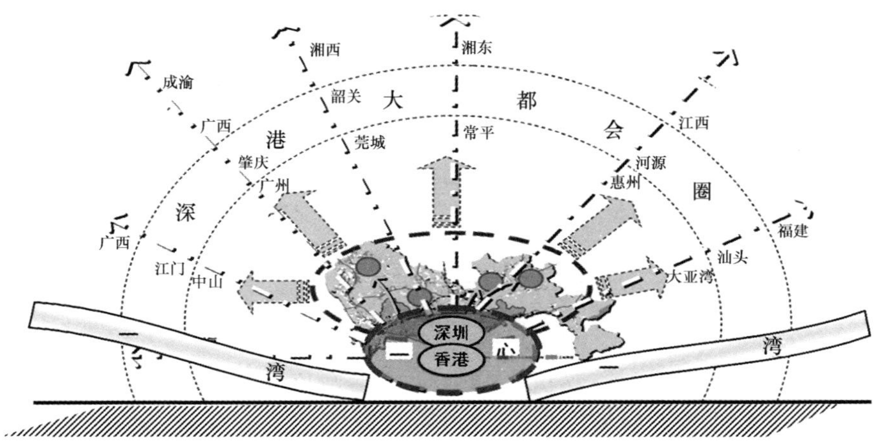

图 9－2 深圳城市空间布局

内生空间，优化重组形成全域创新空间格局。总体“横向沿湾轴带，纵向扇形网络”，则是以拓展发展空间推动湾区经济融合。围绕建设粤港澳大湾区世界级城市群的中心城市，推进深莞惠一体化协同发展，建设深莞惠协同发展示范区，形成与惠州、东莞协同发展的空间格局。围绕建设全球海洋中心城市目标，拓展海洋空间，形成陆海联动统筹发展的空间格局。围绕香港国际金融中心建设目标，拓展深港深度合作空间，形成深港融合的空间格局。

三 构筑核心引用通道的对策与政策建议

优化深圳核心通道对策和政策建议包括：对战略性重点发展区域的用地指标与重大基础设施进行必要倾斜，优先保证环保基础设施、环境能力设施和公共服务设施用地，建立建设用地清退和新增建设用地指标挂钩机制，生态空间占用的高额补偿机制，推进深莞惠协同发展示范区建设的“多规合一”制度。

（一）大力推进核心通道优化的对策措施

一是积极对接区域交通基础设施。充分发挥深圳作为全国 12 个交通枢纽城市和南中国门户枢纽的交通战略地位，推进深莞惠交通一体化建设步伐，实现深莞惠交通基础设施的等高对接。协同推进粤港澳大湾区内城际轨道网络建设，积极推进大湾区中心城市与重要节点城市之间的轨道交通建设，加快深港西部快轨前期研究与规划建设；尽快推动深圳与东莞、惠州轨道网络实现多层次轨道衔接，全面提升深圳作为大湾区中心城市的辐射带动能力。

二是共建共享区域环保基础设施。按照“资源共享、设施共用、联防联治、互惠互利”的原则，建立粤港澳大湾区生态文明建设交流与合作平台，构筑区域性自然生态安全体系，促进区域环境基础设施共建共享，推进深莞惠大气污染联防联治和界河、跨界河水污染综合整治，建立区域污染事故应急协调处理机制。整合现有的分散布局、规模偏小的污水处理厂、垃圾填埋焚烧厂等环境保护基础设施，通过深圳、东莞、惠州三市协商，充分考虑三地的污染治理需求，合作选址、合作共建污水处理厂、垃圾填埋场、危险废弃物处理中心等区域性环保基础设施，共同处理三市排放的“三废”污染。

三是同城配建区域公共服务设施。首先，推动原特区内外公共服务设施配置均等化，消除二元结构，原特区外的医疗服务设施、教育文化设施、养老服务设施、文艺娱乐设施、社区服务设施、社会保障设施等与原特区内实现同城化待遇，真正体现深圳中长期城市空间布局的公平公正原则。其次，延伸深圳市区发达便捷的公共服务设施到更大范围的深港都市圈内和深北新区，提升公共服务设施配置标准，用良好便捷的公共服务设施吸引更多的人口和产业向深北新区集聚。

四是同链同群同布区域产业。深圳市过去曾依靠高新技术、高端制造业、现代物流、金融和文化产业等支柱产业实现了经济超常规的高速增长，未来深圳产业将实现战略转型，以创新和质量提升为先导，将互联网、生物工程、新能源、新材料、文化创意、新一代信息技术、大数据和云计算产业、智慧制造产业、智慧服务产业作为战略性新兴产业，重点培育，加快发展。这就要求在产业空间布局过程中，把深圳、东莞、惠州等三市的产业作为一个整体，错位分工，合理布局，互补发展，依靠深圳的产业竞争力和辐射带动能力，在深莞惠区域范围内构建上、中、下游产品齐全的全产业链，打造区域性产业集群和产业链合体，把研发和总部基地、物流布局在深圳，把加工制造车间、生产性服务业布局在东莞、惠州，形成深莞惠协同发展的经济共同体和利益共同体。

五是严格保育生态空间，建设美丽深圳。继续坚定不移地执行基本生态控制线规划方案，把基本生态控制红线作为深圳市可持续发展的生命线和美丽深圳建设坚守的底线，做到“总量不变、占一补一、区域平衡”。大力发展生态产业和节能环保产业，制定并实施深圳市生态文明条例，推进实施鹏城水更清行动计划、大气环境质量提升行动计划和城市绿化提升行动计划，打造美丽海湾海岸带，不断提升生态环境质量。通过生态节点、生态廊道、生态绿道网、生态安全体系和生态示范市建设，确保全市建成区绿化覆盖率超过45%，人均公共绿地面积超过18平方米。到2020年把深圳建成生态经济发达、生态环境优良、生态格局完善、生态文化繁荣、生态制度健全的国家生态文明城市和美丽中国典范城市。

六是集约利用生产生活空间，适度提升开发强度与密度。树立建设用地减量增长和零增长的理念，适当提高土地开发强度和容积率。将城市更新用地作为未来城市建设高密度开发的地区。在有限的空间内，深圳未来城市空间优化必须有规划地控制城市密度。因此，在二次开发的过程中，存量用地和更新用地将成为提升特区外城市品质，实现特区内外均衡发展的主要潜力空间，也是引导适当高密度发展的主要对象空间。可将深圳空间区分为特别控制区和四层次的密度区。具体来说，对机场、港口、核电站等承担特殊功能的管制区，其开发建设属于特别控制区。除此以外，属于生态控制线以外的区域可分为高密度开发区、中高密度开发区、中密度开发区和中低密度开发区，实行差异化的密度分级管制和集约利用。其中，高密度开发区是城市战略性增长节点，是城市核心区，高层建筑密集。中高密度开发区是城市副中心，高层建筑有待发展。中密度区以多层建筑为主，少量高层建筑。中低密度区属于限制高层发展区。

在分密度差异化开发和提升集约利用空间的同时，推进深圳市地籍调查和土地总登记工作，开展建设用地分步分类确权登记，为盘活土地存量、优化土地资源配置和集约利用生产生活空间奠定基础。开展深圳市自然资源资产核算，构建自然资源资产负债表，建立核算体系和生态资产清单，开展自然资源资产离任审计，确保保值增值。

七是合理开发利用地下空间，提升立体空间综合开发绩效。其一，做好深圳地下空间普查，摸清城市地下空间家底，明确地下空间权属，提高地下空间利用的积极性，加强对地下空间利用的规范化管理。提出城市地下空间开发布局方案，将轨道交通、大量的商业、超市、物流、仓储、办公、电力、电缆等设施移入地下，提升立体空间综合开发的能级效益。其二，统一规划建设地下空间，体现公共空间系统、交通系统、市政系统和人防系统等衔接的立体功能，有效提高地下空间利用效率，完善城市空间功能。其三，确立一批片区成为地下空间重点开发区，对其开发应实现交通枢纽及与周边地上地下空间的相互连通，形成立体相互连贯的公共空间。

八是大力拓展海洋空间，积极发展湾区经济和海洋经济。依托深圳完善的港口基础和口岸发展基础，大力拓展海洋产业空间，向海洋要资源、要空间，发展湾区经济和海洋经济，提升海洋空间的利用效率，把推进海洋金融、海洋信贷保险、面向南海的海洋综合服务、海洋生物加工、海洋高科技产业、海洋云计算产业、海洋智慧产业作为未来发展重点，把海洋空间作为深圳进一步改革开放的新的战略空间。

（二）构筑核心引擎作用通道的政策建议

根据极点带动、辐射拓展，从特区政策审视、行政区划调整、新区建设、战略性重大基础设施建设、土地回购储备与标准化管理及出让流转、空间布局的“多规合一”等方面提出构筑核心引擎作用通道的政策建议。

一是充分挖掘国家赋予深圳建设先行示范区特殊政策的内涵。改革开放以来，为推进对外开放，国家先后建立了 4 个经济特区、14 个沿海开放城市。深圳是国家最早设立的经济特区之一，凭借特殊的区位条件、政策优势和自身的发展，经历了从出口加工区—综合型特区—经济型城市—南方经济中心的转换。深圳奇迹般崛起为国内综合实力最强的特大城市之一。近年来，在政策的普惠化、国家设立多个“综合配套改革试验区”背景下，深圳经济特区之“特”有所减弱，但是在粤港澳大湾区上升为国家战略背景下，国家赋予深圳的使命有新的内涵。在新的历史条件下，深圳特区排头兵、试验田、窗口和示范作用的发挥在于在区域一体化、全球一体化中扮演特殊角色；在于在“一国两制”和实现祖国统一中扮演特殊角色；在于在加快市场化体制改革中扮演特殊角色；在于在南海开发和21世纪海上丝绸之路建设中扮演特殊角色；在于在推进国家生态文明建设中扮演特殊典范角色；在于在实现可持续、协调发展中扮演特殊角色。因此，深圳应按照特别能改革、特别能创新、特别能开放的要求，发挥改革开放和自主创新优势，继续担当国家生态文明建设、智慧产业发展、创新驱动发展的“政策试验田”和先锋典范城市。

二是提出鼓励建设深莞惠协同发展示范区的政策。建议从国家战略层面科学评估深圳现状发展空间的刚性约束困境，结合国家推进新型城镇化的历史性机遇，借鉴京津冀协同发展的经验，与东莞、惠州联合共同建设深莞惠协同发展示范区，并把其建设成为国家级战略新区，成为推动深莞惠一体化发展、推动珠三角城市群成为世界城市群的战略支撑点。

三是制定优先确保战略性重大基础设施用地的倾斜政策。优先保证环保基础设施、环境能力设施和公共服务设施用地，对战略性重点发展区域的用地指标与重大基础设施进行必要倾斜，以一批创新能力较强、特色明显的增长极引领城市功能升级。目前，深圳市新建的各类环境基础设施、环卫设施、环境监测站点等环境能力提升设施，教育、医疗等公共服务设施等，由于土地空间短缺无法落地建设；有的基础设施、公共服务设施因要布局在建成区，形成落地难、征地难、拆迁难、协调难和建设成本大的现实困境。未来在城市空间布局优化中，要优先确保新建的各类环境基础设施、环卫设施、环境能力提升设施、公共服务设施最基本的用地指标，提前预留这些用地。

四是探索建立土地回购储备与标准化管理及出让流转政策。新时期深圳应该再次探索土地回购和出让流转政策。从制定政府土地回购储备政策、土地统一标准化管理政策、创新土地出让年期制度、建立土地利用的流转和循环利用政策等方面进行探索。土地政策探索牵涉各方协调，难度极大、错综复杂。在当前深圳空间刚性约束如此紧迫的形势下，探索政府土地回购储备制度，关系到未来城市发展空间保障、空间需求有力调控，具备极高的现实价值。近年来，深圳各级政府在土地整备过程中积累了一些可复制的经验做法，对提高土地储备具有可借鉴的作用，未来应进一步提炼推广，预先做好全市土地整备工作，实现规划预控和土地预留的有效衔接。在探索土地统一标准化管理政策方面，对各类用地的存量管理、更新管理等，出台“标准管理”制度，便于操作、便于推广。在创新土地出让年期制度方面，探索更有弹性、更灵活的制度，尤其是不同用地属性的出让年期制度，要有所不同，提升土地的循环利用。探索推出土地年租制度，由一次性收取几十年租金办法改为一年或者几年收取租金，维持政府在土地收益管理方面的公平收益，更好地服务于城市经济社会发展需要。在探索建立土地利用的流转和循环利用政策方面，秉着提升宏观调控和调节地价政策有效性，根据开发功能或规划功能要求，探索建立土地收益调节制度，形成可提升开发强度，或可推出开发建设政策的空间。

五是推进深圳超大城市空间布局的“多规合一”制度。针对国民经济和社会发展规划、土地利用总体规划、城市总体规划等规划，由于主体、技术标准、编制方法、规划期限不一导致规划空间布局存在矛盾、空间规划打架、用地方式粗放、项目选址困难、生态用地减少、审批效率低下、多规各自为政等不合理现实，深圳市早在2009年就实现了规划和国土部门合二为一，成立了两规共同修编工作组，一个单位、一套人马，有效解决了原先两个部门、两套人马的体制壁垒。在管理手段上，深圳市将城市规划、土地规划进行了全面整合并构建了全市规划“一张图”系统平台，有效推进了城市空间资源的统筹管理。建议未来要制定“多规合一”的标准，划定城市开发边界，通过制定城市增长边界控制线及产业区块控制线、生态控制线等管制控制线，将各类城乡建设限制在线内选址，制定促进各类建设在城市增长边界控制线内集中布局建设、提高土地利用集约度的相应政策。按照广东省“三规合一”工作指南，进一步明确“多规合一”成果的法律效力和管制措施，建立“多规合一”“一张图”平台。通过制定统一的空间数据标准、数据共享协议及网络互联方式等，将重大项目、国土、城规、环保、文化、教育体育、卫生、绿化、交通、市政、水利、环卫等涉及空间要求的信息要素融合建成“多规协同”的统一空间信息平台，为部门审批提供决策支持。

第十章 海洋经济共育

海洋经济是国际一流湾区的重要标志，既构成建设国际一流湾区的重要任务，同时也成为湾区核心引擎功能和作用的重要内容。中共中央国务院颁布的《粤港澳大湾区发展规划纲要》和《关于支持深圳建设中国特色社会主义先行示范区的意见》，都提出支持深圳建设全球海洋中心城市的明确要求。从这个意义上说，与粤港澳大湾区城市共同培育发展海洋经济，加快建设全球海洋中心城市，既是“双区建设”“双区驱动”效应下深圳经济社会发展的基本内容和重要选择，也是深圳增强粤港澳大湾区核心引擎功能和发挥核心引擎作用的必然体现。

第一节 海洋经济共育是粤港澳大湾区建设的重要内容

一 海洋经济成为国际一流湾区的重要标志

一般来说，湾区是围绕同一海域连绵分布、具有较强协作关系的地理单元、经济系统及城市化区域。从公认的纽约湾、旧金山湾、东京湾等国际一流湾区发展现状来看，由一个或若干个海湾、港湾以及邻近的城镇、乡村及其岛屿组成的各大湾区，通常位处大陆与海洋的交会处，其通江达海的独特区位条件使其拥有外通大洋、内连广阔经济腹地的突出优势，成为陆地经济与海洋经济的重要结合区域，成为对外贸易的交通要塞，孕育出著名的世界级港口、港口城市、全球城市，进而形成在全球具有重要影响力和竞争力的世界级城市群。显然，海洋经济已经成为国际一流湾区的重要标志。

从宏观层面分析，海洋经济成为国际一流湾区重要标志与全球经济重心向沿海地区迁移的总体趋势有关。全球经济的发展经验表明，20 世纪以来世界经济的重心由内陆地区向沿海地区迁移。伴随全球大部分人口集中在沿海地区，世界上主要重点城市集中在沿海地区，全球主要政治、经济、文化活动发生在沿海地区，海洋时代越来越清晰地呈现出来。以全球人口密度分布为例，20 世纪以来人口越来越向沿海区域集聚，正如世界银行报告所分析的那样，从世界经济版图看，全球 60% 的经济总量集中在入海口，在 100 公里的海岸带地区聚集了全世界大约 75% 的大城市、70% 的工业资本和 70% 的人口。正是在这一趋势下，沿海城市逐渐积聚成为大都市区，主要城市区域积聚发展进而演进成为全球城市区域，以大都市区为核心的区域发展促进区域走向协调发展。正是一个个沿海城市快速发展，构成一个个庞大的沿海城市圈，进而形成一条条连绵不断的沿海城市带，推动全球经济向前发展。

随着世界经济重心由内陆地区向沿海地区迁移而出现的湾区经济，依托港口湾区独特地理特点与城市都市圈，通过融合港口经济、集聚经济与网络经济而成为全球区域经济发展进程中的重要形态。一方面湾区经济成为世界经济版图上的一种重要经济形态，呈现出强劲持续的经济发展、优美宜居的生活环境、多元开放的文化氛围、便捷高效的交通系统等明显优势，其中纽约湾、东京湾、旧金山湾更是成为全球最重要的经济中心。另一方面湾区经济还构成世界一流城市的显著特征，并由此产生了具有开放经济结构、高效资源配置能力、强大集聚外溢功能、发达国际交往网络的世界一流湾区城市。可以说当今世界经济形态的龙头大多都是地处湾区的大都市，如在排名前 50 名的特大城市中，港口城市占到 90% 以上，其中纽约、伦敦、东京、新加坡、香港早已成为遐迩闻名的世界之都。

从湾区层面分析，海洋经济成为国际一流湾区重要标志与海洋经济在湾区经济中的重要作用相关。一般来说，海洋经济是指与开发、利用和保护海洋相关的各类经济活动及其由此形成的海洋产业体系。从海洋经济活动形式来看，既包括以海洋资源开发、依赖海洋空间而开展的各种生产活动，也包括与开发海洋资源及空间直接或间接相关的各种服务性活动。从海洋产业形态来看，既包括传统的海洋渔业、海洋交通运输业、海洋船舶工业、海盐业等；也有近20年来形成的新兴海洋产业，如海水养殖业、海洋油气工业、滨海旅游娱乐业、海水直接利用业、海洋医药和食品工业等；还有一些正处于技术储备阶段的未来海洋产业，如海洋能利用、深海采矿业、海洋信息产业、海水综合利用等。

全球海洋经济发展经历了从资源消耗型到技术、资金密集型的产业结构升级，目前已经形成由海洋石油工业、滨海旅游业、现代海洋渔业和海洋交通运输业构成的四大海洋支柱产业，海洋经济正在并将继续成为全球经济新的增长点。联合国于2001年首次正式在官方文件中做出“21世纪是海洋世纪”的重要判断。随着人类社会开始以全新姿态向海洋这一人类生存与发展的资源宝库和最后空间进军，海洋将日益成为国际竞争尤其是高新技术竞争的主要领域。据预测主要集中在如下领域：勘探、开发和利用海洋新矿产资源；发现、开发和利用种类繁多的海洋新能源；提炼、加工、生产各种海洋食品；加快开发和利用各类海洋新药物；构建更为安全便捷的海上航线及其海洋运输方式。与之相关，国际海洋高技术发展主要集中在海洋生态模拟、海洋生物技术、海洋油气资源勘探开发、海底勘测与深潜、海洋环境观测与监测等重点领域。可以说，上述海洋经济的全球竞争新格局，将会构成全球湾区经济未来发展的重要趋势。

从微观层面分析，海洋经济成为国际一流湾区重要标志与海洋要素在湾区发展中的独特意义有关。一方面，湾区经济作为依托共享湾区形成的开放型区域经济的高级形态，必然具备三个基本特点[①]：一是湾区经济的前提是开放经济，如果处于封闭经济状态，湾区地理位置再优越也不可能形成一种独特的引领型经济形态。二是湾区经济具备“拥海抱湾”的独特地理条件，使其具有比一般沿

① 谭刚、申勇：《粤港澳大湾区：打造世界湾区经济新高地》，《深圳特区报》2017年3月14日第C1版。

海地区更优越的生态和区位并区别于一般沿海经济。三是湾区经济表现为“合群连河”特点，通过“合群”而与周边城市连成一体并成为共生经济体进而形成相当规模的城市群；通过“连河”而得以连接广阔内陆腹地并发展壮大。另一方面，国际一流湾区依托“拥海抱湾连河”的湾区地理优势，充分发挥海洋既作为湾区经济发展的物质要素功能（海洋要素与陆地要素一道共同构成湾区经济的重要组成内容并推动湾区经济发展），同时又作为湾区经济要素流动的载体功能（借助海洋促进经济要素在全球范围内流动和优化组合），从而对作为陆地经济向外拓展前沿阵地、世界经济走向陆地经济重要门户的湾区经济产生巨大促进作用，推动湾区经济形成“港口群 + 产业群 + 城市群”的功能叠加，进而推动向国际金融、航运、贸易、创新和先进制造业中心的国际一流湾区迈进。正是在海洋要素的双重功能作用下，湾区经济既是引领全球经济持续健康发展的重要增长极，又是带领全球科技创新和技术变革的重要引擎。

二　海洋强国战略与中国海洋经济发展走向

作为各类自然资源的载体，陆地和海洋同样是不可分割的生命共同体。海洋占地球表面积的 71%，成为生命的摇篮、资源的宝库、强盛的依靠，与人类生存和发展息息相关。纵观人类发展史，走向海洋是民族振兴、国家富强的必由之路。谁拥有强大的海上实力，谁就能在海洋战略竞争中占据优势和主动，获取更多的战略空间和国家利益。向海洋要资源、要空间、要生存，成为世界各国的共同选择。当今世界有 200 多个国家，其中 152 个是沿海国家。随着海洋经济成为世界经济新的增长点，美国、英国、法国、加拿大等主要临近海洋国家均把海洋经济纳入本国的海洋发展战略中。

近年来中国破除“重陆轻海”的传统观念，正确处理好陆地和海洋的关系，坚持陆海统筹发展、建设海洋强国成为中国现代化建设的重大国家战略。2010 年“陆海统筹”首次写入国家“十二五”规划，确立了海洋在国家经济社会发展全局中的地位和作用，迈出了事关经济社会长远发展和国家安全大局的战略性步伐，标志着中国向海拓展的战略性转变。党的十八大报告明确要求“提高海洋资源开发能力，发展海洋经济，保护海洋生态环境，坚决维护国家海洋权益，建设海洋强国”。党的十九大报告进一步强调，“坚持陆海统筹，加快建设海洋强国”。这些战略性部署，都明确凸显了海洋在新时代中国特色社会主义发展全局中的突出地位和重大作用。

习近平总书记十分重视海洋强国建设。[①] 2013 年 7 月在十八届中共中央政治局第八次集体学习时习近平指出：“建设海洋强国是中国特色社会主义事业的重要组成部分。党的十八大作出了建设海洋强国的重大部署。实施这一重大部署，对推动经济持续健康发展，对维护国家主权、安全、发展利益，对实现全面建成小康社会目标、进而实现中华民族伟大复兴都具有重大而深远的意义。要进一步关心海洋、认识海洋、经略海洋，推动我国海洋强国建设不断取得新成就。”2017 年 4 月视察广西时他强调，“向海之路是一个国家发展的重要途径。要建设好北部湾港口，打造好向海经济”。2018 年 3 月在全国两会期间，到广东团审议时他讲话指出，“要更加重视发展实体经济，把新一代信息技术……海洋经济等战略性新兴产业发展作为重中之重，构筑产业体系新支柱”；到山东团讲话时他强调，“海洋是高质量发展战略要地。要加快建设世界一流的海洋港口、完善的现代海洋产业体系、绿色可持续的海洋生态环境，为海洋强国建设作出贡献”。2018 年 6 月习近平总书记出席上海合作组织青岛峰会在山东考察时提出，“建设海洋强国，我一直有这样一个信念。发展海洋经济、海洋科研是推动我们强国战略很重要的一个方面……海洋经济的发展前途无量”。2019 年 10 月，习近平总书记为深圳举办的 2019 年中国海洋经济博览会专程发来贺信，指出，“海洋对人类社会生存和发展具有重要意义，海洋孕育了生命、联通了世界、促进了发展。海洋是高质量发展战略要地。要加快海洋科技创新步伐，提高海洋资源开发能力，培育壮大海洋战略性新兴产业。要促进海上互联互通和各领域务实合作，积极发展蓝色伙伴关系。要高度重视海洋生态文明建设，加强海洋环境污染防治，保护海洋生物多样性，实现海洋资源有序开发利用，为子孙后代留下一片碧

---

① 关于习近平总书记对海洋方面的论述分析，参见黄建钢《论习近平总书记关于海洋论述的本质特征》，《浙江海洋大学学报》（人文科学版）2019 年第 5 期。

海蓝天”。

在海洋经济成为全球经济发展新增长点的背景下，中国积极推动陆海统筹发展，海洋强国战略成效明显，海洋经济健康成长。从总体上看，中国已经形成布局合理的海洋经济开发格局、引领性强的海洋开发综合创新体系、具有较强竞争力的海洋产业体系、支撑有力的海洋基础设施保障体系、相对完善的海洋公共服务体系、环境优美的蓝色生态屏障、精简高效的海洋综合管理体制机制。中国海洋经济发展形成如下明显特点。

第一，海洋经济平稳增长，海洋产业结构持续优化。近年来中国海洋经济平稳增长，从 2009 年的 31964 亿元，增长到 2018 年的 83415 亿元，占全国经济总量的比重基本稳定在 9% 以上，表明海洋在国民经济中的引擎作用持续发挥。其中 2018 年同比增速为 6.7%，海洋生产总值占国内生产总值的 9.3%，对国民经济增速的贡献率接近 10%（见图 10－1）。

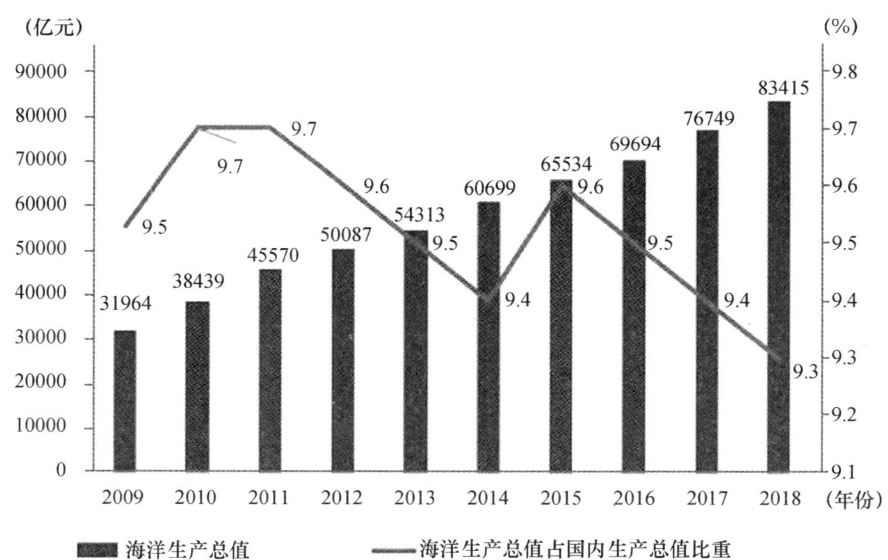

图 10－1　近年来中国海洋经济发展状况

资料来源：《中国海洋经济统计公报》（2009—2018 年）。

从海洋产业结构来看，近年来连续保持“三二一”态势，2018年海洋三次产业增加值占比为58.6∶37∶4.4，其中海洋第三产业占海洋生产总值的比重比上年提高1.1个百分点，表明海洋第三产业发展加速增长、发展动能作用增强，由此带动海洋产业结构不断优化。从海洋细分行业来看，滨海旅游业占比达到47.8%，成为海洋经济增长的最大拉动力。此外，海洋交通运输业、海洋渔业、海洋工程建筑业和海洋油气业占比分别排第二位、第三位、第四位和第五位。从海洋产业增长情况来看，海洋电力、海洋生物医药和海水利用增加值同比分别增长12.8%、9.6%和7.9%，表明海洋新动能加速成长（见图10－2）。

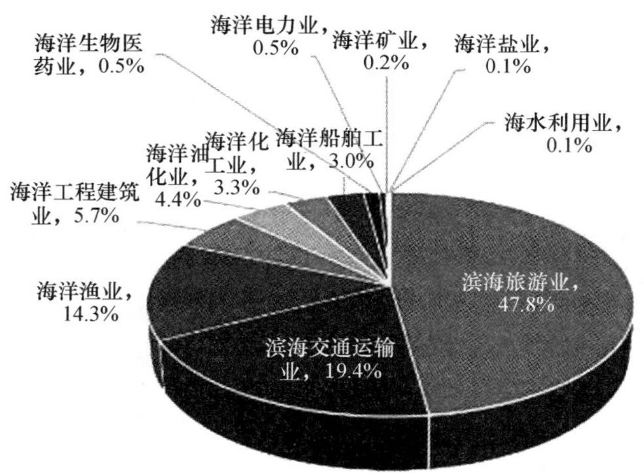

图10－2　2018年中国主要海洋产业占海洋生产总值比重

资料来源：《2018年中国海洋经济统计公报》。

第二，海洋科技创新与金融支持海洋经济力度加大，进而带动海洋新兴产业快速增长，海洋经济发展质量提升。以“深海一号”（第一艘载人潜水器支持母船）顺利下水、海洋二号B卫星成功发射、“海燕”万米级水下滑翔机开创新纪录等为标志，表明2018年中国海洋科技创新成果取得显著进展。与此同时，金融支持海洋经济发展力度加大。2018年中国人民银行等八部委共同发布《关于改进和加强海洋经济发展金融服务的指导意见》，自然资源部与中国工商银行等联合印发《金融支持海洋经济高质量发展的实施意见》，各地相继设立海洋产业基金，涉海金融产品服务不断创新，投融资渠道持续开拓，海洋渔业保险保障能力明显增强。正是在海洋科技创新和金融支持力度加大的双重驱动作用下，2018 年中国海洋新兴产业发展提速，尤其是海洋电力、海洋生物医药增速达到 12.8%、9.6%。在此基础上，2018 年全国海洋经济发展质量稳步提高。重点监测的规上涉海工业企业资产负债率为 56.0%（同比降低 3.6 个百分点），每百元主营业务收入中成本为 78 元（同比减少 1.7 元），而企业主营业务收入利润率同比提高 3.2 个百分点（为 10.7%）。

第三，海洋对外贸易与合作快速增长，海洋经济区域发展平稳，海洋经济开放合作深化。从海洋对外贸易及对外合作发展来看，伴随促外贸稳增长系列政策措施落实到位，2018 年海运和重点监测的涉海产品进出口贸易总额同比增长 11.8% 和 14.9%，同时贸易伙伴不断扩展。在海洋对外合作方面，2018 年中国与欧盟、菲律宾分别签署蓝色伙伴关系宣言、关于开发海上石油和天然气的谅解备忘录，同时深圳中欧蓝色产业园、广西北部湾国际港务集团投资建设的马来西亚关丹港深水码头一期项目、中俄合作的亚马尔液化天然气项目等海洋经济领域对外合作项目取得新进展。

从海洋经济区域发展来看，近年来中国沿海 11 省（市、区）以 13% 的国土面积，承载了全国 41% 以上的人口，创造了 60% 以上的国内生产总值，初步形成以珠三角、长三角、京津冀三大城镇群以及重点城市为依托的蓝色经济带，以山东—青岛、浙江—宁波、福建—厦门、广东—深圳等国家海洋经济发展示范区为支撑，由此构成分别位于北部、东部和南部的全国三大海洋经济圈，成为对接“一带一路”的重要平台。从 2018 年海洋经济发展水平来看，南部海洋经济圈经济体量最大（占比为 39.5%），明显高于东部海洋经济圈（29.1%）和北部海洋经济圈（31.4%），同时增长速度更快、战略地位突出，既是中国对外开放和参与经济全球化的重要区域，又是中国保护开发南海资源、维护国家海洋权益的重要基地。其中，粤港澳大湾区作为南部海洋经济圈的核心平台，必将为中国海洋经济发展开拓出崭新空间，并为中国海洋经济提升国际竞争力发挥重要作用。

第四，海洋政策宏观指导加强，海洋生态环境保护持续推进。一方面国家对海洋经济的宏观指导逐步加强，近年来国家层面出台海洋产业的行动计划、政策文件、制度标准，以海洋经济发展示范区、海洋经济创新发展示范城市为代表的海洋经济试点范围扩大、示范工作进一步完善，全国海洋经济调查工作进一步推进。另一方面海洋资源管理进一步强化，海洋生态环境保护持续推进。2018 年国务院印发《关于加强滨海湿地保护严格管控围填海的通知》，自然资源部等部门出台《关于海域、无居民海岛有偿使用的意见》等政策措施，《全国海洋生态环境保护规划（2017—2020 年）》《渤海综合治理攻坚战行动计划》相继印发实施，海洋生态保护修复工作力度加大，滨海湿地保护和围填海管控长效机制逐步建立，海水环境质量总体有明显改善，海洋生态环境状况整体稳中向好。地方层面还出台涉及现代海洋牧场、海洋主体功能区等方面的多项规划政策，强化对海洋资源的管理与保护。

第五，海洋经济迈入新的发展阶段。随着人类进入海洋世纪，各国开发利用海洋活动日益增强，海洋在国际政治、经济、军事、科技竞争中的战略地位日益提升，在维护国家主权、安全、发展利益中的地位和作用更加突出。在此背景下，全球海洋经济发展正在形成一些崭新特点，如在新技术革命推动下，新的可开发利用的海洋资源不断被发现；海洋科技创新步伐加快，信息、能源、生物与海洋不断融合创新，支撑和引领海洋产业迅猛发展；产业格局和发展路径相比过去也发生了变化，海洋生物、海洋电子信息、海洋娱乐等新兴产业越来越成为国际竞争的焦点。为此，中国在实施海洋强国战略框架下，未来海洋经济发展应适应和把握上述演进趋势和特点，着眼于拓展海洋发展空间、提升海洋资源开发能力、发展海洋科学技术、增强海洋治理能力与水平、保护海洋生态环境等内容。

三　《粤港澳大湾区发展规划纲要》提出海洋经济共育的基本任务

从纽约湾、旧金山湾、东京湾等国际一流湾区的发展历程来看，海洋经济作为开发、利用和保护与海洋相关的各类海洋经济活动及其产业体系，已经成为国际一流湾区发展的重要标志。从总体上看，粤港澳大湾区不但拥有丰富的海洋资源，而且湾区经济中心城市及其他节点城市的海洋经济发展良好。在中国海洋强国战略指引下，以富有活力和国际竞争力的一流湾区和世界级城市群为发展目标的粤港澳大湾区，未来必然会进一步推动海洋经济发展，推动海洋经济与海洋科技、海洋金融、海洋文化融合发展，加快推进构建互利共赢的大湾区现代海洋产业体系，建立互信互惠的大湾区海洋交流合作平台，打造宜居宜业宜游的大湾区海洋生态圈，从而推动粤港澳大湾区成为中国海洋经济开放合作的先行区、引领中国海洋经济高质量发展的示范地。

中共中央国务院联合颁布的《粤港澳大湾区发展规划纲要》对海洋经济发展做出明确部署，不但在“构建具有国际竞争力的现代产业体系”中用专节强调大力发展海洋经济（第六章第四节），而且还在其他相关多个章节（主要是第七章、第八章、第九章）中，提及与海洋经济发展相关的内容。概括起来分析，粤港澳大湾区发展规划对大湾区“9+2”城市群共同培育发展海洋经济的相关要求，可以归纳概括为如下八个方面。①

第一，提出海洋经济发展的若干原则。第六章第四节提出三项海洋经济发展的主要原则：一是“坚持陆海统筹、科学开发，加强粤港澳合作，拓展蓝色经济空间，共同建设现代海洋产业基地”。二是“强化海洋观测、监测、预报和防灾减灾能力，提升海洋资源开发利用水平”。三是“优化海洋开发空间布局，与海洋功能区划、土地利用总体规划相衔接，科学统筹海岸带（含海岛地区）、近海海域、深海海域利用”。

第二，布局粤港澳大湾区现代海洋产业体系。在第六章第四节提出五大重点发展的海洋产业：一是“优化提升海洋渔业、海洋交通运输、海洋船舶等传统优势产业”。二是“培育壮大海洋生物医药、海洋工程装备制造、海水综合利用等新兴产业”。另外，在第

① 《粤港澳大湾区发展规划纲要》，人民出版社2019年版。

六章第二节部署培育壮大战略性新兴产业时，提出“围绕信息消费、新型健康技术、海洋工程装备、高技术服务业、高性能集成电路等重点领域及其关键环节，实施一批战略性新兴产业重大工程”。三是“集中集约发展临海石化、能源等产业”。四是“加快发展港口物流、滨海旅游、海洋信息服务等海洋服务业”。五是“加强海洋科技创新平台建设，促进海洋科技创新和成果高效转化”。

第三，鼓励支持粤港澳大湾区重点城市发展特色海洋经济。在第六章第四节重点对香港、澳门、深圳三大城市提出具体要求，包括：一是“支持香港发挥海洋经济基础领域创新研究优势，带动湾区海洋经济创新发展”。二是“支持澳门在保障珠江河口水域泄洪纳潮安全的前提下，科学编制实施海域中长期发展规划，进一步发展海上旅游、海洋科技、海洋生物等产业”。三是“支持深圳建设全球海洋中心城市”。

第四，支持粤港澳加强海洋金融领域合作。在第六章第四节提出三个方面的合作内容：一是“探索在境内外发行企业海洋开发债券”；二是“鼓励产业（股权）投资基金投资海洋综合开发企业和项目”；三是“依托香港高增值海运和金融服务的优势，发展海上保险、再保险及船舶金融等特色金融业”。

第五，从加快基础设施互联互通高度，强调增强大湾区港口群国际竞争力（第五章第一节），推动粤港澳港口国际合作（第九章第三节），主要有以下四点：一是“巩固提升香港国际航运中心地位，支持香港发展船舶管理及租赁、船舶融资、海事保险、海事法律及争议解决等高端航运服务业，并为内地和澳门企业提供服务”。二是“增强广州、深圳国际航运综合服务功能，进一步提升港口、航道等基础设施服务能力，与香港形成优势互补、互惠共赢的港口、航运、物流和配套服务体系，增强港口群整体国际竞争力”。三是“以沿海主要港口为重点，完善内河航道与疏港铁路、公路等集疏运网络”。四是“加强粤港澳港口国际合作，与‘一带一路’等沿线国家和地区共建港口产业园区，建设区域性港口联盟，携手扩大对外开放合作”。

第六，重视粤港澳大湾区打造海洋生态防护屏障和海洋资源环境保护。在第七章第一节和第二节提出如下四个方面：一是“加强海岸线保护与管控，强化岸线资源保护和自然属性维护，建立健全海岸线动态监测机制”。二是“强化近岸海域生态系统保护与修复，开展水生生物增殖放流，推进重要海洋自然保护区及水产种质资源保护区建设与管理”。三是“推进‘蓝色海湾’整治行动、保护沿海红树林，建设沿海生态带”。四是“加强海洋资源环境保护，更加重视以海定陆，加快建立入海污染物总量控制制度和海洋环境实时在线监控系统”。

第七，构筑粤港澳海洋休闲湾区，建设世界级旅游目的地。根据第八章第三节，主要涉及以下七点：一是“有序推动香港、广州、深圳国际邮轮港建设，进一步增加国际班轮航线，探索研究简化邮轮、游艇及旅客出入境手续”。二是“逐步简化及放宽内地邮轮旅客的证件安排，研究探索内地邮轮旅客以过境方式赴港参与全部邮轮航程”。三是“探索在合适区域建设国际游艇旅游自由港，推动粤港澳游艇自由行有效实施，加快完善软硬件设施，共同开发高端旅游项目”。四是“支持澳门与邻近城市探索发展国际游艇旅游，合作开发跨境旅游产品，发展面向国际的邮轮市场”。五是“促进滨海旅游业高品质发展，加快‘海洋—海岛—海岸’旅游立体开发，探索以旅游等服务业为主体功能的无居民海岛整岛开发方式，完善滨海旅游基础设施与公共服务体系”。六是“建设贯通潮州到湛江并连接港澳的滨海景观公路，推动形成连通港澳的滨海旅游发展轴线，建设一批滨海特色风情小镇”。七是“探索开通澳门与邻近城市、岛屿的旅游路线，探索开通香港—深圳—惠州—汕尾海上旅游航线”。

第八，打造粤港澳大湾区海洋发展平台。《粤港澳大湾区发展规划纲要》在第十章提到的深圳前海、广州南沙、珠海横琴三大重大平台，以及大湾区内珠三角九市特色发展平台，其实也都可以视为与海洋经济发展相关，涉及海洋产业、海洋科技、海洋文化等诸多内容的海洋发展平台问题，因而其具体内容可以视作粤港澳大湾区海洋经济发展平台建设要点。本书第八章进行了专题研究，此处不再重复。

以上依据《粤港澳大湾区发展规划纲要》对海洋经济提出的八个方面发展要求，实际上也构成粤港澳大湾区海洋经济发展的重点，成为粤港澳大湾区“9+2”城市共育海洋经济的重点内容。在粤港澳大湾区和深圳先行示范区双重国家战略指引下，作为大湾区核心引擎的深圳要在海洋经济发展上增强湾区核心引擎功能、发挥湾区核心引擎作用，最为重要的工作就是贯彻落实党中央、国务院在《粤港澳大湾区发展规划纲要》《关于支持深圳建设中国特色社会主义先行示范区的意见》两大国家重要战略文件精神，围绕加快建设全球海洋中心城市这一战略任务，与粤港澳大湾区内各城市共同推动完成有关海洋经济的各项任务。

第二节　全球海洋中心城市的理论与实践

随着经济全球化不断推进，经济活动和城市人口逐步向沿海地区集聚，形成以海湾及海洋城市为重点的沿海城市带，兼具海洋城市、中心城市和全球城市三大城市特征的全球海洋中心城市逐渐成长，成为各国海洋城市的发展方向。

一　全球海洋中心城市与评价标准

（一）全球海洋中心城市及其主要特征

一般认为“全球海洋中心城市”的概念来源于一项国际海洋排名。2012 年，挪威海事展、奥斯陆海运和梅农经济等机构联合发布《全球领先的海事之都》（*Leading Maritime Capitals of the World*）研究报告，报告对世界范围内 30 个知名海洋城市进行了排名，迄今为止共发布四期（2012 年、2015 年、2017 年、2019 年），国际影响力日益扩大。北京大学汇丰商学院海上丝路研究院秘书长张春宇博士研究团队为适合中文表意且能充分体现其内涵，将其意译为“全球海洋中心城市”[①]，并协助相关部门将其写入《全国海洋经济发展

① 张春宇：《如何打造全球海洋中心城市》，《中国远洋海运》2017 年第 7 期。

“十三五”规划》[①]。从此之后，全球海洋中心城市便成为引导中国海洋城市发展以及参与国际海事竞争合作的新方向。

从概念内含来看，全球海洋中心城市兼具全球城市、中心城市、海洋城市的特点。[②] 在全球城市层面，自1915年英国规划师首次提出“世界城市”（world city）概念、1966年英国学者霍尔从全球性国际大都会角度深化对世界城市的认识、1986年美国学者弗里德曼提出世界城市假说，以及1989年戈特曼提出世界城市特征等以后，1991年美国学者萨森首次提出“全球城市”（global city）概念，描述了全球城市基本特征，后来学者们又进一步总结、形成全球城市的七个特征：跨国公司的全球或区域总部、全球或区域的金融中心、高度发达的生产性服务业、科技创新和文化创意基地、国际性的旅游和会展目的地、精英人才的全聚地、信息通信交通枢纽。在中心城市层面，主要是指在一定区域内和全国社会经济活动中处于重要地位、具有综合功能或多种主导功能、起着枢纽作用的大城市或特大型、超大型城市，能够依托城市群或经济区而具备较强聚集扩散、服务和创新功能的区域性经济中心或科技创新中心。在海洋城市层面，一般认为是指拥有海岸线并依赖海洋、利用海洋开展经济社会活动，具有较强海洋特色的城市，大多由港口城市发展而来，形成利用海洋资源从事城市的主要生产和生活实践。

对于全球海洋中心城市，可以进一步从发展历程、影响力、主要特征等三个层面深化认识。

从发展历程来看，全球海洋中心城市是国际航运中心的升级版。

---

① 《全国海洋经济发展“十三五”规划》中的相关部分内容为：推进国内航运港口建设。整合国内沿海港口资源，构筑“21世纪海上丝绸之路”经济带枢纽和对外开放门户。推进深圳、上海等城市建设全球海洋中心城市，在投融资、服务贸易、商务旅游等方面进一步提升对外开放水平和国际影响力，打造成为“21世纪海上丝绸之路”的排头兵和主力军。

② 2018年10月深圳市委市政府出台《关于勇当海洋强国尖兵　加快建设全球海洋中心城市的决定》及其实施方案前，已从全球城市、中心城市、海洋城市三者结合的角度分析全球海洋中心城市的含义。2019年5月及9月，笔者应邀在深圳市民文化大讲堂、深圳市政协委员讲堂讲演时，进一步从三个城市组合的方式探讨了全球海洋中心城市的概念。2019年11月在深圳市政协举办的海洋专题协商会上，王富海代表政协课题组更为详细地从三个城市组合的角度分析了全球海洋中心城市的含义。

因此，全球海洋中心城市首先应当具备国际航运中心的基本特色和优势，在航运、贸易、物流以及航运相关服务业方面具备发展优势。其次，全球海洋中心城市应当在传统航运中心基础上增加新的功能特色，主要体现为：海洋金融、涉海法律等高端海洋服务业的提供者和引领者；海洋科技和海洋发展的创造者和引领者；全球海洋治理的仲裁者；全球海洋公共产品和服务的提供者。最后，全球海洋中心城市还应当具备必要的城市功能，如具备完善的营商环境、完备的海洋产业集群和国际化便利生活环境，对领先的海洋产业、海洋企业和高端人才形成强大的吸引能力和集聚能力。

从影响力来看，全球海洋中心城市强调发挥海洋产业、资源和文化优势，突出创新引领和在全球治理中的作用，使海洋成为核心竞争力，在区域具有极大辐射力，对全球政治、经济、文化具有控制力与影响力。

从主要特征来看，全球海洋中心城市在海洋的重要领域凸显优势，包括：全球海洋治理能力较高、海洋经济科技领先、海洋生态文明彰显、海洋文化特色突出、海洋综合管理理念先进。

总之，综合分析目前全球海洋中心城市发展现状，我们可以把全球海洋中心城市理解为海洋整体实力强、具有全球影响力的中心城市。第一，拥有海洋产业、海洋资源和海洋文化优势，海洋经济科技领先、海洋生态文明彰显、海洋文化特色突出、海洋综合管理理念先进，成为海洋科学技术、海洋发展体系以及海洋金融法律等高端海洋服务业的创新者、引领者和领导者。第二，具备完善的营商环境、完备的海洋产业集群和国际化便利生活环境，对领先的海洋产业、海洋企业和高端人才形成强大的吸引、集聚能力。第三，全球海洋治理能力较高，为区域或全球提供有价值的海洋公共产品，对全球政治、经济、文化具有控制力与影响力。

（二）全球海洋中心城市的评价标准与启示

如前所述，“全球海洋中心城市”之名来源于2012年挪威海事展、奥斯陆海运以及梅农经济等机构联合发布的《全球领先的海事之都》（*Leading Maritime Capitals of the World*）。这一榜单分别于2012年、2015年、2017年、2019年连续发布四期研究报告，形成了国际社会对于全球海洋中心城市的权威评价，这有助于我们更好地把握全球海洋中心城市建设的战略取向和实施路径。

根据挪威海事展等机构联合发布的“全球海洋中心城市”报告，其评价方式是在对20多项客观指标以及全球200多个行业专家主观评估后，最后综合形成对全球知名海洋中心城市的排序，每次评估都会根据全球海洋经济发展趋势对评价指标进行调整。根据2019年全球海洋中心城市报告，客观指标包括一级指标（航运中心、海事金融与法律、海洋科技、港口与物流、城市的吸引力与竞争力等五类）、二级指标（25项），其数据来源为相关统计报告；主观指标包括五类15项（见表10－1），通过对全球250多个行业专家进行问卷调查而得，涉及主管海洋领域的政府官员、大中型涉海企业高管、海洋领域科学家及技术人员等。

表10－1　2019年全球海洋中心城市报告评价指标

	客观指标	主观指标
航运中心	城市所管理的船队规模	领先的航运中心
	隶属于船东的船队规模	总部吸引力
	隶属于船东的船队货物价值	运营单位吸引力
	总部在此城市的船舶公司	
海事金融与法律	城市中的法律专家数量	领先的金融中心
	城市中海洋领域律师数量	
	保费收入	
	海洋产业贷款规模	
	航运投资规模	
	海洋产业上市公司数量	
	海洋产业上市公司市值	
	海洋产业IPO/债券等投资交易量	
海洋科技	舰队规模	领先的科技中心
	船级社分类的船队规模	数字服务
	船舶建造的市值	领先的研发或教育中心
	海事公司的专利数量	环境可持续的科技
	海洋研究机构数量	

续表

	客观指标	主观指标
港口与物流	港口装卸集装箱数量	港口相关物流服务
	港口装卸的总货物量	
	港口运营公司规模	
	港口基础设施质量	
城市的吸引力与竞争力	营商便利性	总部吸引力
	政府透明度和廉洁程度	营运单位吸引力
	创新创业指数	研发单位吸引力
	海关程序便利程度	海事集群程度
		创新创业程度
		数字化转化能力

资料来源：挪威海事展等机构发布“2019 年全球海洋中心城市”报告。

根据该榜单公布的四期研究报告，目前主要的全球海洋中心城市如表 10 - 2 所示。从表 10 - 2 中得知，全球海洋中心城市主要有新加坡、汉堡、鹿特丹、香港、伦敦等城市。其中，2017 年中国有三个城市入选，分别是上海（4）、香港（7）、广州（15）；2019 年中国入选城市为香港（4）、上海（6）。在这四个排名榜单中，深圳均未进入排名，客观上表明深圳离国际公认的全球海洋中心城市仍有较大差距。

表 10 - 2　　全球海洋中心城市变动情况

年份	排序	总排名	单项排名				
			航运	金融与法律	海洋科技	港口与物流	吸引力与竞争力
2019	1	新加坡	新加坡	伦敦	奥斯陆	新加坡	新加坡
	2	汉堡	雅典	纽约	伦敦	鹿特丹	哥本哈根
	3	鹿特丹	汉堡	奥斯陆	汉堡	香港	伦敦
	4	香港	香港	香港	釜山	上海	鹿特丹
	5	伦敦	上海	新加坡	东京	汉堡	汉堡

续表

年份	排序	总排名	单项排名				
			航运	金融与法律	海洋科技	港口与物流	吸引力与竞争力
2017	1	新加坡	新加坡	伦敦	奥斯陆	新加坡	新加坡
	2	汉堡	汉堡	奥斯陆	新加坡	上海	奥斯陆
	3	奥斯陆	雅典	纽约	东京	鹿特丹	哥本哈根
	4	上海	伦敦	新加坡	上海	香港	汉堡
	5	伦敦	香港	上海	釜山	汉堡	迪拜
2015	1	新加坡	雅典	伦敦	新加坡	奥斯陆	新加坡
	2	汉堡	新加坡	奥斯陆	香港	汉堡	汉堡/奥斯陆
	3	奥斯陆	汉堡	纽约	鹿特丹	东京	—
	4	香港	东京	新加坡	上海	釜山	伦敦
	5	上海	香港	香港	迪拜	新加坡	上海/香港
2012	排序	总排名	航运	金融	法律与保险	科技与竞争力	
	1	新加坡	奥斯陆	奥斯陆	伦敦	新加坡	
	2	奥斯陆	新加坡	纽约	纽约	汉堡	
	3	伦敦	比雷埃夫斯/雅典	伦敦	新加坡	上海	
	4	汉堡	东京	新加坡	香港	奥斯陆	
	5	香港	香港	香港	奥斯陆	东京	

资料来源：根据挪威海事展等机构历年发布的“全球海洋中心城市”报告整理。

上述全球海洋中心城市评价指标及其变动趋势，对深圳建设全球海洋中心城市至少提供了如下重要借鉴：第一，国际航运中心仍是全球海洋中心城市的重要功能，为此有必要在增加船队规模、提升航运公司总部数量、扩大航运货物总值以及增强航运中心吸引力等主客观方面发力，确保航运中心功能支撑海洋中心城市建设。第二，海洋金融、涉海法律是现代海洋服务业的代表性行业，为此有必要从培育海洋上市公司、扩大海洋产业金融运营业务、增强海洋产业贷款规模、扩大海洋保险等方面加大海洋金融业发展，同时注意形成完备的海洋法律体系和海洋法律服务，从而强化海洋金融与法律功能。第三，海洋研发能力与海洋科技和教育水平是全球海洋中心城市建设的支撑力量，为此有必要从增加海洋研发机构、加大海洋科研创新、形成更多海洋专利项目、提供海洋数字化业务等方面加大海洋科技研发与创新应用能力。第四，港口物流行业对于建设全球海洋中心城市仍有积极意义，有必要从提高港口集装箱运营规模、提升港口物流基础设施质量、改进港口物流服务能力等方面，助推全球海洋中心建设。第五，建设全球海洋中心城市必须增强城市软实力，重点在优化城市营商环境、提高创新创业水平、增强产业集聚能力以及吸引海洋产业企业与高端人才等方面推进，为全球海洋中心城市建设打造坚实的软环境支撑。

二　全球海洋中心城市发展模式与建设路径

目前全球海洋中心城市还是一个较新的概念，学术界相关研究不多。从字面上看，包含全球城市、中心城市、海洋城市三个关键词。三者的结合不但构成全球海洋中心城市的完整含义，而且三者的不同组合方式还表明全球海洋中心城市的不同特征及其建设路径或发展模式。从组合方式来看，全球海洋中心城市发展呈现出三种不同模式和建设路径。①

（一）“全球海洋＋中心”模式

其基本特点是：海洋综合事务及能力具有全球影响力，从而以海洋的全球整体实力为基础，形成具有全球海洋优势的中心城市。代表性城市为伦敦。伦敦历史上是全球重要的国际航运中心，海洋事务及海洋综合实力强，具有全球影响力和知名度。目前伦敦虽然已经不再是国际海洋航运中心，但国际航运服务业水平高，成为世界上最强的国际海事服务中心，特别是在海洋法律和金融方面具备领先优势，尤其在全球海洋规则制定、定价议价等方面仍然具有绝对权威。

伦敦作为海洋服务业全球领先城市，其发展主要特点为：一是

① 这里提出的全球海洋中心城市三种发展模式及建设路径，主要根据笔者 2019 年 5 月、9 月应邀在深圳市民文化大讲堂、深圳市政协委员讲堂的讲演分析整理形成，同时参考了深圳市相关部门有关海洋中心城市建设意见及实施方案的内部研究报告。

海事法律体系健全，海事仲裁在全球占据绝对优势，解决全球各类海事纠纷能力领先。二是海事服务体系完善，借助数百年海事发展在全球航运资源垄断配置地位，形成以高端航运服务业为主的海事服务枢纽功能，其航运服务业集群主要有航运（船东、承租人、船舶管理人及经纪人、班轮机构）、行业协会（国家和国际机构代表、工会）、中介服务（海洋保险、银行、会计、测量师及技术顾问、法律顾问）、支持服务（商业顾问和研究人员、媒体公司/出版商/会议组织者、信息和通信技术服务、人员配备和招聘机构、海事大学及研究机构）、海事治理与监管（国际航运组织和国家代表、船级社、船旗国、劳合社保险市场、波罗的海航运交易所、英国政府）等五个方面，为全球各地提供高端、综合航运服务。三是金融服务体系完备，依托伦敦国际金融中心以及政府作为，为全球提供船舶经纪服务、海事保险业务和船舶融资等金融服务。四是行业协会作用明显，最具代表性的是伦敦海事促进署，利用120多家机构会员通过统一的行业利益和政策口径成为全球行业从业机构的标尺，同时积极推动行业之间、行业与政府之间沟通与反馈，及时把握行业发展趋势、提出政策和行业发展建议，成为行业发展的重要引导力量。①

（二）“全球＋海洋中心”模式

其总体特点是：某项海洋事务及能力具有全球影响力，从而以此为重点形成具有全球实力的海洋中心城市。其代表性城市为挪威的奥斯陆。

挪威是世界四大航运国家之一，拥有世界上最大的航运集群，海洋事业综合优势明显，除了传统的航运、渔船、船舶装备等行业外，拥有涉及整个行业上游和下游供应商、服务等领域，在石油和天然气的运输产品、化学品运输、滚装船舶、海洋船舶方面领先世界，特别是高科技船舶和海洋装备技术居于世界领先地位。此外，成立于1864年的挪威船级社是全球领先的专业船舶服务机构，在

① 参见深圳市政协办公厅、市政协课题组《加快建设全球海洋中心城市研究报告》2019年第11期；另见杨明《全球海洋中心城市评选指标、评选排名与四大海洋中心城市发展概述》，《新经济》2019年第10期。

全球百余个国家中设立约300个分支机构，构成挪威航运服务业的一大特色，其服务范围涉及船级服务、认证服务、技术服务等方面。另据中国经济信息社《全球海洋科技创新指数报告（2016）》，挪威与德国、日本、法国、澳大利亚、英国等并列全球海洋科技创新第二阵营，综合排名仅次于美国、德国、日本位居第四，在海洋科研机构、高校数量/科研机构及高校总量和创新环境方面优势明显，特别是海洋创新环境排名样本国家第一，海洋创新应用排名第六，海洋创新投入排名第十，海洋创新产出排名第十三。①

奥斯陆作为挪威首都和第一大城市，是挪威政治、经济、文化、交通中心和主要港口，通过大力发展海洋高端装备产业，提升海洋科技创新能力，在“世界领先的海事之都”榜单上，2017年和2019年海洋科技单项排名位居榜首，此外涉海金融与法律服务也位居第二和第三（见表10－2），由此推动奥斯陆能够持续成为全球领先的海事之都，保持全球海洋中心城市的地位。

（三）“全球中心＋海洋”模式

其主要特点是：强调在具有全球影响力的中心城市基础上增强海洋功能与海洋特色，从而形成海洋特色突出、海洋功能明显的全球中心城市，代表性城市有东京、纽约、新加坡、香港。

这里以新加坡为例加以说明。目前新加坡已构建完整海洋产业链，海洋高端服务、高科技产业全面提升，自2012年以来连续四次位居“世界领先的海事之都”综合排名榜首，多个单项排名也位居前列（见表10－2），成为最有代表性的全球海洋中心城市。概括而言，新加坡通过从以港兴城到港城互兴，走出了全球海洋中心城市的良性发展之路，其主要经验如下。②

一是充分利用国际航运区域优势，同时配合积极的自由港政策，加之大力提升港口科技应用水平，提升港口运作效率，从而使得新

---

① 中国经济信息社：《全球海洋科技创新指数报告（2016）》，https：//max.book118.com/html/2017/0710/121481396.shtm。

② 参见深圳市政协办公厅、市政协课题组《加快建设全球海洋中心城市研究报告》2019年第11期；另见杨明《全球海洋中心城市评选指标、评选排名与四大海洋中心城市发展概述》，《新经济》2019年第10期。

加坡能够通过港口航运拓展国际转口贸易和中转贸易，与世界上123个国家和地区的600多个港口建立起业务联系，港口运输在全国经济中占据极为重要的地位，港口物流业对新加坡GDP的贡献率超过8.6%。以此为基础，通过港城互动发展，从物流中心衍生为金融中心、服务中心和生活中心，由此发展成航运繁荣的全球中心城市。

二是大力构建以航运为核心，融合修造船、石油勘探开采冶炼、航运金融现代航运服务、海洋高科技等全领域的海事全产业链，使得海洋产业链不断延伸。一方面，在发展国际港口航运的基础上，引进外资特别是跨国公司发展炼油、船舶制造等业务，力图弥补工业基础薄弱、产业链不足以及过于依赖外贸等短板。另一方面，大力发展船舶管理、海事金融、海事保险、船舶经纪、海事法律服务等高端海洋服务业，不断延长港口航运产业链及提升产业业态，从而大大拓展了现代海洋服务业和国际海洋服务能力，有效提升了全球海洋中心地位。以此为基础，新加坡引导海洋产业升级，大力发展海洋电子信息、海洋生命科学等海洋高科技产业，既在产业链上集聚了大量国际领先的企业、科研机构和人才，也推动了海洋产业链各环节的上下游企业之间的相互合作发展。

三是大力营造有利于海洋经济发展的营商环境。首先是发挥自由港综合优势，打造包括人文居住条件、国际化法制化便利化的商业环境等在内的综合环境，助推海洋事业健康发展。其次是成立以海事和港务管理局为代表的海洋发展专门机构，为海洋事业发展提供有效保障。例如，新加坡政府为了提高高端航运服务业水平和能力，专门成立国家箱管和租赁中心、空港联运中心、国际船舶换装修造中心、国际船舶燃料供应中心等四个服务中心，同时还积极争取得到国际航运理事会批准建立国际海事仲裁中心。最后是根据适应海洋发展需要选择优势领域进行重点政策扶持，如近年来为促进航运、造船和海洋工程行业发展，专门制定了包括税收奖励、资金奖励等在内的多种措施；为帮助海洋企业获得资金支持，制订海事激励计划、海事信托计划、海事组合基金；针对航运业提供政策激励，如对进港装卸集装箱运输公司实行多种收费优惠待遇，针对船舶经纪公司和货运衍生产品交易商推出企业税减免等举措。

三　以海洋中心城市建设为支撑推动粤港澳大湾区海洋经济发展

自全国“十三五”海洋规划提出深圳建设全球海洋中心城市以来，2019 年 2 月和 8 月印发的《粤港澳大湾区发展规划纲要》和《关于支持深圳建设中国特色社会主义先行示范区的意见》两个国家重要文件，都明确要求深圳加快建设全球海洋中心城市。由此可见，建设全球海洋中心城市不但是党中央国务院赋予深圳的重大国家战略，而且也成为深圳未来发展的重要方向和必须完成的重大任务。从现实条件来看，深圳不但拥有海洋中心城市的必备条件，而且已经迈出建设海洋中心城市的坚实步伐，为粤港澳大湾区城市群共育海洋经济①、增强深圳湾区核心引擎功能和作用提供了有力支撑。

（一）海洋资源条件充分，海域区位优势明显

首先，从深圳市域角度来看，深圳海岸线 260.5 公里，海域面积 1145 平方公里，包含大小岛屿 51 个，拥有珠江口、深圳湾、大鹏湾、大亚湾“三湾一口”的优质湾区资源，在市域范围内的东、中、西三个部分均形成“两湾 + 半岛”的形态。② 其中，深圳海岸线中的自然岸线 100.4 公里、人工岸线 160.1 公里，占比分别为 38.54%、61.46%；深圳海域面积中，西部珠江口 638 平方公里、中部深圳湾 82 平方公里、东部大鹏湾 174 平方公里、大亚湾 251 平方公里，海域面积与陆域面积之比为 0.59∶1。

除上述市域范围之外，深圳拥有的海岸线、海域面积还应当把已经纳入深圳管辖的深汕特别合作区包括进来，其海岸线长度 50.9 公里、海域面积 1152 平方公里。也就是说，加上深汕特别合作区

---

① 2018 年 1 月，笔者在广东省政协大会提交的《关于支持深圳建设全球海洋中心城市的建议》提案中提出：依托粤港澳大湾区，配合深圳全球海洋中心城市建设，推动大湾区沿海都市圈、城市群积极参与海洋城市建设，形成粤港澳大湾区海洋发展的整体优势。

② 2014 年下半年笔者牵头开展深圳市政府发展研究中心年度课题《深圳发展湾区经济与泛珠三角合作研究》时，提出深圳的“两湾 + 半岛”空间特点：东部为大鹏湾、三亚湾 + 大鹏半岛，西部为前海湾（珠江口）、深圳湾 + 南山半岛，中部为深圳湾、大鹏湾 + 深港半岛。

之后，深圳的海岸线达到311.4公里、海域面积达到2297平方公里，形成以珠江口、深圳湾、大鹏湾、大亚湾、红海湾“四湾一口”为显著特色的拥海抱湾优势，为深圳建设全球海洋中心城市提供了有利的海洋综合条件。

其次，深圳濒临南海，沿深圳海岸线向南100公里的海水深度可达500米，向南150公里的海水深度可达1000米，是中国内地沿海城市中距离深海最近的超大型城市和经济中心城市，在发展海洋经济和开展深海、公海资源的研究和利用方面具有得天独厚的显著优势。以海洋生物资源为例，深圳沿岸海域具有经济价值的各类海洋生物资源400余种，其中海洋渔业资源50余种，包括鱼类40余种、虾类8种、贝类10余种。

最后，深圳海洋区位效应明显。对此可以从粤港澳大湾区海洋经济发展优势、深圳在粤港澳大湾区海洋发展的区域优势两个角度进行分析。一方面，粤港澳大湾区拥有发展海洋经济的优越条件。一是粤港澳大湾区拥有港口、铁路、陆路等交通条件，便于与广阔内陆腹地和“一带一路”沿线国家和地区建立便利的链接基础。二是粤港澳大湾区以不足1%的国土面积和5%的人口数量，创造了经济总量占比达到12%的成绩，这为粤港澳大湾区发展海洋产业奠定了良好的经济基础。三是借助于包括“一带一路”倡议、广东自贸试验区、粤港澳大湾区规划纲要、深圳先行示范区等国家战略不断叠加，粤港澳大湾区完全有条件推动政策制度创新、产业科技创新和国际合作创新，从而推动粤港澳大湾区海洋经济发展。另一方面，深圳位居粤港澳大湾区核心区域，同时又是21世纪海上丝绸之路重要枢纽，更为重要的是拥有中国特色社会主义先行示范区建设带来的制度保障和先行优势，加之经济总量规模、科技研发能力和高新技术产业实力等诸多方面在粤港澳大湾区领先，目前已逐步成为东南亚海洋经济产业链的重要一环，完全有能力、有条件承接全球海洋经济及其海洋产业转移，进而在粤港澳大湾区海洋综合发展优势背景下加快建设全球海洋中心城市。

（二）海洋综合实力不断提升

第一，拥有集装箱吞吐量位居全球前列的世界级海港。深圳港深水泊位条件优良，具有国际水准的超大型船舶服务能力，由此吸引全球三大航运联盟航线均在深圳港靠泊。据统计，全球80%的1万标箱以上集装箱船舶在此靠泊，其中1.8万标箱3E级以上超大型船舶全部靠泊深圳港。近年来深圳港发展迅速，2018年集装箱吞吐量位居全球第四（比2017年下滑1名）。凭借优良的港口条件和国际航运枢纽优势，同时积极利用深圳海陆空口岸齐备、交通网络发达、腹地资源广阔、经济快速发展等有利条件，深圳世界级港口发展和航运能力保持稳健势头，为深圳建设全球海洋中心城市提供坚强的港口与航运支撑。

第二，海洋科研载体与平台建设不断提升。经过近年来不断努力，目前深圳已经初步建立起以产业为导向、以企业为主体的开放型海洋科技创新体系。据公开资料介绍，截止到2019年上半年，深圳已建成与海洋相关的国家与省级重点实验室、工程实验室、工程（技术）中心17个，市级重点实验室7个、工程实验室17个、工程（技术）中心5个、公共技术服务平台7个。① 通过集聚海洋领域高级研究人员，深圳的海洋科技创新能力和成果转化能力快速升级。此外，南方科技大学、深圳大学、清华大学深圳国际研究生院等高校已成立海洋学科，开展海洋领域教育科研和人才培养。按照党中央国务院《关于支持深圳建设中国特色社会主义先行示范区的意见》，深圳还将按程序组建海洋大学、设立国家深海科考中心，这些都将大大增强深圳海洋科研能力。

第三，海洋城市建设有序推进。一是在全国率先完成海岸带保护与利用、海洋环境保护等规划编制工作，初步划定陆海衔接的生态保护红线，海岸带修复试点稳步推进，海洋生态保护整体格局基本确立。二是成功举办2019中国（深圳）海洋经济博览会，海洋博物馆列入全市新十大文化设施并正式动工建设，市歌剧院等重大设施落地海岸带，多个滨海公园动工建设，滨海城市特色和风貌更加突出。三是海洋基础能力建设明显提升，如初步建成包括海上浮标、志愿船、地波雷达、遥感、视频监控等多种手段在内的海洋立

---

① http：//static. scms. sztv. com. cn/ysz/zx/zw/28330845. shtml.

体监测网，全面开展海洋日常预报和风暴、海浪灾害预警报及统计工作，推动海监维权执法基地建设，海监执法装备水平提升。四是推动海洋领域的国际合作和交流，如支持深圳企业拓展涉海国际业务，以国际展会、论坛等为突破口，加强海洋领域的国际对话合作。2017 年成功举办中欧蓝色产业合作论坛。2019 年 10 月成功举办 2019 中国（深圳）海洋经济博览会，展览面积 3.75 万平方米，共有来自 21 个国家和地区的 455 家展商参展，涉及海洋产业上下游 30 多个细分行业，参观展览观众来自 28 个国家和地区、共计 9.7 万人次。本届海博会首发新技术新产品 432 项，签约成交 394 项、金额 7.4 亿元，达成意向合作 1013 项、金额 18.4 亿元。[①] 显然，面向国际的中国海洋经济博览会正式落户深圳后，成为深圳参与国际海洋事务的重要平台。

（三）海洋经济稳定增长，海洋智能装备产业集群逐渐形成

近年来深圳海洋经济稳步增长，海洋新兴产业发展趋势良好。2018 年深圳海洋经济增加值为 2327 亿元，占全市 GDP 比重为 9.7%，同比增长 4.63%。2019 年上半年深圳海洋经济提速，同比增长率达到 6.3%（1229 亿元），占 GDP 比重首次超过一成（达到 10.1%），表明深圳海洋经济发展趋势良好。从海洋经济构成来看，2018 年深圳海洋产业增加值为 1996.84 亿元，虽然海洋交通运输、海洋旅游、海洋油气仍为传统海洋主导行业，以海洋工程装备、海洋电子信息、海洋金融等为代表的海洋新兴产业发展较快，2019 年上半年海洋新兴产业增速达到 6.7%，高于同期海洋经济 6.3% 的总体增长水平，表明海洋新兴产业对海洋经济的贡献增强。

2018 年深圳市首次海洋经济普查表明，深圳涉海企业超过 7000 家。从 2019 年 10 月中国（深圳）海洋经济国际博览会发布的资料可以看到，目前深圳在海洋工程装备、海洋电子信息、海洋生物医药等海洋新兴产业中形成一批生力军，海洋新兴产业中的龙头企业和骨干企业不断成长。[②]

总体而言，目前深圳大型电子信息龙头企业中兴通讯、研祥智

① https://new.qq.com/omn/20191018/20191018A09BGW00.html.

② 参见江南鸾《深圳海洋经济有批“生力军”》，《深圳商报》2019 年 10 月 12 日。

能等进军海洋通信与船舶导航等领域，惠尔海工海洋工程和船舶自主研发设计技术处于国内领先水平，彦邦技术、海斯比、云洲智能等一批海洋骨干企业在海洋通信、智能无人系统、自动化控制系统等领域实现关键技术突破和产业化，一大批新兴电子信息、互联网、装备制造企业开始转向海洋领域，由此在深圳开始逐渐加快形成海洋智能装备产业集群。

第三节 加快建设全球海洋中心城市

以 2019 年党中央国务院发布《粤港澳大湾区发展规划纲要》和《关于支持深圳建设中国特色社会主义先行示范区的意见》两个重大国家战略为标志，大体上可以把深圳建设全球海洋中心城市划分为前后两个阶段。

第一阶段：以 2011 年深圳获批成为全国海洋经济科学发展示范市之后，特别是 2017 年全国海洋经济“十三五”规划要求深圳建设全球海洋中心城市为标志，深圳市委市政府 2018 年 10 月发布《关于勇当海洋强国尖兵，加快建设全球海洋中心城市的决定》与实施方案，提出包括海洋经济跨越发展、海洋科技创新体系、海洋城市文化特色、海洋综合管理能力、全球海洋治理以及强化保障等六个方面的全球海洋中心城市建设实施举措。2019 年 1 月在《政府工作报告》中进一步细化了相关工作，包括打造大湾区活力海岸带、推进海洋新城规划建设、大力发展海洋电子信息和海洋高端装备等产业、规划建设海洋博物馆、办好中国海洋经济博览会等具体内容。

第二阶段：以 2019 年 2 月《粤港澳大湾区发展规划纲要》强调“支持深圳建设全球海洋中心城市”、8 月《关于支持深圳建设中国特色社会主义先行示范区的意见》要求“支持深圳加快建设全球海洋中心城市”为起点，深圳市按照先行示范区文件提到的相关内容专题调研，12 月正式印发《深圳建设先行示范区行动方案（2019—2025 年）》，从加快建设全球海洋中心城市、按程序组建海洋大学、组建国家深海科考中心、探索设立国际海洋开发银行以及巩固世界级集装箱枢纽港地位等五个方面进行了具体部署。其中，在加快建设全球海洋中心城市方面，着重强调了增强海洋经济综合实力、提升海洋科技创新能力、深入推进海洋生态文明建设、有效促进海陆融合发展、深度参与全球海洋治理、规划建设大空港海洋新兴产业基地和南方海洋科学城、加快中船重工研究院落地、大力发展海工装备等海洋新兴产业和金融与法律等海洋高端服务业、争取设立海事法院、加强海事仲裁中心建设等方面的工作性安排。[①] 在2019年12月底市委全会讨论的2020—2022年重点工作计划中，又进一步细化了有关国际海洋开发银行、海洋大学和国家深海科考中心的筹建、组建等行动计划。

根据上述深圳海洋中心城市建设的相关实施计划和工作部署，从增强和发挥粤港澳大湾区核心引擎功能及作用、推动全球海洋经济中心建设两个方面相互促进、相互推动的角度，这里着重分析壮大海洋新兴产业、促进海洋科技创新、提升海洋文化软实力三个方面的内容。

一　以海洋智能装备为重点培育壮大海洋新兴产业

与国内外海洋经济发达的海洋城市相比，深圳海洋产业总量与海洋产业结构仍然存在不少差距。一是深圳海洋经济规模偏小，对经济整体贡献偏低。2018年深圳市海洋生产总值（2327亿元）远小于上海（9183亿元）、天津（5028亿元）、青岛（3327亿元），占GDP的比重（9.6%）远低于天津（26.73%）、上海（28.1%）、青岛（27.72%）以及广东省平均水平（19.84%）。深圳与上海等城市在海洋经济总量特别是占比上的巨大差距，虽然可能存在统计口径差异，但较大的差距不但反映出深圳海洋经济发展存在不足，而且也指明未来发展潜力和增长空间巨大。二是深圳海洋传统产业占比大，新兴产业有待壮大。深圳海洋产业仍以传统资源驱动型产业为主，2018年海洋交通运输、滨海旅游、海洋油气在

① 《先行示范区建设第一阶段“施工图”全面绘就》，《深圳特区报》2019年12月19日。

海洋经济中的比重达到近56%，相比之下海洋高端装备、海洋生物医药、海洋新能源等新兴产业占比明显偏低。三是虽然深圳海洋智能装备产业集群逐渐形成，而且也出现了中集集团、招商重工等一批龙头企业，但基础设计、核心系统和关键配套等高附加值环节仍然掌握在欧美发达国家手中，同时已经拥有的涉海高新技术转化能力还有待进一步提高。

在深圳海洋交通运输、滨海旅游、海洋油气等传统海洋产业已经占据较大比重的现实条件下，深圳确定海洋产业发展的重点方向是推动海洋智能装备产业集群发展，培育壮大包括海洋高端装备、海洋电子信息、海洋新能源与海洋生物医药等在内的海洋新兴产业。这既能发挥深圳全市科技创新与产业发展的总体优势，又有助于增强2018年以来深圳海洋装备工业等海洋新兴产业快速发展的现实发展趋势，由此扩大海洋经济总量规模，提升海洋新兴产业占比，进而推动海洋产业对全市经济的整体贡献程度进一步提高。

（一）以海工高端装备和海洋电子为重点壮大海洋智能装备产业

在海工装备领域，充分发挥中集集团、招商重工等龙头企业引领作用，同时有效应对海工装备制造环节缺乏土地空间支撑，同时两大龙头企业总装建造基地业外迁的现状，积极推动海工装备附加值提升。一方面重点研制海洋深海油气、海洋矿产等高端开采装备和高端探测装备，提升关键技术、核心部件、关键工艺的自主研发和系统集成水平，推动产业化与应用能力。另一方面设立智能海洋工程新型研发平台和创新载体，同时推动海工装备企业向集团化、规模化方向发展，形成和增强在国内领先、在国际上具有重要竞争力和影响力的海工集团。

在海洋电子信息领域，重点发挥深圳电子信息制造业突出优势，把电子信息产业链延伸到海洋领域，拓展海洋电子信息设备、海洋信息系统与信息技术服务功能，着力发展以船舶和海洋钻井平台为载体的水面电子信息产业，参与水下无线通信与传感网络的行业标准研究与制定，研制开发海洋遥感与导航等关键技术和设备，推动海洋产业向智能化、信息化、数字化和自主化方向进一步提升。

（二）发挥龙头企业作用推动海洋新能源与海洋生物医药产业发展

在海洋新能源领域，深圳拥有以中广核、中集集团为龙头的海洋新能源开发总包和装备制造型企业。为此可以充分发挥两大龙头企业作用，抓住南海能源资源开发的契机，探索组建海洋新能源研发团队、工程实验室与研发中心，推动企业加快深水油气田开采进程。同时引进国内外龙头企业落户，推动天然气水合物开发总部基地、支持服务基地、技术研发基地等基础设施建设。

在海洋生物医药产业领域，深圳拥有以海王生物、健康元为龙头的涉海生物企业，已经形成涵盖医药产品研发、医药制造、医药商业流通及连锁零售的涉海生物医药产业链条。为此，可以进一步发挥涉海生物龙头企业的行业引领作用，依托海洋生物医药产学研合作平台和孵化推广基地优势，开展海洋生物基因技术攻关，力争海洋生物医药在基础研究、资源获取、药物创新等环节有所突破，同时对海洋生物医药产业创新发展链条开展强链、固链、延链、补链等工作。此外还应加快海洋生物产业园建设，组建海洋生物医药技术管理平台、创新孵化器和海洋生物基因种质资源库。

（三）提升航运服务功能，拓展海洋经济产业服务水平

在提升航运服务功能方面，针对2018年深圳港集装箱吞吐量从之前的全球第三下滑至第四、同时国内宁波—舟山港（从全球第四提升至第三）和广州港（从全球第七上升为第五）快速发展之势，2019年12月，深圳市印发的《深圳建设先行示范区行动方案（2019—2025年）》明确提出“巩固世界级集装箱枢纽地位”，着重从港口基础设施建设、港口集疏运体系构建角度提出具体部署。

设立粤港澳大湾区国际航运中心，大力发展国际航运服务业，着力培育海事仲裁、海事保险、海事法律、航运交易、航运咨询、公估公证、航运信息平台等高端航运服务业务，提升国际航运服务能级，从而完善航运服务业产业链，营造国际化法治化市场化的一流航运服务环境。

从提升深圳作为全球海洋中心城市的国际形象、更好地发挥湾区核心引擎作用、推动湾区海洋经济共育的角度来看，深圳还有必要谋划建设全球海洋大数据中心、粤港澳大湾区海洋预警监测中心等海洋服务机构，开展海洋资源、海洋灾害、海洋文化、海洋产业等各类海洋数据采集工作，定期发布全球及粤港澳大湾区的海洋经

济数据，开展全球海洋城市比较分析研究，从而推进粤港澳大湾区海洋协同发展，提升包括海洋预警监测等在内的海洋综合管理能力，拓展深圳全球海洋经济产业服务功能。

二 推动“海洋科技创新+海洋金融发展”支撑全球海洋中心城市建设

近年来深圳实施创新驱动战略的重要内容，就是从原来的四创联动（创新、创业、创客、创投）、四链融合（创新链、政策链、资金链、产业链），提升为涵盖“基础研究+技术攻关+成果产业化+科技金融”全过程的全链条创新体系。借鉴深圳在实施创新驱动战略上的成功经验和有益探索，在建设全球海洋中心城市、增强粤港澳大湾区核心引擎功能与作用时，有必要强化海洋科技创新+海洋金融发展的组合性支撑性作用。

与全球领先的海洋中心城市相比，深圳在海洋科技创新和海洋金融发展方面存在明显不足。从海洋科技创新来看，深圳海洋科研机构欠缺，海洋高等教育资源不足，涉海学科体系不全，同时海洋高端人才匮乏，使得深圳海洋基础科研实力薄弱，海洋科技创新前沿性成果有限。从海洋金融发展来看，涉海金融支撑能力不足，专业性海洋金融机构发展较慢，尚未形成多层次、市场化的涉海资本市场融资体系，缺乏能够适应且能满足海洋经济、海洋科技特点和发展需要的涉海金融产品。

党中央国务院支持深圳建设先行示范区的文件明确提出组建海洋大学和国家深海科考中心、探索设立国际海洋开发银行的要求，实际上构成海洋科技与海洋金融支撑深圳建设全球海洋中心城市的国家政策组合拳。为此深圳应从如下几个方面加紧推动相关工作。

第一，加大力度组建海洋大学与国家深海科考中心，为海洋科技创新搭建国家级综合平台和人才培养基地。在组建海洋大学方面，围绕粤港澳大湾区和深圳海洋新兴产业、参与全球海洋治理等需求，重点发展海洋领域的技术应用、高端服务以及交叉学科和新兴学科，既要构建海洋基础研究和应用基础研究的研发平台，又要培养服务于国家海洋战略、海洋经济、海洋安全的通用型海洋人才，还要为深圳建设海洋中心城市提供各类海洋应用型人才。在组建国家深海科考中心方面，深圳要借鉴国内外一流海洋科学研究中心和深海研究机构的成功经验，重点聚集深海环境与海洋生物研究领域，为全国深海科学研究、海洋资源调查以及深海装备研发和试验提供支持和服务。

第二，加快构建海洋科技创新高地和创新体系，增强海洋科研创新对全球海洋中心城市建设的支撑能力。依托大空港海洋新兴产业基地、南方海洋科学城等重大海洋建设项目，聚集海洋工程装备等海洋新兴产业发展需要，引进海洋科研机构，打造集海洋基础研究、应用研究、中试、产业化于一身的海洋创新引擎。依托国家深海科考中心和光明科学城等国家重大科学装置，以及中船重工研究院等海洋科研机构，建设集科技研发、人才培养、国际合作于一身的国际化高水平海洋科技发展高地，围绕海洋新兴产业以及海洋修复等领域开展科技创新，加快海洋重大科技基础设施建设，推进海洋科研机构与国际海洋组织开展深度合作。

第三，以探索设立国际海洋开发银行为契机，增强海洋金融对海洋中心城市建设的支撑作用。探索设立国际海洋开发银行是党中央、国务院支持深圳建设先行示范区意见涉及海洋方面的又一重要内容。根据《深圳建设先行示范区行动方案（2019—2025 年）》，深圳市从落实海洋强国战略、加强海洋领域国际合作、推动南中国海及粤港澳大湾区金融协同发展角度，提出把国际海洋开发银行打造成金融平台、海洋智库、金融科技相结合的多边海洋银行，采用政府引导、社会资本为核心的国际混合所有制模式，按开发性金融模式运作，整合全球金融市场资源，实行银行贷款、投资基金、国际智库建设、数字金融等多措并举。另外，深圳还应推动金融机构与涉海企业建立沟通平台和联系机制，支持各专业银行和商业股份制银行设立海洋特色支行，联合涉海龙头企业、科研机构和相关企业共同搭建海洋金融公共服务平台，做强做大海洋产业发展基金，支持符合条件的金融机构和海洋相关企业依法合规发起设立金融租赁公司，推动海洋基金、融资租赁等涉海新兴业态健康发展。

三　不断提升海洋文化软实力

建设全球海洋中心城市、增强和发挥湾区核心引擎的功能与作用，必须提升海洋文化软实力。这是因为，一方面，建设全球海洋中心城市涉及海洋产业、海洋科创、海洋生态文明、海洋治理等各个领域各个环节。相比于海洋产业和海洋科创等广为关注的内容来说，海洋文化因其软而容易被忽视，但海洋文化又因其融入海洋中心城市建设各个领域而显得尤其重要和突出。从这个意义上说，不论是建设全球海洋中心城市，还是增强和发挥湾区核心引擎功能与作用，都需要大力提升海洋文化软实力。另一方面，国际知名的海洋中心城市大多伴随港口功能的提升而不断延伸拓展、调整优化，逐步形成辐射范围更广、发展实力更强、对世界影响更大的工业经济，进而在服务提升与创新发展等方面形成独特优势，并将其培育成城市的核心竞争力，通过金融、法律、保险、仲裁等海洋高端服务实现全球海洋资源配置，或者通过海洋科技创新引领全球海洋发展方向。也就是说，全球海洋中心城市不但具备强大的海洋资源、海洋产业、海洋科技、海洋治理等海洋硬实力，而且还必然拥有海洋意识、海洋生态文明、海洋公共文化等海洋文化软实力，并且海洋硬实力的提升，还必然建立在海洋文化软实力不断增强的基础之上。其中，海洋文化不但直接影响海洋中心城市的软实力，而且间接影响进而决定着海洋中心城市的硬实力。从这个角度来说，深圳要加快建设全球海洋中心城市，必须充分挖掘和发挥海洋文化的引领支撑作用。

相比而言，深圳在海洋文化软实力方面具有明显短板。一方面缺乏海洋文化的有效载体和展示平台，如作为海洋城市形象的标志性城市景观和建筑欠缺，海洋公共文化设施不足，海洋文化产业薄弱，缺少有影响力的海洋文化产品，国际性海洋文化会展、节庆活动缺乏。另一方面承担国际海洋事务、参与国际海洋治理等体现海洋文化软实力最高层面的工作尚待破题。与全球领先的国际海洋城市相比，深圳向海发展起步晚，目前海洋发展还主要停留在沿岸、近海和海面，进军大洋、深海、极地的起点和层次低，承担国际海洋事务尚待起步，参与全球海洋治理有待破题。

因此，在深圳建设全球海洋中心城市、增强和发挥粤港澳大湾区核心引擎的进程之中，需要不断提升海洋文化软实力，充分挖掘和发挥海洋文化对海洋中心城市建设的引领支撑作用。可以从以下四个方面着手。①

（一）挖掘海洋文化的鲜明特色，拓展海洋文化的丰富内涵

聚焦海洋城市文化建设，打造海洋城市文化符号，从海洋文化、海洋创意等高度为海洋科技创新体系建设提供坚强支撑，尤其在海洋教育科研、海洋人才培养、海洋自主创新等领域更好地发挥海洋文化软实力的支撑性作用。

用海洋文化来关怀、引领经济社会各个领域，重点把海洋文化特别是海洋创意理念延伸到海洋工程装备、海洋电子信息、海洋生物医药、海洋新能源、海洋金融、海洋航运等海洋重点产业及其发展的各个环节之中，从而不断增强深圳海洋经济的文化软实力。

支持开设海洋专业的高校以及正在筹建的海洋大学，开展深圳海洋资源调查、海洋科技攻关、海洋产业研发、海洋生态修复、海洋科普宣传等活动，同时鼓励海洋社会团体发展，发挥深圳海洋领域社会团体的力量和作用，开展实地丈量海岸线、海洋污染治理、海岸志愿者、海洋资源调查、海上运动等活动，从而不断提升海洋文化教育与研发对城市文化发展的牵引作用，促进海洋文化繁荣兴盛。

（二）以全球海洋中心城市标准，打造多维度的“海洋文化+”平台与体系

推动海洋文化的公共载体建设，在“十四五”期间高标准规划、高质量建设海洋博物馆和海洋科技馆，形成与全球海洋中心城市相适应的海洋文化标志性建筑群，构建海洋文化软实力的海洋城市新地标和观景台，传播海洋文化和海洋科学知识。

加快建设普惠型海洋文化公共服务体系，着力培育体现深圳城市文化与特区精神并与全球海洋中心城市相匹配的海洋文化产品，

---

① 本部分参见谭刚《提升海洋文化软实力，助推深圳加快建设全球海洋中心城市》，转引自深圳市政协办公厅《加快建设全球海洋中心城市发言材料汇编》，2019 年 11 月。

重点打造海洋公共服务平台，布局构建世界级绿色活力海岸带，促进海洋文化与旅游、创意产业融合发展。

完善海上运动基础设施，重点打造东部海上运动基地，倡导、普及和推广海洋运动，不断丰富海上活动项目，引导市民更好地参与到海洋文化活动之中，培育形成人海和谐的国际海滨城市氛围。

（三）丰富海洋文化活动，拓展海洋文化平台

借力中国（深圳）海洋经济国际博览会召开时机同步举办海洋文化周，面向全社会开展与海洋相关的科普、学术讲座、宣传、推广、经贸等综合性活动，在中小学开展以认知深圳海洋为主题的市情教育活动。

充分发挥"中国（深圳）海洋经济国际博览会"的国际平台作用，举办全球海洋城市文化论坛，营造国际化海洋城市文化氛围，推动国内外海洋文化智库组织、学者、专家为海洋文化发展和海洋城市建设献计献策，提升深圳海洋城市的国际整体形象。

积极谋划引进海洋领域的国际组织，拓展深圳海洋团体和企业参与国际海洋事务的机遇和渠道，加强海洋领域的国际展会、对话、论坛等活动，用具有中国特色、中国风格、中国气派的海洋文化，融入深圳海洋企业拓展国际业务、助推21世纪海上丝绸之路建设、参与全球海洋治理等各项活动之中，用海洋文化软实力来不断形成并增强深圳海洋中心城市的全球话语权。

（四）推动海洋生态文明建设

牢固树立和践行生态文明理念，以深圳先行示范区建设意见提出的"率先打造人与自然和谐共生的美丽中国典范"要求、粤港澳大湾区发展规划纲要提出的"推进生态文明建设"精神为指引，对标全球海洋中心城市和美丽湾区，陆海生态文明建设相统筹，着力提升海洋生态环境质量，推动深圳海洋生态文明建设。

在深圳建设全球海洋中心城市的总体布局中要重视海洋生态文明建设，遵循开发和保护并重、污染防治和生态修复并举，积极构建海陆统筹的生产空间、生活空间和生态空间，形成人与自然和谐共生的海洋生态文明典范，推动深圳在粤港澳美丽湾区建设中走在前列，推动深圳先行示范区建设。

编制海洋环境保护规划及实施方案，建立海域—流域—陆域协同的陆海联动污染治理机制，推动陆源污染减量排放，加大入海污染防治力度，组织常态化清理海滩、海岸清洁行动。

优化海洋生态红线制度，严格实行红线区分类分区管理，加强海洋资源综合管控，探索海洋生态补偿标准和体制机制。

分类推进海洋生态保护与修复，开展海域、海岛、海岸综合整治与修复，建立海洋公园与海洋生态保护区，构筑海洋生态保护屏障。

参考文献

一　中央、省、市文件决议

[1]《决胜全面建成小康社会　夺取新时代中国特色社会主义伟大胜利》，人民出版社2017年版。

[2] 习近平：《切实把思想统一到党的十八届三中全会精神上来》，2013年12月31日，中国共产党新闻网（http：//cpc.people.com/cn/xuexi/n/2015/0720/c397563-27331317.html）。

[3] 习近平：《在庆祝海南建省办经济特区30周年大会上的讲话》，人民出版社2018年版。

[4]《习近平在广东考察》，2018年12月25日，新华社。

[5]《习近平会见香港澳门各界庆祝国家改革开放40周年访问团时的讲话》，《人民日报》2018年11月13日。

[6]《着眼发展大局，共享时代荣光——以习近平同志为核心的党中央关心粤港澳大湾区建设纪实》，2019年2月21日，新华网（http：//www.xinhuanet.com/politics/leaders/2019-02/21/c_1124146648.htm）。

[7]《中共中央关于坚持和完善中国特色社会主义制度　推进国家治理体系和治理能力现代化若干重大问题的决定》。

[8]《中共中央国务院关于支持深圳建设中国特色社会主义先行示范区的意见》，人民出版社2019年版。

[9]《中共中央关于全面深化改革若干重大问题的决定》。

[10]《中国共产党广东省第十二届委员会第八次全体会议决议》，《南方日报》2019年11月27日。

[11] 中共深圳市委六届十二次全会决议（2019年9月）、六届十三次全会决议（2019年12月）。

［12］中共深圳市委、市政府：《关于勇当海洋强国尖兵，加快建设全球海洋中心城市的决定》及其实施方案，2018 年 10 月。

二　论文著作

［1］陈德宁、郑天祥、邓春英：《粤港澳共建环珠江口“湾区”经济研究》，《经济地理》2010 年第 30 期。

［2］陈广汉、谭颖：《构建粤港澳大湾区产业科技协调创新体系研究》，《亚太经济》2018 年第 6 期。

［3］陈刚、王苏生、韩雪：《我国金融空间布局新思路》，《开放导报》2017 年第 3 期。

［4］陈寅：《秉承亲和务实创新理念，共塑湾区人文精神》，香港商报（http://www.hkcd.com/content/2019-05/19/content_1138539.html）。

［5］陈映雪、甄峰、王波等：《基于微博平台的中国城市网络信息不对称关系研究》，《地球科学进展》2012 年第 27 期。

［6］陈章喜：《基于环境治理的珠三角工业结构优化分析》，《暨南学报》2018 年第 3 期。

［7］陈晓玲：《香港营商环境现状评价及经验借鉴》，《广东经济》2019 年第 5 期。

［8］曹宗平、朱勤丰：《广东省制造业集聚与转移及其影响因素》，《经济地理》2017 年第 9 期。

［9］杜志威、金利霞、刘秋华：《产业多样化、创新与经济韧性》，《热带地理》2019 年第 2 期。

［10］冯建超、朱显平：《日本首都圈规划调整及对我国的启示》，《东北亚论坛》2009 年第 6 期。

［11］高山：《打造广深科技创新走廊建设国家科技产业创新中心》，《深圳特区报》2017 年 7 月 4 日。

［12］高山：《以科技创新引领粤港澳大湾区发展》，《新经济》2017 年第 10 期。

［13］高学思：《为什么是深圳》，2018 年 5 月 21 日，瞭望智库微信公众号。

［14］幸胜阻、曹冬梅、杨嵋：《构建粤港澳大湾区创新生态系统的战略思考》，《中国软科学》2018 年第 4 期。

［15］哈尔滨工业大学（深圳）经济管理学院课题组：《粤港澳大湾区发展规划研究》，《开放导报》2017 年第 4 期。

［16］何瑞琦：《构建包容审慎监管制度　加快培育壮大经济发展新动能》，2017 年 7 月 21 日，http：//www. chinadevelopment com. cn/zk/ym/2017/07/1161703. shtml。

［17］侯赟慧、刘洪：《基于社会网络的城市群结构定量化分析——以长江三角洲城市群资金往来关系为例》，《复杂系统与复杂性科学》2006 年第 3 期。

［18］黄群慧、王健：《粤港澳大湾区：对接“一带一路”的全球科技创新中心》，《经济体制改革》2019 年第 1 期。

［19］焦利民、唐欣、刘小平：《城市群视角下空间联系与城市扩张的关联分析》，《地理科学进展》2016 年第 35 期。

［20］蒋三庚、宋毅成：《金融的空间分布与经济增长》，《经济学动态》2014 年第 8 期。

［21］蒋天颖、谢敏、刘刚：《基于引力模型的区域创新产出空间联系研究——以浙江省为例》，《地理科学》2016 年第 34 期。

［22］江南鸾：《深圳海洋经济有批“生力军”》，《深圳商报》2019 年 10 月 12 日。

［23］金凯：《建设“人文湾区”展现“文化自信”》，《深圳特区报·理论周刊》2019 年 4 月 9 日第 B06 版。

［24］金吾伦：《文化为什么对创新很重要?》，《创新科技》2006 年第 8 期。

［25］李汉青、袁文、马明清、袁武：《珠三角制造业集聚特征及基于增量的演变分析》，《地理科学进展》2018 年第 9 期。

［26］李郇、周金苗等：《从巨型城市区域视角审视粤港澳大湾区空间结构》，《地理科学进展》2018 年第 12 期。

［27］李红、王彦晓：《金融集聚、空间溢出与城市经济增长——基于中国 286 个城市空间面板杜宾模型的经验研究》，《国际金融研究》2014 年第 2 期。

[28] 李苗苗、肖洪钧、赵爽：《金融发展，技术创新与经济增长的关系研究——基于中国的省市面板数据》，《中国管理科学》2015 年第 2 期。

[29] 粟进：《高新技术企业自主创新的策略研究——以华为企业为例》，《经济师》2019 年第 11 期。

[30] 梁经伟、毛艳华、江鸿泽：《影响粤港澳大湾区城市群经济发展的因素研究》，《经济问题探索》2018 年第 39 期。

[31] 刘圣宜：《试论岭南近代对外文化交流的特点》，《开放时代》1995 年第 6 期。

[32] 刘艳霞：《国内外湾区经济发展研究与启示》，《城市观察》2014 年第 3 期。

[33] 路旭、李贵才：《珠江口湾区的内涵与规划思路探讨》，《城市发展研究》2011 年第 1 期。

[34] 鲁志国、潘凤、闫振坤：《全球湾区经济比较与综合评价研究》，《科技进步与对策》2015 年第 32 期。

[35] 吕佳璐、傅华：《岭南文化是粤港澳三地共同的底色、共同的财富》，2019 年 6 月 3 日，中国青年网（http：//news. youth. cn/gn/201906/t_11971943. htm）。

[36] 马海涛、黄晓东、李迎成：《粤港澳大湾区城市群知识多中心的演化过程与机理》，《地理学报》2018 年第 73 期。

[37] 马忠新、伍凤兰：《湾区经济表征及其开放机理发凡》，《改革》2016 年第 9 期。

[38] 梅钢：《基于岭南文化背景的广东创新文化建设探讨》，《当代经济》（下半月）2008 年第 12 期。

[39] 彭芳梅：《粤港澳大湾区及周边城市经济空间联系与空间结构——基于改进引力模型与社会网络分析的实证分析》，《经济地理》2017 年第 37 期。

[40] 覃成林、柴庆元：《交通网络建设与粤港澳大湾区一体化发展》，《中国软科学》2018 年第 7 期。

[41] 秦小艳：《先行示范区——深港科技创新合作区建设提质提效》，《深圳特区报》2019 年 8 月 29 日。

［42］荣健欣：《新时代粤港澳大湾区的开放使命》，《中山大学学报》（社会科学版）2019 年第 2 期。

［43］宋晓东：《新时代全面开放新格局与深圳实践》，海天出版社 2019 年版。

［44］邵汉青、查振祥、郭万达、刘斐：《创新文化：深圳成功企业的最重要基因》，《开放导报》2010 年第 5 期。

［45］申勇：《湾区经济的形成机理与粤港澳大湾区定位探究》，《特区理论与实践》2017 年第 5 期。

［46］申勇、马忠新：《构筑湾区引领的对外开放新格局》，《上海市委党校学报》2017 年第 1 期。

［47］苏建军、黄解宇、徐璋勇等：《金融集聚，国内市场一体化与经济增长》，《工业技术经济》2015 年第 34 期。

［48］孙志红、王亚青：《金融集聚对区域经济增长的空间溢出效应研究——基于西北五省数据》，《审计与经济研究》2017 年第 32 期。

［49］谭刚：《争当粤港澳大湾区建设的引领者》，《深圳特区报》2018 年 6 月 5 日理论版。

［50］谭刚：《深圳建设中国特色社会主义先行示范区发展目标研究》，《特区实践与理论》2019 年第 5 期。

［51］谭刚、申勇：《粤港澳大湾区：打造世界湾区经济新高地》，《深圳特区报》2017 年 3 月 14 日第 C1 版。

［52］谭刚：《提升海洋文化软实力，助推深圳加快建设全球海洋中心城市》，载深圳市政协办公厅编《加快建设全球海洋中心城市发言材料汇编》，2019 年 11 月。

［53］田野、罗静、孙建伟等：《区域可达性改善与交通联系网络结构演化——以湖北省为例》，《经济地理》2018 年第 3 期。

［54］王珺、袁俊等：《粤港澳大湾区建设报告（2018）》，社会科学文献出版社 2018 年版。

［55］王丹、叶蜀君：《金融集聚对经济增长的知识溢出机制研究》，《北京交通大学学报》（社会科学版）2015 年第 14 期。

［56］王旭阳、黄征学：《湾区发展：全球经验及对我国的建

议》，《经济研究参考》2017 年第 24 期。

［57］王平聚、曾国屏：《深圳创新文化系统初探——从历史性形成角度的一个考察》，《特区经济》2014 年第 11 期。

［58］魏达志：《粤港澳大湾区增强核心引擎功能的深圳路径》，《深圳社会科学》2019 年第 4 期。

［59］魏巍、王林辉：《技术引进来源地对地区技术结构的影响》，《西部论坛》2018 年第 2 期。

［60］温朝霞：《论中华文化认同与粤港澳大湾区协同发展》，《探求》2019 年第 1 期。

［61］吴思康：《深圳发展湾区经济的几点思考》，《人民论坛》2015 年第 6 期。

［62］《粤港澳大湾区发展规划纲要》，人民出版社 2019 年版。

［63］伍凤兰、陶一桃、申勇：《深圳参与共建“21 世纪海上丝绸之路”的战略路径》，《经济纵横》2015 年第 12 期。

［64］向晓梅、吴伟萍：《改革开放 40 年持续性产业升级的动力机制与路径》，《南方经济》2018 年第 7 期。

［65］向晓梅、杨娟：《粤港澳大湾区产业协同发展的机制和模式》，《华南师范大学学报》（社会科学版）2018 年第 2 期。

［66］谢志岿、李卓：《移民文化精神与新兴城市发展：基于深圳经验》，《深圳大学学报》（人文社会科学版）2017 年第 5 期。

［67］熊湘辉、徐璋勇：《中国新型城镇化进程中的金融支持影响研究》，《数量经济技术经济研究》2015 年第 32 期。

［68］许勤：《加快发展湾区经济服务“一带一路”战略》，人民论坛网（http：//politics. rmlt. com. cn/2015/0225/373674. shtml）。

［69］徐南铁：《岭南文化的兼容特征和现代性审视》，《探求》2000 年第 6 期。

［70］徐子青：《区域经济发展联动研究》，博士学位论文，福建师范大学，2010 年。

［71］阳结男：《粤港澳大湾区背景下深莞惠经济圈的创新发展》，《开放导报》2017 年第 4 期。

［72］章必功、傅腾霄：《移民文化：文化现代化建设中的一个

重大论题》,《深圳大学学报》(人文社会科学版)2007 年第 4 期。

［73］张春宇:《如何打造全球海洋中心城市》,《中国远洋海运》2017 年第 7 期。

［74］张国俊、周春山、许学强:《中国金融排斥的省际差异及影响因素》,《地理研究》2015 年第 33 期。

［75］张辉、刘鹏、于涛等:《金融空间分布,异质性与产业布局》,《中国工业经济》2016 年第 12 期。

［76］张磊:《岭南文化的演变走向及其基本特征》,《史学集刊》1994 年第 4 期。

［77］张然:《论移民文化及其特征》,《深圳大学学报》(人文社会科学版)2001 年第 1 期。

［78］赵纯凤、杨晴青、朱媛媛等:《湖南区域经济的空间联系和空间组织》,《经济地理》2015 年第 8 期。

［79］周轶昆:《深莞惠都市圈一体化发展历程回顾与推进策略研究》,《中国特区经济研究》2017 年第 1 期。

［80］周友良、陈升、刘厚俊:《城市经济联系与城市竞合关联研究》,《科技管理研究》2018 年第 11 期。

［81］邹薇、樊增增:《金融支持粤港澳大湾区建设的实证研究——基于城际面板数据》,《国际经贸探索》2018 年第 5 期。

［82］［美］阿伦·拉奥、皮埃罗·斯加鲁菲:《硅谷百年史——伟大的科技创新与创业历程》,人民邮电出版社 2014 年版。

［83］Li C. 、Jin X. :《基于引力模型的中心镇空间联系测度研究——以浙江省金华市 25 个中心镇为例》,《地理科学》2016 年第 36 期。

［84］Zhong Y. 、lU Y. :《基于空间联系的城市腹地范围划分——以江苏省为例》,《地理科学》2016 年第 32 期。

［85］Guiso L. , Jappelli T. , Padula M. , et al. , "Financial market integration and economic growth in the EU", *Economic Policy*, 2004.

三　年鉴、内部报告

［1］百度《2017 年春运迁徙总结报告》。

［2］《必须坚持发展是第一要务》，《人民日报》2019 年 1 月 29 日。

［3］广州日报数据和数字化研究院：《粤港澳大湾区协同创新发展报告（2019）》。

［4］科尔尼：《全球城市营商环境指数》，2019 年。

［5］解读十八大报告：《努力建设美丽中国》，2012 年 11 月 9 日，中国城市低碳经济网。

［6］奇霖金融研究：《我们能从旧金山湾区学到什么?》。

［7］深圳市委政策研究室（改革办）：《深圳综合配套改革试验经验总结评估》，2017 年 4 月。

［8］深圳市国资委：《深圳市区域性国资国企综合改革试验实施方案》，2019 年 9 月 26 日。

［9］深圳创新文化研究课题组：《深圳创新文化基本要素与内部循环》，《马克思主义研究》2008 年第 3 期。

［10］深圳市委党校课题组：《东南沿海联动发展示范区战略研究》，2012 年国家行政学院重大课题。

［11］深圳市委党校课题组：《深圳发展湾区经济与泛珠三角合作研究》（内部调研报告），2015 年 1 月。

［12］《深圳四大举措力推国土空间提质增效》，《深圳特区报》2019 年 7 月 30 日。

［13］深圳海管家网文：《深圳港："再追求吞吐量可能不是我们今后的发展重点"》。

［14］深圳市政协办公厅、市政协课题组：《加快建设全球海洋中心城市研究报告》，2019 年 11 月。

［15］世界银行：《2019 年营商环境报告》。

［16］历年《中国海洋经济统计公报》。

［17］中国经济信息社：《全球海洋科技创新指数报告（2016）》。

［18］《以自我革命精神攻坚克难　推动国土空间提质增效实现突破》，《深圳特区报》2019 年 7 月 19 日。

［19］中国战略文化促进会、中国经济传媒协会、万博新经济研究院、第一财经研究院：《2019 中国城市营商环境指数评价

报告》。

［20］粤港澳大湾区：《冉冉升起的世界级大湾区》，《中金公司研究报告》，2019 年 2 月 20 日。

［21］中华人民共和国生态环境部官网美丽中国先锋榜（25）：《广东打赢蓝天保卫战——珠三角大气污染防治启示》，2019 年 9 月 23 日。

后　记

随着粤港澳大湾区正式写入《推动共建丝绸之路经济带和21世纪海上丝绸之路的愿景与行动》（2015年3月）、《中华人民共和国国民经济和社会发展第十三个五年规划纲要》（2016年）、《政府工作报告》（2017—2019年），特别是习近平总书记先后于2017年、2018年就粤港澳大湾区发表重要论述，写入党的十九大报告，并于2019年2月正式印发《粤港澳大湾区发展规划纲要》，建设粤港澳大湾区已经成为习近平总书记亲自谋划、亲自部署、亲自推动的重大国家战略。2018年10月和12月习近平总书记对深圳工作做出重要指示批示，2019年8月党中央国务院印发《关于支持深圳建设中国特色社会主义先行示范区的意见》，都明确要求深圳抓住粤港澳大湾区建设重大机遇，增强核心引擎功能，朝着建设中国特色社会主义先行示范区的方向前行，努力创建社会主义现代化强国的城市范例。从这个意义上说，作为深圳特区的学者能够比较早地参与到粤港澳大湾区问题研究，进而有机会参加庆祝深圳经济特区建立40周年丛书的编写，不能不说是我们的一种幸运。

本书作者群介入粤港澳大湾区问题研究，大致可以追溯到2014年前后。2010—2013年，我们先后承担深汕特别合作区委托的《深汕合作区“十二五”发展规划纲要》编制工作、国家行政学院委托的重大课题“我国东南沿海联动发展研究”。2014年，我们承担了坪山新区政府委托的《坪山新区融入湾区经济研究》，同年7月又中标深圳市政府发展研究中心委托的《深圳发展湾区经济与泛珠三角合作研究》。正是在2014年底、2015年初正式提交的后一项课题研究报告中，我们提出深圳所要发展的湾区经济应当称为粤港澳大湾区，并用一章的篇幅论证了粤港澳大湾区建设的重大意义。自此以后，在短短的几年时间里，我们围绕粤港澳大湾区专题展开了具有党校特色的教学与科研工作，取得了一定的成绩。教学方面，深圳市委党校在推行“4 个 70%”的教学供给侧改革中专门设置了粤港澳大湾区模块，通过集体备课、集体听课、相互评课等方式，推出多门课程，为包括深圳在内的全国各地党政机关、企事业单位、社会团体授课，反响热烈，较好地完成了《粤港澳大湾区发展规划纲要》《深圳先行示范区建设》两大专题的教学宣讲任务，其中《粤港澳大湾区若干问题思考》课程获得全国社会主义学院系统精品课（谭刚，2019）。科研方面，课题组成员发表多篇研究成果、获得课题立项、获得社科及决咨成果奖项、接受众多媒体采访报道。申勇教授牵头申报国家社会科学基金项目“海上丝绸之路战略下东南沿海湾区经济发展研究”获得立项（BJ15113），彭芳梅博士承担“粤港澳大湾区金融禀赋、城市分工与经济增长”（2017）、“粤港澳大湾区空间优化与策略研究”（2018）、“粤港澳大湾区产业融合发展与路径研究”（2019）三项广东省及深圳市社会科学基金项目，同时各位作者在《经济纵横》《上海行政学院学报》《经济地理》等刊物发表二十多篇相关研究成果。在社会影响上，谭刚 2015 年初在广东省政协提交的《建设粤港澳大湾区、构建广东发展新常态》提案、2018 年提交的提案合并为省长督办案并获省政协优秀提案，申勇、宋晓东分获国家行政学院二等奖（2018），彭芳梅获广东省党校系统及深圳市社会科学优秀论文（2019）。此外，近年来本书作者还接受了众多媒体关于粤港澳大湾区、深圳先行示范区方面的采访报道。

呈现在读者面前的这本著述，正是我们近几年围绕粤港澳大湾区专题进行教学与科研的最新成果集成。本书提纲由谭刚提出并与申勇、彭芳梅讨论后确定，各章作者在具体写作时对提纲略作调整完善。按各章顺序，本书作者分别为：谭刚（引论、第十章）、申勇（第一章）、高山（第二章）、宋晓东（第三章）、劳铖强（第四章）、周会祥（第五章）、周笑冰（第六章）、韩靓（第七章）、彭芳梅（第八章、第九章）。初稿提交后，彭芳梅、申勇分别进行了两轮统稿，最后由谭刚定稿。

真诚感谢丛书编委会选择我们承担本书研究与写作，感谢深圳市社会科学院黄发玉研究员、深圳市委政研室肖中舟博士、深圳大学魏达志教授、湖南科技大学王俊副教授等对本书提纲提出的有益建议。感谢我们的同事党凯、杨玉莹、刘涛为书稿查重和编排付出的辛勤劳动。中国社会科学出版社社长赵剑英先生、副总编辑王茵女士对本书的出版给予了大力支持，在此谨致真诚谢意。

增强深圳在粤港澳大湾区核心引擎功能、发挥核心引擎作用，既是以习近平同志为核心的党中央对深圳提出的战略要求，也是《粤港澳大湾区发展规划纲要》和《中共中央、国务院关于支持深圳建设中国特色社会主义先行示范区的意见》两个重大国家战略赋予深圳的国家重任。从这个高度来看，本书基于粤港澳大湾区视角分析研究深圳的核心引擎功能与作用，还只能说是初步和粗浅的分析探索，有待于更加全面、更为深入的理论阐释。书中不足以及谬误之处，请读者批评指正。

谭刚

2020 年 1 月